河南省哲学社会科学规划资助项目

营商环境法治化的理论与实践

李浩东　石树洋　著

河南大学出版社
HENAN UNIVERSITY PRESS
·郑州·

图书在版编目(CIP)数据

营商环境法治化的理论与实践／李浩东，石树洋著. 郑州：河南大学出版社，2025.6. -- ISBN 978-7-5649-6396-5

Ⅰ. D922.294

中国国家版本馆 CIP 数据核字第 202509SU11 号

营商环境法治化的理论与实践
YINGSHANG HUANJING FAZHIHUA DE LILUN YU SHIJIAN

责任编辑	王丽芳
责任校对	仝一帆
封面设计	翟淼淼

出　版	河南大学出版社
	地址:郑州市郑东新区商务外环中华大厦2401号　邮编:450046
	电话:0371-86059701(营销发行中心)　　网址:hupress.henu.edu.cn
排　版	河南大学出版社设计排版中心
印　刷	郑州最美印务有限公司
版　次	2025年6月第1版　　　　印　次　2025年6月第1次印刷
开　本	710 mm×1010 mm　1/16　印　张　15.25
字　数	275千字　　　　　　　　定　价　48.00元

(本书如有印装质量问题,请与河南大学出版社营销部联系调换。)

前　言

改革开放40余载，中国经济腾飞的壮丽画卷在历史长河中徐徐展开，创造了经济快速发展与社会长期稳定两大奇迹。这奇迹的背后，是我们始终坚持以改革的办法破解发展中的难题，以开放的胸襟拥抱世界潮流，以法治的力量护航市场经济。而这一切成就的基石，离不开营商环境的持续优化。从最初的"摸着石头过河"到如今的"进一步全面深化改革"，从计划经济体制向社会主义市场经济体制的历史性跨越，我们在实践中探索、在探索中前进，逐步构建起一套具有中国特色的营商环境建设体系。特别是党的十八大以来，以习近平同志为核心的党中央高瞻远瞩，将优化营商环境作为全面深化改革、推动经济转型升级的战略抓手，提出"要营造稳定公平透明、可预期的营商环境""法治是最好的营商环境"等一系列重要论述，为新时代营商环境建设指明了前进方向、提供了根本遵循。我们坚持以改革创新突破发展瓶颈，持续推进"放管服"改革，着力打造市场化、法治化、国际化营商环境，取得了显著成效。我国营商环境全球排名持续跃升，经营主体活力竞相迸发，创新创业热情空前高涨，各类要素资源加速集聚，为经济社会持续健康发展注入了强劲动力，也为全球经济治理贡献了中国智慧和中国方案。

审视当下，我国正处于实现中华民族伟大复兴的关键时期，世界百年未有之大变局加速演进，国内外发展环境发生深刻复杂变化。一方面，新一轮科技革命和产业变革深入发展，数字经济、人工智能、生物技术等前沿领域不断突破，为经济发展带来新的机遇和挑战；另一方面，国际形势复杂多变，单边主义、保护主义抬头，全球产业链供应链面临重塑，经济全球化遭遇逆流。国内方面，我国经济已由高速增长阶段转向高质量发展阶段，正处在转变发展方式、优化经济结构、转换增长动力的攻关期，结构性、体制性、周期性问题相互交织，"三期叠加"影响持续深化，经济下行压力加大。面对新形势、新任务、新挑战，我们必须更加重视营商环境建设，更加坚定不移地走法治化道路，以更高水平的法治保障更高质量的发展，以更优的营商环境应对风险挑战，推动中国经济航船劈波斩浪、行稳致远。

展望未来,我们要深刻认识到,优化营商环境是一项长期任务、系统工程,只有进行时,没有完成时。我们必须以习近平新时代中国特色社会主义思想为指导,深入贯彻落实党的二十大和二十届二中、三中全会精神,坚持稳中求进工作总基调,立足新发展阶段,完整、准确、全面贯彻新发展理念,加快构建新发展格局,着力推动高质量发展,统筹发展和安全,以更大决心、更强力度、更实举措推进营商环境法治化建设,为实现第二个百年奋斗目标、实现中华民族伟大复兴的中国梦提供坚实的制度保障和强大的动力支撑。

本书——《营商环境法治化的理论与实践》,正是在这一时代背景下应运而生。本书旨在系统梳理我国营商环境法治化建设的理论基础,深入剖析实践中的创新举措,全面总结国内外各地的成功经验,深刻分析存在的问题和挑战,并对未来发展方向进行前瞻性思考,为进一步优化营商环境、推动经济高质量发展提供理论支撑和实践指导。全书分为六大章节,结构严谨、内容深邃,既有理论的深刻洞察,又有实践的生动案例,力求为读者呈现一幅营商环境法治化建设的宏伟蓝图。

一、把握时代脉搏,探析营商环境法治化的历史方位:乘风破浪,行稳致远

当今世界正处于百年未有之大变局,经济全球化深入发展,国际竞争日趋激烈,全球治理体系加速变革。营商环境优劣,已成为国家间竞争的"试金石",更是经济高质量发展的"风向标"。正如本书第一章所揭示,优化营商环境既是全球化背景下国际规则重塑的关键战场,也是国内改革与发展的战略引擎。

从国际视角看,全球化竞争加剧、"一带一路"建设的深入推进、贸易保护主义的严峻挑战,这都对营商环境提出了更高要求。世界银行发布的《营商环境报告》成为各国优化营商环境的"风向标",国际经贸规则的重构、制度型开放的推进,无不凸显营商环境在全球经济治理中的核心地位。本书深入分析了全球化背景下营商环境优化的时代意义,指出优化营商环境不仅是应对贸易保护主义挑战的关键一招,更是"一带一路"建设的有力支撑,是中国参与全球规则制定、展现大国担当的重要抓手。

从国内视角看,优化营商环境是实现经济高质量发展、全面推进依法治国和

全面深化改革开放的内在要求。本书指出，法治是激发市场活力、增强发展动能的关键之举，也是推进国家治理体系和治理能力现代化的重要内容。只有坚持以高质量发展为引领，推动产业转型升级，促进创新要素集聚，提升资源配置效率，才能打造更具活力和竞争力的市场化营商环境；只有坚持全面依法治国，完善市场经济法律制度，规范政府和市场边界，保护各类市场主体合法权益，才能营造稳定、公平、透明、可预期的法治化营商环境；只有通过更深层次的改革开放，破除体制机制障碍，扩大市场准入，促进贸易和投资便利化，才能构建开放包容、互利共赢的国际化营商环境。总之，高质量发展、全面依法治国、更深层次的改革开放，不仅为优化营商环境提供了根本保障，指明了前进方向，注入了强大动力，而且与优化营商环境相互促进、相辅相成，共同构成新时代中国经济社会发展的强大引擎。

本书还从宏观政策角度，分析了优化营商环境的顶层设计与实践路径。例如，《优化营商环境条例》的颁布实施，确立了营商环境建设的基本规范，为打造一流营商环境提供了法治遵循；"放管服"改革与商事制度改革，则通过转变政府职能、降低市场准入门槛，激发了经营主体活力。本书进一步指出，优化营商环境的紧迫性和必要性，体现在经济转型升级、应对经济下行压力、深化供给侧结构性改革以及构建开放型经济新体制的战略需求中。正如本书所言，优化营商环境已"时不我待""刻不容缓""势在必行""迫在眉睫"。

二、立足中国实际，探寻营商环境法治化的理论基石：根植深厚土壤，构建理论体系

理论是实践的先导，思想是行动的指南。优化营商环境，既需要实践的探索，更需要理论的支撑。正如本书第二章所阐述，营商环境法治化不是简单的"移植"或"复制"，更不是盲目的"拿来主义"，而是要立足中国实际，借鉴国际经验，构建具有中国特色的理论体系。本书从社会主义市场经济理论、法治政府理论、交易成本理论、政策扩散理论、新公共管理理论等多个维度，深入阐释了营商环境法治化的理论基础，深刻揭示其内在逻辑和时代要求。

首先，营商环境法治化是发展社会主义市场经济的必然要求。市场经济本质上是法治经济，法治是市场经济的内在要求和制度保障。只有建立健全公平、公

正、透明、可预期的法治环境，才能有效保护经营主体的合法权益，激发市场活力，促进资源优化配置，推动经济持续健康发展。本书从市场经济的内在逻辑出发，深入论证了法治在规范市场秩序、维护公平竞争、保障产权、促进要素自由流动、契约精神等方面的基础性作用，强调了营商环境法治化与社会主义市场经济体制的内在一致性。同时，本书还分析了社会主义市场经济条件下，政府与市场的关系，强调了要充分发挥市场在资源配置中的决定性作用，更好发挥政府作用，构建有效市场和有为政府，为营商环境法治化建设提供理论指导。本书通过经济学中的交易成本理论、休谟三原则，揭示了营商环境优化的经济逻辑；通过管理学中的政策扩散理论和新公共管理理论，阐释了营商环境优化的管理智慧。

其次，营商环境法治化是推进法治中国建设的重要组成部分。法治中国建设是全面依法治国的总目标、总抓手，是实现国家治理体系和治理能力现代化的重要保障。营商环境法治化是法治中国建设在经济领域的具体体现，是法治中国建设的重要组成部分。本书从法治中国建设的战略高度，阐述了营商环境法治化的重要意义，强调了通过法治手段规范政府权力、保护经营主体权益、维护市场秩序、建设法治政府、推进依法行政的重要性，论证了营商环境法治化在推进国家治理体系和治理能力现代化中的关键作用。本书还深入分析了法治政府建设在优化营商环境中的核心地位，强调了要坚持法定职责必须为、法无授权不可为，推进机构、职能、权限、程序、责任法定化，提高行政效率和公信力，建设人民满意的服务型政府。本书特别从法学视角，分析了法治经济理论、法治政府理论的适用性，为营商环境法治化提供了坚实的法理支撑。

再次，营商环境法治化是推进国家治理体系和治理能力现代化的重要抓手。良好的营商环境既是国家治理能力的重要体现，也是国家治理体系现代化的重要标志。营商环境法治化通过构建稳定、透明、可预期的制度环境，为国家治理提供制度支撑和法治保障。本书从国家治理的视角，分析了营商环境法治化在优化政府职能、提升行政效率、增强政府公信力、构建亲清政商关系、促进社会公平正义等方面的积极作用，强调了法治在国家治理中的基础性作用，论证了营商环境法治化对于提升国家治理效能，推进国家治理体系和治理能力现代化的重要意义。本书还深入分析了如何通过法治手段构建亲清政商关系，强调了要厘清政府和市场的边界，畅通政企沟通渠道，完善政企互动机制，构建亲而有度、清而有为的新型政商关系,为各类经营主体营造公平竞争的市场环境。

本书还从多学科视角,系统分析了营商环境的基本内涵与特征,指出营商环境具有经济政策的透明性、政府服务的便利性、法律制度的完备性、市场准入的统一性等特征,并结合推进中国式现代化背景,提出了营商环境的科学内涵。本书进一步揭示了营商环境法治化的基本特征,包括营商结果的可预测性、法律法规的完备性、市场运行的法治化、政府行为的规范化,为理论研究与实践探索奠定了坚实基础。

三、聚焦改革创新,展现营商环境法治化的实践成果:砥砺奋进,谱写华章

理论的生命力在于实践,实践的创新又不断丰富着理论。本书不仅深入阐释了营商环境法治化的理论基础,更聚焦近年来我国在这一领域的实践创新,全面展现了各地各部门在推进营商环境法治化过程中取得的显著成效,总结了宝贵经验,为进一步全面深化改革提供了有益借鉴。正如本书第三章和第五章所展现的,我国营商环境法治化建设经历了从探索起步到全面深化的辉煌历程。

本书第三章系统回顾了我国营商环境法治化的发展进程。从1978年到2001年的"有效改善营商投资环境,吸引外商投资",到2002年至2012年的"对标国际营商环境法治化建设标准",再到2013年至2017年的"多元化要素保障助力营商环境提质升级",以及2018年至今的"高水平营商环境建设护航经济高质量发展",我国营商环境法治化建设实现了从"摸着石头过河"到"顶层设计引领"的历史性跨越。特别是新时代以来,我国通过全面深化知识产权改革、优化政务服务水平、深化市场监管制度改革、发挥司法保障职能等一系列举措,打造了公平规范透明的高质量营商环境。本书详细分析了这些举措的实践成效,例如简政放权提效能、优化规则促公平、健全机制求公正、诚信建设固根本、绿色发展护生态,充分彰显了我国营商环境建设的成就与特色。正如世界银行报告所显示,中国营商环境全球排名从2018年的第46位跃升至2019年的第31位,成为全球营商环境改善最快的经济体之一。

本书第五章则聚焦国内主要省市的典型做法,生动展现了营商环境法治化的"中国实践"。先行试点如北京、上海、广东等,通过创制性立法、全方位保护、数字化赋能、完善制度供给、提高行政监管和执法水平等举措,形成了各具特色的营商环境建设模式。北京通过"制度重商""监管护商""服务暖商",打造了法治化营商环境的标杆;上海以"国际一流"为目标,完善制度供给、提升法律服务能级,为经营主体行稳致远保驾护航;广东则以改善政务环境、加强制度供给为抓手,持续优化营商环境。后起之秀省份如河南、四川、湖北、辽宁,则通过立法固基、改革破局、创新引领、数字赋能等路径,探索了营商环境法治化的新模式。河南以立法先行、严格执法、公正司法、优化法律服务,构建了坚实的法治保障体系;四川通过营造高效要素环境、优质政务环境、公平法治环境,降低了企业生产经营成本;湖北以经济影响评估、涉企合规改革、复议体制改革为抓手,打造了营商环境法治化的新标杆;辽宁则以"数据血缘""数字赋能""数智兼备""制度创新"为路径,助推营商环境法治化新提升。

近年来,我国持续深化"放管服"改革,大力推进营商环境法治化建设,取得了一系列突破性进展,积累了宝贵经验。从中央层面看,《优化营商环境条例》的颁布实施,标志着我国营商环境法治化建设进入了新阶段,为优化营商环境提供了基本遵循和制度保障;一系列配套政策法规的出台,进一步细化了《条例》的要求,形成了较为完整的营商环境法规政策体系。从地方层面看,各地积极探索创新,因地制宜出台了一系列优化营商环境的地方性法规和政策措施,形成了各具特色的营商环境建设模式。

本书全面梳理了这些改革创新举措,深入分析了其背后的法治逻辑和实践意义,总结了各地各部门的成功经验。例如,在简政放权方面,本书重点介绍了"非禁即入"原则的落实、"负面清单"管理模式的推广、"证照分离"改革的推进、"多证合一"改革的深化等,分析了这些举措如何通过法治手段规范政府权力、减少行政审批、降低市场准入门槛、提高行政效率,为经营主体创造更加宽松的发展环境。在加强监管方面,本书重点介绍了"双随机、一公开"监管模式的创新、信用监管体系的构建、包容审慎监管的探索、综合执法改革的推进等,分析了这些举措如何通过法治手段规范监管行为、提高监管效能、降低企业合规成本、实现公正监管,营造公平竞争的市场环境。在优化服务方面,本书重点介绍了"互联网+政务服务"的深入推进、政务服务"一网通办""最多跑一次"改革、涉企政策"一站式"发布、工程建设项目审批制度改革等,分析了这些举措如何通过法治手段提升政务服务水平、提高办事效率、降低企业制度性交易成本,为经营主体提供更加便捷高效的服务。

四、借鉴国际经验,拓展营商环境法治化的全球视野:他山之石,攻玉启智

优化营商环境是一项全球性课题,需要以开阔的国际视野,借鉴域外先进经验,推动我国营商环境建设迈上新台阶。正如本书第四章所分析,通过对新西兰、英国、新加坡、日本、德国、美国等国家和地区的营商环境法治化建设进行系统梳理,可以为我国提供宝贵的"镜鉴"。

本书详细介绍了各国的典型做法及其经验。例如,新西兰以差异化创新为核心,通过动态调整法律规范、优化监管体系,打造高效透明的营商环境;英国以完备的法律规范体系、司法独立与高效争端解决机制著称,为企业权益保护提供了强有力的法治保障;新加坡通过分阶段推进制度优化、多维度法治框架覆盖、数字化转型与法治深度融合,形成了全球领先的营商环境;日本以精细化立法、多元化纠纷解决机制、中小企业保护与知识产权法治见长;德国以法典化法律体系、商事司法效率、行业自治与政企协同机制为特色;美国则以商事法律创新、替代性纠纷解决机制、知识产权保护的强法治范式以及危机应对的法治化路径树立典范。

本书进一步提炼了国外营商环境法治建设的典型经验,包括"法律规范的全周期覆盖与保持动态调整""数字化技术驱动营商环境法治效能升级""国际规则与本土制度有机融合""多元主体参与营商环境治理""创新监管与风险防控体系建设"。这些经验为我国提供了重要启示:要建立健全营商环境法律保障体系,推动政府职能的法治化转型,加速法治建设的数字化转型,培育多元主体协同参与的营商环境治理生态,并提升法治体系的国际兼容性。这些启示不仅为我国营商环境法治化建设提供了方向指引,也启示我们要立足自身实际,走出一条具有中国特色的营商环境法治化建设之路。

本书特别强调,借鉴国际经验并非简单照搬,而是要在深刻理解中国国情的基础上,取其精华、去其糟粕,将国际先进做法与中国实际相结合。例如,新加坡的数字化转型经验启示我们要加速"数字政府"建设,而英国的司法独立与高效争端解决机制则提示我们要进一步完善多元化纠纷解决机制;日本的中小企业保护经验为我们提供了启发,而美国的知识产权保护模式则为我们强化创新驱动发展提供了借鉴。本书通过对国际经验的系统分析,既开阔了营商环境法治化建设的全球视野,也为推进中国式现代化背景下的营商环境建设注入了新的智慧。

五、着眼时代要求,擘画营商环境法治化的时代新篇:直面挑战,勇毅前行

优化营商环境是一项长期任务、系统工程,永远在路上,不可能一蹴而就,更不可能一劳永逸。本书在总结经验、分析问题的基础上,立足新发展阶段,贯彻新发展理念,构建新发展格局,对我国营商环境法治化建设的未来方向进行了深入思考,提出了前瞻性的建议,旨在为推动营商环境建设不断迈上新台阶贡献智慧和力量。正如本书第六章所阐述,新时代营商环境法治化建设,需要"夯实制度基础""提升执法效能""强化司法保障""提升守法意识",全面构建完备的营商环境法律体系、规范高效的执法监管体系、公平正义的司法保障体系,营造诚实守信的社会氛围。

当前,我国营商环境建设虽然取得了显著成效,但与国际先进水平相比,与高质量发展的要求相比,与经营主体的期待相比,还存在一些差距和不足。例如,一些地方和部门还存在"重审批、轻监管、弱服务"的现象,一些领域市场准入的隐性壁垒仍然存在,一些政策措施的落地效果还不够理想,一些地方的法治意识和契约精神还有待加强,一些领域的法律法规还不够完善等等。这些问题和挑战,都需要我们在未来的工作中认真加以解决。

法治是市场经济的基石,也是实现国家治理体系和治理能力现代化的关键。本书指出,我们要继续坚持以习近平新时代中国特色社会主义思想为指导,坚定不移走中国特色社会主义法治道路,坚持法治国家、法治政府、法治社会一体建设,将法治化要求贯穿于优化营商环境的全过程和各方面,持续提升营商环境的市场化、法治化、国际化水平。

在制度建设方面,本书提出要完善产权保护制度、健全公平竞争制度、优化市场准入制度,为市场经济筑牢法治基石。例如,要完善产权保护法律制度,健全以公平为核心原则的产权保护法律体系,强化各类产权平等保护,健全涉产权冤错案件有效防范和纠正机制,为企业发展提供安全稳定的法治环境;要完善反垄断机制和反不正当竞争法律制度,破除区域壁垒和行业垄断,畅通要素流动,激发市场活力;要持续深化"放管服"改革,优化市场准入环境,完善外商投资准入制度,扩大高水平对外开放,并健全经营主体退出机制,促进优胜劣汰。

在执法效能方面,本书强调要规范行政执法、创新监管方式、优化政务服务。例如,要通过推行行政执法"三项制度",规范执法行为,提升执法温度,彰显法治关怀;要完善执法监督机制,织密监督之网,永葆清正廉洁;要通过"互联网+监管""信用分级分类监管"等方式,提升监管的智慧化水平,减少无谓干扰;要深化"放管服"改革,推进政务服务标准化、规范化、便利化,大力推动"数字政府"建设,提升政务服务数字化智能化水平,让政务服务"软实力"成为营商环境建设的"硬支撑"。

在司法保障方面,本书倡导以公正司法筑牢营商环境的"压舱石"。要充分发挥司法在优化营商环境中的职能作用,提升涉企案件审判质效,保障企业合法权益;要完善多元化纠纷解决机制,构建诉讼与仲裁、调解、行政复议等衔接的纠纷解决体系,发挥商事仲裁在解决国际商事纠纷中的优势,鼓励行业协会、商会等社会组织参与纠纷调解,降低企业维权成本;要加强知识产权司法保护,完善知识产权司法保护体系,加大侵权惩罚性赔偿力度,畅通知识产权维权渠道,激励创新驱动发展。

在守法意识方面,本书呼吁营造尊法学法守法用法的浓厚社会氛围,构建诚实守信的市场环境。要强化法治信仰,以法律权威引领营商环境建设;要厚植诚信文化,以契约精神构筑营商环境道德高地;要创新普法形式,增强普法实效性,加强对企业经营管理人员的法治培训,让法律靠前服务,助力企业行稳致远;要构建社会信用体系,健全以信用为基础的新型监管机制,完善企业信用信息公开公示制度,依法保护经营主体信用信息权益;要强化企业合规管理,引导企业建立健全合规管理体系,加强重点领域合规监管,鼓励行业协会、商会等开展合规指导,提升企业风险防范能力。

尤其令人振奋的是,本书在提出完善路径的同时,始终贯穿了"以人民为中心"的发展理念。正如本书所言,优化营商环境不仅是经济发展的需要,更是人民对美好生活的向往。无论是降低企业负担、激发市场活力,还是保护合法权益、维护公平正义,最终目标都是让企业轻装上阵、让人民安居乐业。

六、凝聚广泛共识，汇聚营商环境法治化的磅礴力量：同心协力，共创辉煌

优化营商环境，法治建设是根本保障，需要全社会共同参与、共同努力。营商环境建设是一项系统工程，涉及方方面面，需要凝聚全社会的共识和力量，形成政府、市场、社会协同推进的良好格局。本书的出版，旨在为理论界和实务界提供有益借鉴，助力双方交流思想、凝聚共识，为推动我国营商环境法治化建设贡献智慧和力量。

大道至简，实干为要。优化营商环境需要政府、企业、社会各方的共同努力。政府要以法治为引领，持续深化"放管服"改革，打造高效便捷的政务服务；企业要以诚信为根本，增强合规意识，勇担社会责任；社会要以公平为导向，营造尊法守法的浓厚氛围，汇聚优化营商环境的强大合力。本书特别强调，要进一步健全营商环境法律法规体系，加快推进重点领域、新兴领域立法，特别是要加快数字经济、人工智能、生物技术等新兴领域的立法，及时将成熟的改革经验和行之有效的改革举措上升为法律法规，构建系统完备、科学规范、运行有效的营商环境法律制度体系，为各类经营主体投资兴业筑牢法治基石，增强经营主体的获得感和安全感。

我们期待，本书能够引发社会各界对营商环境法治化建设的更多关注和思考，激发更多创新实践，推动形成全社会尊法学法守法用法的良好氛围，让法治成为社会共识和基本准则。作为一部凝聚了理论智慧与实践精华的力作，《营商环境法治化的理论与实践》不仅为优化营商环境提供了科学的理论指引，更为新时代营商环境建设注入了强大的实践动力。它的出版，既是优化营商环境事业的一大盛事，也是全面依法治国进程中的一件要事。相信这部专著必将在理论界、实践界激起广泛共鸣，为中国营商环境建设事业增光添彩。

风劲帆满海天阔，奋楫扬波正当时。站在新时代的起点上，让我们以本书为灯塔，乘着全面依法治国的东风，以法治之力护航营商环境建设，以改革之势激发经营主体活力，以开放之姿拥抱全球化浪潮，共同书写中国式现代化建设新篇章，为实现中华民族伟大复兴的中国梦贡献磅礴力量！

李浩东　石树洋
2025 年 2 月于郑州

目 录

第一章　营商环境研究概述 … 1
- 第一节　营商环境研究的时代背景 … 1
- 第二节　优化营商环境的重大意义 … 16
- 第三节　营商环境宏观政策分析 … 27
- 第四节　营商环境优化的紧迫性和必要性 … 37

第二章　多学科视角阐释营商环境法治化的理论基础 … 47
- 第一节　营商环境的基本内涵和特征 … 47
- 第二节　营商环境法治化的基础理论 … 58
- 第三节　营商环境法治化的相关理论分析 … 66

第三章　我国营商环境法治化的发展进程与现状考察 … 79
- 第一节　我国营商环境法治化的发展进程 … 79
- 第二节　新时代我国营商环境法治化的主要举措 … 91
- 第三节　新时代我国营商环境法治化的建设成效 … 100

第四章　域外营商环境法治化建设的实践考察 … 111
- 第一节　主要国家和地区营商环境法治化建设的经验梳理 … 111
- 第二节　国外营商环境法治建设的典型经验镜鉴与启示 … 126

第五章　国内主要省市打造法治化营商环境的典型做法 … 136
- 第一节　先行试点城市优化法治化营商环境的经验与做法 … 136
- 第二节　后起之秀省份法治化营商环境建设的经验与做法 … 149

第六章　营商环境法治化的完善路径 … 163
- 第一节　夯实制度基础：构建完备的营商环境法律体系 … 163

第二节 提升执法效能：打造规范高效的营商环境 …………… 196

第三节 强化司法保障：营造公平正义的法治环境 …………… 209

第四节 增强守法意识：营造诚实守信的法治氛围 …………… 220

后记 ………………………………………………………………… 229

第一章 营商环境研究概述

第一节 营商环境研究的时代背景

在经济全球化深入发展和国内改革开放不断推进的时代洪流中,营商环境已不再是一个陌生的概念,而是跃升成为衡量一个国家或地区经济发展水平、综合竞争力和投资吸引力的关键指标。它如同一张无形的名片,展示着一个地区的市场活力、政府效能和发展潜力,直接影响着资本的流向、企业的兴衰和经济的繁荣。而在其中,良好的营商环境,离不开完善的制度体系作支撑。制度的重要性,怎么强调都不为过。它犹如经济社会运行的基石,为各类经营主体提供稳定、可预期、公平、透明的发展环境。如果将经济体比作一艘航船,那么营商环境就是其航行的水域,而制度则是水域下的航道、灯塔与规则。只有航道清晰、灯塔明亮、规则公正,航船才能安全高效地行驶。

具体而言,稳定的制度能够为企业提供长远的预期,使其敢于投资、创新和扩大再生产;可预期的制度能够降低企业面临的不确定性风险,为其决策提供清晰的指引;公平的制度能够保障各类经营主体在市场准入、要素获取、竞争规则等方面的平等权利,营造公平竞争的市场环境;透明的制度能够让经营主体及时了解政策法规的变化,减少信息不对称,降低交易成本。正是基于这样的制度保障,市场活力才得以充分激发,资源配置才得以更加优化,经济发展才得以行稳致远。可以说,制度的质量直接决定了营商环境的优劣,进而影响着经济发展的质量和速度。

本节将立足于当前国内外发展大势,深入剖析营商环境研究的时代背景。我们将看到,无论是国际竞争的日益加剧,还是国内改革的不断深化,都对营商环境提出了新的更高要求。全球化背景下,营商环境已成为各国竞相争夺的新高地;而在国内,经济高质量发展、全面依法治国、深化改革开放等战略部署,都将优化营商环境摆在了更加突出的位置。

通过对这些时代背景的深入解读,我们将为读者呈现一幅全景式的营商环境发展图景,帮助大家更好地理解当前营商环境面临的机遇与挑战。更重要的是,本节将为后续章节探讨营商环境法治化的理论与实践奠定坚实的基础。因为只有深刻认识到营商环境的时代背景,才能更好地理解营商环境法治化的重要性、紧迫性和必要性,从而为构建更加完善的营商环境法治体系提供理论指导和实践方向。

一、国际背景:全球化与规则重塑的交响曲

(一)全球化深入发展与国际竞争加剧

在全球化浪潮席卷世界的今天,国与国之间的联系日益紧密,相互依存度不断加深。然而,这种紧密联系并非仅仅意味着合作,更伴随着日益激烈的国际竞争。如果说过去国家间的竞争更多地体现在军事力量、自然资源等传统要素的较量上,那么在 21 世纪,全球化的深入发展则赋予了国际竞争全新的内涵。信息技术的飞速进步、数字经济的蓬勃兴起,以及全球价值链的深度融合,正在深刻地改变着全球经济版图和竞争格局。在这种背景下,生产要素在全球范围内加速流动,资本、技术、人才等不再局限于一国之内,而是在全球范围内寻找最佳的配置场所。因此,一个国家或地区能否为这些关键生产要素的流入和集聚创造有利条件,就成为其在国际竞争中胜出的关键。正是在这样的时代背景下,营商环境的重要性日益凸显,逐渐取代了传统要素,跃升为国家竞争力的核心要素和国际竞争的新焦点。

营商环境,简而言之,就是一个国家或地区的企业从设立、运营到退出全过程中所面临的各种外部条件的总和,涵盖了政策法规、市场环境、基础设施、公共服务等多个方面。在全球化时代,资本的逐利性驱使着企业在全球范围内寻找最具吸引力的投资目的地,一个国家或地区的营商环境优劣,直接影响其吸引外资的能力,进而影响其经济发展水平。除了资本,技术和人才等关键生产要素也展现出前所未有的跨国流动性,而良好的营商环境不仅能吸引外资,还能吸引全球顶尖的技术和人才,为本国创新发展提供强劲动力。此外,随着全球价值链分工的不断深化,各国经济相互依存度日益提高,企业在全球范围内配置资源,进行生产和销售活动,营商环境的优劣直接影响企业在价值链中的位置和竞争力,进而影响一个国家在全球价值链中的地位和收益。更进一步地说,营商环境是一个国家制度、政策、文化和价值观的综合体现,是国家软实力的重要组成部分,良好的营商环境能够提升国家的国际形象和声誉,增强其在全球事务中的话语权和影响力。特别是数字经济的快速发展为全球化注入了新的活力,同时也加剧了国际竞争。数据成为新的生产要素,跨境电商、数字金融等新业态层出不穷。营商环境的数字化水平和对数字经济的适应能力,更是成为国家竞争力的重要体现。

面对日益激烈的国际竞争,各国政府都深刻地认识到优化营商环境的重要性。为了客观评估和比较各国的营商环境水平,一些国际组织和机构建立了相应的评估体系,其中最具影响力的当属世界银行发布的《营商环境报告》。该报告通过一系列客观指标,对全球190个经济体的营商环境进行量化评估和排名,为各国政府提供了一个国际标杆和参照系,使其能够了解自身在全球营商环境中的位置和差距。报告的排名结果对各国的国际形象和投资吸引力产生重要影响,促使各国政府将优化营商环境作为一项重要的政策目标,积极推进相关领域的改革,以提升自身排名和国际竞争力。许多国家甚至将《营商环境报告》的指标作为改革的"任务清单",针对性地进行政策调整和制度创新。同时,该报告的排名结果也成为许多跨国公司和投资者进行投资决策的重要参考依据,排名靠前的经济体往往更容易吸引外资,而排名靠后的经济体则可能面临资本外流的风险。通过设定标准、发布报告和提供技术援助,世界银行在一定程度上推动了全球营商环境的整体改善,各国政府在竞争压力的驱动下,不断学习借鉴先进经验,推动本国营商环境的优化升级。尽管《营商环境报告》也引发了一些争议和质疑,例如指标体系可能过于偏重市场自由化,忽视了不同国家的发展阶段和国情差异,以及数据收集和评估方法可能存在缺陷等,但不可否认的是,它仍然是衡量一个国家或地区营商环境的重要参照,并在全球范围内产生了广泛而深远的影响。(注:2021年,由于数据违规丑闻,世界银行宣布停止发布《营商环境报告》,但其影响力仍然存在,且世行正在建立新的营商环境评估体系。)总之,在全球化深入发展的大背景下,营商环境已经成为国际竞争的新焦点,而国际营商环境评估体系则为这场竞争提供了重要的标尺和驱动力,推动着全球营商环境不断迈向新的高度。

(二)国际经贸规则重构与制度型开放

如果说以上描绘了全球化深入发展带来的竞争加剧以及营商环境作为竞争焦点的现实图景,那么下面我们将聚焦于这场竞争背后的规则之变。当前,国际经贸规则正经历深刻的重构,这对各国的营商环境建设,特别是法治化建设提出了新的挑战,也带来了新的机遇。在这个背景下,对标国际高标准经贸规则、推动制度型开放,成为中国构建更高水平开放型经济新体制的必然选择。

近年来,国际经贸规则的重构呈现出碎片化、区域化和保护主义抬头的趋势。一方面,以世界贸易组织(WTO)为核心的多边贸易体制面临挑战,多哈回合谈判陷入僵局,争端解决机制受到冲击;另一方面,区域贸易协定(RTA)和双边贸易协定(BTA)数量激增,形成了一个个"小圈子",例如《全面与进步跨太平洋伙伴关系协定》(CPTPP)和《美墨加协定》(USMCA)等。这些新的贸易协定,不仅涵盖传统的货物贸易领域,还涉及服务贸易、投资、知识产权、环境保护、劳工标准等诸多"边境后"议题,代表了国际经贸规则发展的新方向。与此同时,一些国家采取的单边主义和保护主义措施,也对现有的国际经贸秩序造成了冲击。

1.国际经贸规则变化对我国营商环境提出的新挑战

国际经贸规则的深刻变化,对我国营商环境建设提出了新的、更高的要求,也带来了一系列新的挑战。首先,规则适用范围的扩大,要求我国法律体系进行相应调整。传统的国际经贸规则主要关注货物贸易的关税和非关税壁垒,而新的贸易协定则将规则触角延伸至服务贸易、投资、政府采购、竞争政策、知识产权、数字贸易、环境保护、劳工标准等更广泛的领域。这意味着我国需要对标国际高标准经贸规则,对国内相关法律法规进行全面的梳理和修订,以确保国内法与国际规则相衔接、相一致。例如,在服务贸易领域,需要进一步放宽市场准入,减少对外资的限制;在知识产权领域,需要加大保护力度,打击侵权行为;在环境保护和劳工标准方面,也需要逐步与国际标准接轨。其次,规则制定权的竞争加剧,要求我国积极参与国际规则制定。国际经贸规则的重构,不仅是规则内容的更新,更是规则制定权的争夺。一些发达国家试图通过制定新的贸易协定,将自身的利益和价值观嵌入到国际规则之中,以维护其在全球经济治理中的主导地位。在这种情况下,我国不能仅仅被动地接受国际规则,而应该积极参与国际规则的制定过程,提出中国方案,贡献中国智慧,推动构建更加公正合理的国际经济秩序。要实现这一目标,就需要加强对国际经贸规则的研究,培养熟悉国际规则、精通谈判技巧的专业人才队伍,并在国际舞台上积极发声,维护自身合法权益。再次,规则执行的透明度和可预见性要求的提高,要求我国加强法治政府建设。新的国际经贸规则,更加强调规则执行的透明度、可预见性和一致性,要求政府行为更加规范、透明和可预期。这对我国的法治政府建设提出了更高的要求。我们需要进一步深化行政审批制度改革,减少行政干预,加强事中事后监管,完善行政执法程序,提高行政执法的透明度和公正性。同时,还需要加强司法体系建设,确保司法的独立性和公正性,为各类经营主体提供公平的竞争环境和有效的法律救济途径。最后,数字经济的快速发展,要求我国完善数字经济领域的法律法规。数字经济是当前全球经济发展的新引擎,也是国际经贸规则重构的重要领域。跨境电商、数据流动、数字税收等问题,成为国际经贸谈判的焦点议题。我国作为数字经济大国,需要在数字经济领域加快立法步伐,完善数据安全、个人信息保护、平台责任等方面的法律法规,为数字经济的健康发展提供法治保障。同时,还需要积极参与数字经济领域的国际规则制定,推动建立公平合理的数字贸易规则体系。

2.对标国际高标准经贸规则、推动制度型开放的必要性

对标国际高标准经贸规则,是提升我国国际竞争力的必然要求。在全球化深入发展的今天,国际竞争越来越体现为规则和制度的竞争。只有积极参与国际规则的制定和实施,才能在国际竞争中赢得主动。对标国际高标准经贸规则,推动制度型开放,可以倒逼国内改革,加快构建与国际通行规则相衔接的制度体系和监管模式,提升我国的制度竞争力,为我国企业参与国际竞争创造更加公平有利的环境。

推动制度型开放,是构建更高水平开放型经济新体制的关键举措。改革开放以来,我国的对外开放取得了举世瞩目的成就,但主要依靠的是要素驱动和政策优惠。随着我国经济发展进入新阶段,这种传统的开放模式已经难以为继。推动制度型开放,就是要从商品和要素流动型开放向规则、规制、管理、标准等制度型开放转变,构建与高标准国际经贸规则相衔接的制度体系,形成更加稳定、透明、可预期的开放环境,从而推动我国经济实现高质量发展。

对标国际高标准经贸规则,有利于营造更加公平公正的营商环境。国际高标准经贸规则,代表了国际上先进的营商环境理念和实践。对标这些规则,推动国内相关领域的改革,可以进一步减少政府对微观经济活动的干预,加强产权保护,促进公平竞争,降低制度性交易成本,为各类经营主体营造更加公平公正的营商环境,激发市场活力和社会创造力。

推动制度型开放,有助于我国更好地融入全球经济体系。通过对标国际高标准经贸规则,推动制度型开放,可以进一步提升我国开放的水平和质量,加强与世界各国的经济联系,促进我国经济更好地融入全球经济体系,实现互利共赢、共同发展。

总而言之,国际经贸规则的重构,对我国的营商环境建设提出了新的挑战,也带来了新的机遇。对标国际高标准经贸规则,推动制度型开放,不仅是提升我国国际竞争力的必然要求,也是构建更高水平开放型经济新体制的关键举措,更是营造更加公平公正的营商环境、推动我国经济高质量发展的内在需要。在未来的发展中,我国需要继续深化改革、扩大开放,积极参与国际经贸规则制定,为构建开放型世界经济贡献中国力量。

(三)全球治理体系变革与中国角色

如果说前两节分别聚焦于全球化竞争的现实图景和规则之变,那么本节将进一步提升视野,从全球治理体系变革的高度,审视中国在其中的角色与作用。当前,世界正处于百年未有之大变局,全球治理体系也面临深刻调整。中国作为世界上最大的发展中国家和新兴市场国家,积极参与全球治理体系变革,为构建更加公正合理的国际秩序贡献中国智慧和中国方案。而优化营商环境,则是中国提升在全球经济治理中话语权和影响力的重要途径。

1.我国在全球治理体系变革中的积极作用

近年来,国际力量对比发生深刻变化,新兴市场国家和发展中国家群体性崛起,成为推动全球治理体系变革的重要力量。中国作为其中的重要一员,始终秉持共商共建共享的全球治理观,积极参与全球治理体系改革和建设,为世界和平与发展作出了重要贡献。

中国是现行国际秩序的维护者和建设者。中国始终坚定维护以联合国为核心的国际体系,维护以国际法为基础的国际秩序,维护以世界贸易组织为核心的多边贸易体制。中国积极参与联合国维和行动、应对气候变化、减贫发展等全球性议题的国际合作,展现了负责任大国的担当。

中国是全球治理体系变革的推动者和贡献者。面对全球治理体系存在的缺陷和不足,中国积极倡导变革,推动构建更加公正合理的国际秩序。中国提出共建"一带一路"倡议,发起成立亚洲基础设施投资银行(亚投行)、金砖国家新开发银行等新型多边金融机构,为全球基础设施建设和互联互通注入了新的动力。中国积极参与二十国集团(G20)、金砖国家、上海合作组织等多边机制,推动全球经济治理机制改革,提升新兴市场国家和发展中国家的代表性和发言权。

中国是全球开放合作的倡导者和践行者。面对逆全球化和保护主义思潮抬头,中国始终高举开放合作的旗帜,坚定支持多边主义和自由贸易;积极推动区域经济一体化,与多个国家和地区签署了自由贸易协定;连续举办中国国际进口博览会,主动向世界开放市场,分享中国发展机遇;积极倡导构建开放型世界经济,推动经济全球化朝着更加开放、包容、普惠、平衡、共赢的方向发展。

中国是人类命运共同体理念的提出者和推动者。面对日益增多的全球性挑战,中国创造性地提出构建人类命运共同体的重要理念,为全球治理体系变革指明了方向。这一理念超越了传统的零和博弈思维,强调各国利益紧密相连、命运休戚与共,倡导通过合作共赢的方式解决全球性问题。中国积极推动将人类命运共同体理念写入联合国决议,得到了国际社会的广泛认同和支持。

2.通过优化营商环境提升我国在全球经济治理中的话语权和影响力

在全球治理体系变革的过程中,各国都在积极提升自身的话语权和影响力。对于中国而言,除了积极参与国际规则制定、提供全球公共产品之外,优化营商环境也是提升我国在全球经济治理中话语权和影响力的重要途径。

良好的营商环境是提升国家软实力的重要体现。营商环境是一个国家制度、政策、文化、价值观的综合体现,是国家软实力的重要组成部分。一个法治化、国际化、便利化的营商环境,能够增强国家的吸引力和竞争力,提升国家的国际形象和声誉。通过持续优化营商环境,中国向世界展示了改革开放的坚定决心和积极成果,增强了自身的国际影响力和感召力。

优化营商环境有助于增强我国在全球经济治理中的制度性话语权。制度性话语权是指在国际规则制定和执行过程中的影响力。通过对标国际高标准经贸规则,推动制度型开放,构建与国际通行规则相衔接的制度体系,中国可以在国际经济规则制定中获得更大的话语权,推动构建更加公正合理的国际经济秩序。例如,中国在"一带一路"建设中积极推动政策沟通、设施联通、贸易畅通、资金融通、民心相通,倡导共商共建共享的合作模式,为全球经济治理贡献了中国智慧和中国方案。

优化营商环境有助于吸引更多国际资源参与中国发展,提升我国在全球经济治理中的参与度和贡献度。良好的营商环境能够吸引更多的外资、技术、人才等国际资源参与中国经济建设,提升我国在全球产业链、供应链、价值链中的地位,从而增强我国在全球经济治理中的参与度和贡献度。例如,中国通过设立自由贸易试验区、放宽市场准入、加强知识产权保护等一系列措施,不断优化营商环境,吸引了大量外资企业来华投资兴业,为中国经济发展注入了新的活力,也为全球经济增长作出了重要贡献。

优化营商环境为我国企业"走出去"提供有力支撑,提升我国在全球经济治理中的影响力。良好的营商环境不仅能够吸引外资"引进来",也能够为我国企业"走出去"提供有力支撑。通过优化营商环境,提升国内企业的国际竞争力,支持企业积极参与国际竞争与合作,可以进一步提升我国在全球经济治理中的影响力。例如,中国政府积极推动"一带一路"建设,为企业"走出去"搭建平台、提供服务,支持企业在国际市场上开拓进取,取得了丰硕的成果。

总而言之,在全球治理体系变革的进程中,中国始终秉持共商共建共享的全球治理观,积极发挥负责任大国的作用。而优化营商环境,不仅是提升中国国家软实力的重要体现,也是增强中国在全球经济治理中话语权和影响力的重要途径。通过构建市场化、法治化、国际化、便利化的营商环境,中国将更好地融入全球经济体系,为推动构建人类命运共同体、建设更加美好的世界作出更大贡献。

二、国内背景:改革与发展的双重奏

如果将中国经济比作一艘巨轮,那么营商环境便是其航行的水域。水域的宽广、深度、清澈程度,直接决定了巨轮航行的速度与质量。近年来,中国经济这艘巨轮正驶入高质量发展的深水区,对营商环境这片"水域"提出了更高的要求。

如果说国际环境的变化为中国营商环境的优化提供了外部压力和机遇,如同变幻莫测的风向和洋流,那么国内深层次的改革与发展需求,则构成了其内在的驱动力和根本方向,如同巨轮自身的引擎和罗盘。本节将深入剖析中国营商环境优化背后的国内背景,从全面依法治国战略的深入推进、经济高质量发展的内在需求以及深化改革开放的必然选择三个维度,阐述当前中国营商环境建设的时代背景和重要意义,展现一幅改革与发展交相辉映的壮丽图景。

(一)法治之光:全面依法治国引领营商环境新航向

1.法治政府建设:营商环境的制度基石

"奉法者强则国强,奉法者弱则国弱。"全面依法治国,是新时代坚持和发展中国特色社会主义的基本方略,也是国家治理体系和治理能力现代化的重要依托。对于营商环境而言,全面依法治国战略的深入推进,不仅提供了根本遵循和强力保障,更提出了新的、更高的要求。它如同一座灯塔,照亮了营商环境建设的前进方向,引领着市场经济的航船驶向更加公平、公正、透明的彼岸。

(1)公平公正的法治环境:市场经济的"定盘星"

市场经济的本质是法治经济,而公平公正则是法治的灵魂。依法治国的核心要义在于构建公平、公正、透明的法治环境,确保各类经营主体在法律面前一律平等,如权利平等、机会平等、规则平等。这就像为市场经济运行设定了一颗"定盘星",让所有的经营主体都能够在同一套规则下公平竞争、各展所长。这意味着我们需要不断完善社会主义市场经济法律法规体系,从立法、执法、司法、守法各个环节入手,规范行政权力运行,严格公正司法,为经营主体营造稳定、可预期的制度环境。只有当企业对未来充满信心,对规则了然于胸,才能安心经营、放心投资、专心发展。例如,近年来我国不断完善反垄断法、反不正当竞争法等法律法规,加强对市场垄断和不正当竞争行为的监管,为各类企业营造了公平竞争的市场环境,有力地激发了市场活力。

(2)高效便捷的政务服务:政府效能的"试金石"

建设法治政府,是全面依法治国的重要任务,也是优化营商环境的关键环节。高效便捷的政务服务,是法治政府建设在营商环境领域的具体体现,也是衡量政府效能的"试金石"。这要求我们深入推进"放管服"改革,进一步简化行政审批,优化政务服务流程,降低制度性交易成本,实现政务服务的高效化、便捷化、规范化。让数据多跑路,让企业少跑腿,真正做到"门好进、脸好看、事好办"。例如,近年来,各地积极推行"互联网+政务服务",企业可以通过网上平台办理各种审批手续,大大提高了办事效率,降低了办事成本。这不仅提升了政府的公信力,也增强了企业的获得感。

(3)严格规范的监管执法:公平竞争的"守护神"

依法治国要求加强市场监管,维护公平竞争秩序,这是构建良好营商环境的必要保障。如果说公平公正是法治的灵魂,那么严格规范的监管执法就是维护市场秩序的"守护神"。我们需要完善监管体系,创新监管方式,加强事中事后监管,严厉打击违法违规行为,营造公平竞争的市场环境。监管既要"无事不扰",又要"无处不在",通过精准有效的监管,为企业发展保驾护航。例如,近年来我国推行"双随机、一公开"监管模式,即在监管过程中随机抽取检查对象,随机选派执法检查人员,抽查情况及查处结果及时向社会公开。这种监管方式提高了监管的透明度和公正性,减少了对企业正常经营活动的干扰。

(4)完善的法治保障体系:企业权益的"安全网"

构建完备的法治保障体系,为经营主体提供有效的法律救济途径,是全面依法治国的应有之义。对于营商环境而言,这意味着我们需要完善多元化纠纷解决机制,加强知识产权保护,提高司法效率,降低维权成本,切实保障企业合法权益。这就像为企业编织了一张"安全网",让企业在遇到纠纷时,能够有地方说理、有途径维权,感受到公平正义。例如,我国近年来不断加大知识产权保护力度,设立了知识产权法院和知识产权法庭,提高了知识产权案件的审判效率和专业化水平,为企业创新发展提供了有力的司法保障。

2."法治是最好的营商环境":深刻内涵与时代意义

习近平总书记指出,"法治是最好的营商环境"。这一论断高屋建瓴,深刻揭示了法治与营商环境的内在联系,为新时代营商环境建设指明了方向。它不是一句空洞的口号,而是对市场经济规律的深刻总结,是对营商环境建设实践的经验升华。

(1)法治:营商环境的基石

法治为市场经济运行提供了稳定的制度框架和行为规范,是市场经济健康发展的基石。市场经济本质上是法治经济,没有法治的保障,市场秩序就会混乱,交易成本就会上升,投资信心就会受挫。法治如同阳光、空气和水,是市场经济赖以生存和发展的基础条件。离开了法治的阳光雨露,市场经济这棵大树就无法茁壮成长。

(2)法治:营商环境的核心竞争力

在经济全球化的今天,法治环境的优劣直接影响着一个国家或地区的投资吸引力和竞争力。良好的法治环境能够降低制度性交易成本,增强经营主体的安全感和预期,吸引更多投资和人才,促进经济发展。法治已经成为衡量一个国家或地区核心竞争力的重要指标。一个法治环境良好的国家或地区,就像一块强大的磁石,能够吸引全球的优质资源,为经济发展注入强劲动力。

(3)法治:营商环境的持续保障

法治具有稳定性和长期性,能够为营商环境提供持续的保障。通过法治建设,可以形成稳定、可预期的制度环境,避免政策的随意性和不确定性,为企业长期发展提供保障。法治建设不是一日之功,需要久久为功,持续发力。只有将法治精神融入营商环境建设的每一个环节,才能为经济发展提供持久的动力。

(4)法治:营商环境的内在要求

市场经济的本质是法治经济,法治是市场经济的内在要求。只有在法治的轨道上,市场经济才能健康有序运行,才能实现资源的优化配置和经济的可持续发展。法治与市场经济相辅相成,相互促进。法治为市场经济保驾护航,市场经济为法治建设提供实践土壤。

(二)质量为先:经济高质量发展呼唤营商环境新升级

1.发展方式转变:营商环境面临的新挑战

我国经济已由高速增长阶段转向高质量发展阶段,这是党中央对新时代我国经济发展特征的重大判断。如果说高速增长阶段主要依靠要素投入和规模扩张,那么高质量发展阶段则更加注重创新驱动、结构优化、绿色发展和协调共享。经济发展方式的转变,对营商环境提出了新的挑战,也赋予了新的使命。这就像一场考试,考题变了,难度升级了,对考生的能力要求也更高了。

(1)创新驱动的挑战:呼唤更具活力的创新生态

高质量发展更加依赖创新驱动,需要营造有利于创新的制度环境。这要求政府转变职能,从"保姆式"管理转向"服务型"政府,为企业创新提供更好的政策支持和公共服务,加强知识产权保护,激发创新活力。我们需要构建更加开放、包容、高效的创新生态,让创新源泉充分涌流。这需要政府部门进一步转变观念,从"管理者"转变为"服务者",为企业创新提供更加精准、更加有效的支持。例如,加大对基础研究的投入,完善科技成果转化机制,加强知识产权保护,营造鼓励创新、宽容失败的社会氛围。

(2)产业升级的挑战:呼唤更加公平的市场环境

高质量发展要求产业结构优化升级,需要引导资源向新兴产业、高技术产业流动。这要求政府打破行业壁垒,促进公平竞争,推动要素市场化配置,为产业转型升级创造良好的发展环境。我们需要构建更加公平、透明、可预期的市场环境,让各类企业在公平竞争中实现优胜劣汰。这需要政府部门进一步深化改革,破除各种形式的行业垄断和地方保护,推动资源要素向优质企业和新兴产业流动,促进产业结构不断优化升级。

(3)绿色发展的挑战:呼唤更加严格的环保标准

高质量发展要求走绿色低碳发展道路,需要加强环境保护和资源节约。这要求政府完善相关法律法规,加强环境监管,推动企业绿色转型,引导经营主体承担社会责任。我们需要构建更加严格、规范、有效的环保制度体系,推动经济发展与环境保护协调共进。这需要政府部门进一步加大环保执法力度,提高环保标准,引导企业加大环保投入,推动绿色技术创新和应用,实现经济发展与环境保护的双赢。

(4)协调发展的挑战:呼唤更加均衡的区域布局

高质量发展要求区域协调发展、城乡融合发展,需要缩小地区差距和城乡差距。这要求政府优化区域政策,推动要素在不同区域和城乡之间自由流动,促进区域协调发展和城乡一体化发展。我们需要构建更加均衡、协调、可持续的区域发展格局,让发展的成果更多更公平地惠及全体人民。这需要政府部门进一步完善区域协调发展战略,加大对欠发达地区的支持力度,推动公共服务均等化,促进城乡要素双向流动,缩小地区差距和城乡差距。

2.优化营商环境:激发活力、推动创新的关键之举

优化营商环境是激发市场活力、推动创新驱动发展的关键所在,是实现高质

量发展的必由之路。如果说高质量发展是一场马拉松比赛,那么优化营商环境就是为这场比赛提供良好的赛道和充足的补给。

(1)激发市场活力:为经济发展注入强劲动力

良好的营商环境能够降低企业运营成本,提高效率,增强企业投资信心,促进经营主体数量增加和规模扩大,从而激发市场活力,增强经济发展的内生动力。只有让经营主体充满活力,经济发展才能拥有源源不断的动力。例如,通过简化行政审批,降低企业税费负担,可以有效降低企业运营成本,增强企业投资信心,促进经营主体数量增加和规模扩大。

(2)推动产业升级:为高质量发展提供核心支撑

良好的营商环境能够为企业创新提供良好的制度保障和政策支持,降低创新成本,提高创新成功率,促进科技成果转化,推动产业升级,实现创新驱动发展。创新是引领发展的第一动力,优化营商环境就是为创新驱动发展提供核心支撑。例如,通过加强知识产权保护,完善科技成果转化机制,可以有效降低企业创新成本,提高创新成功率,促进科技成果转化为现实生产力。

(3)吸引优质资源:为经济转型升级提供要素保障

良好的营商环境能够吸引国内外优质资本、技术、人才等资源,为经济发展注入新的活力,提升产业竞争力,推动经济高质量发展。在全球范围内配置资源,是实现经济转型升级的重要途径。例如,通过放宽市场准入,改善投资环境,可以吸引更多外资进入中国市场,带来先进的技术和管理经验,推动产业升级和经济高质量发展。

(4)提升国际竞争力:为构建开放型经济新体制奠定坚实基础

良好的营商环境是提升国家竞争力的重要因素,能够增强国家对全球资源的吸引力,提升在全球价值链中的地位,推动经济持续健康发展。在全球化深入发展的今天,营商环境已经成为国家竞争力的重要组成部分。一个拥有良好营商环境的国家,才能在全球竞争中立于不败之地。

(三)深化改革:构建营商环境新格局的必由之路

1."放管服"改革:营商环境优化的重要抓手

"放管服"改革,即简政放权、放管结合、优化服务,是党中央、国务院作出的重大决策部署,是全面深化改革的重要内容,也是优化营商环境的关键抓手。如果将优化营商环境比作一场战役,那么"放管服"改革就是这场战役的"三大战术"。

(1)"放":简政放权,激发市场活力

简政放权的核心在于减少行政审批事项,降低市场准入门槛,激发经营主体活力。通过取消和下放行政审批事项,减少政府对微观经济活动的干预,为企业松绑减负,营造更加宽松的市场环境。让市场在资源配置中起决定性作用,是"放"的根本目的。这就像一场"瘦身运动",减掉政府不该管、管不好的事项,让经营主体轻装上阵,更好地发挥自身优势。例如,近年来我国大幅削减行政审批事项,推行"证照分离"改革,大大降低了企业开办的门槛和成本,激发了经营主体的创业创新热情。

(2)"管":创新监管方式,维护公平秩序

放管结合,寓"管"于"放"之中。创新监管方式,加强事中事后监管,维护公平竞争秩序,是"管"的核心要义。通过推行"双随机、一公开"监管、信用监管等方式,提高监管效率,减少对企业正常经营活动的干扰,营造公平竞争的市场环境。让监管更加精准有效,是"管"的最终目标。这就像一场"精准执法",改变过去"大水漫灌"式的监管方式,通过更加精准、更加智能的监管手段,维护公平竞争的市场秩序。例如,近年来我国大力推进信用监管,对信用良好的企业减少检查频次,对信用不良的企业加大监管力度,提高了监管的针对性和有效性。

(3)"服":优化服务,提升政府效能

优化政务服务,提高行政效率,降低制度性交易成本,是"服"的本质要求。通过推行"互联网+政务服务""一站式"服务等方式,简化办事流程,提高办事效率,降低企业办事成本,营造便捷高效的政务环境。让企业和群众办事更加方便快捷,是"服"的根本宗旨。这就像一场"服务升级",政府部门从"管理者"转变为"服务者",为企业和群众提供更加便捷、高效、贴心的服务。例如,近年来我国大力推进"一网通办""最多跑一次"等改革,企业和群众可以通过网上平台办理各种政务服务事项,大大提高了办事效率,降低了办事成本。

2.开放型经济新体制:营商环境国际化的时代要求

构建开放型经济新体制,是新时代中国对外开放的重大战略部署,对营商环

境国际化提出了更高的要求。如果说"放管服"改革是优化营商环境的"内功",那么构建开放型经济新体制就是修炼营商环境的"外功"。

(1)规则对接国际:营造与国际接轨的制度环境

要对标国际高标准经贸规则,推动国内相关法律法规、管理制度与国际接轨,实现贸易投资自由化便利化,营造与国际接轨的制度环境。这是构建开放型经济新体制的内在要求,也是提升中国营商环境国际竞争力的关键所在。这就像一场"规则升级",通过与国际高标准经贸规则对接,提升我国营商环境的国际化水平,为企业参与国际竞争创造更加有利的条件。例如,我国近年来积极参与国际经贸规则制定,推动《外商投资法》出台,为外商投资提供了更加稳定、透明、可预期的法治环境。

(2)市场更加开放:营造更加公平透明的市场环境

要进一步放宽市场准入,扩大服务业开放,减少外资准入限制,营造更加开放、公平、透明的市场环境。这是吸引外资、促进国内企业参与国际竞争的必要条件。这就像一场"门户开放",通过进一步扩大开放领域,降低外资准入门槛,为外资企业提供更加公平、透明的市场环境。例如,我国近年来不断缩减外商投资负面清单,扩大服务业开放领域,为外资企业提供了更加广阔的市场空间。

(3)服务更加便利:营造更加便捷高效的政务环境

要提升跨境贸易便利化水平,简化通关手续,降低通关成本,为外资企业提供更加便捷高效的政务服务。这是提升中国投资吸引力的重要举措。这就像一场"通关提速",通过简化通关手续,降低通关成本,提高通关效率,降低了企业成本。

(4)保护更加有力:营造更加公平公正的法治环境

要加强知识产权保护,完善外商投资权益保护机制,营造更加公平公正、安全稳定的法治环境。这是增强外商投资信心、促进外资长期稳定发展的根本保障。这就像一场"权益护航",通过加强知识产权保护,完善外商投资权益保护机制,为外资企业提供更加安全、稳定的投资环境。例如,我国近年来不断加大知识产权保护力度,严厉打击侵犯知识产权行为,设立了专门的知识产权法院和法庭,为外资企业提供了更加有力的法律保障。

综上所述,全面依法治国战略的深入推进、经济高质量发展的内在需求以及深化改革开放的必然选择,构成了中国营商环境优化的强大国内背景。这三重因素相互交织、相互促进,共同推动中国营商环境不断迈向更高水平,推动中国经济这艘巨轮破浪前行。

第二节 优化营商环境的重大意义

优化营商环境,是党中央、国务院根据新形势新发展新要求,审时度势作出的重大决策部署,是增强微观主体活力、释放全社会创新创业创造动能的重要举措,是健全政府管理体系、推进国家治理体系和治理能力现代化的重要内容,也是进一步扩大对外开放、发展更高层次开放型经济的重要保障。[1] 其意义重大而深远,主要体现在以下五个方面。

一、开创优化营商环境新局面

今天的中国,已经站在新的历史起点上。面对新时代的新要求,我国正全面深化改革,为经济社会发展注入新动力;积极适应经济发展新常态,加快转变经济发展方式;并以更加开放的姿态,深度融入世界、贡献世界。

习近平新时代中国特色社会主义思想进一步丰富了营商环境的内涵,拓展了营商环境的外延,赋予了优化营商环境新的时代意义。优化营商环境在经济社会发展中的作用和地位被提升到全新的层次和水平,它不仅要为企业和民众提供便利,更肩负着激发市场活力、推进国家治理体系和治理能力现代化的时代重任,需要不断开拓新局面。

(一)培厚沃土,夯实企业枝繁叶茂之基

沃土育佳禾。营商环境如同企业生存发展的土壤。只有企业正常生产,才能保障国家经济的平稳运行,才能为社会创造充足的就业机会。企业是经济的基本细胞,只有细胞充满活力,整体经济才能强健有力。良好的营商环境能为企业营造安心谋发展的外部环境,促进经营主体有序参与市场竞争,进而激发市场发展

---

[1] 王敬波:《"放管服"改革与法治政府建设深度融合的路径分析》,《中国行政管理》2021年第10期。

的蓬勃活力。企业兴则经济兴,企业强则经济强。激发市场活力,关键在于放权到位、营造良好环境、制定完善规则,让企业家有用武之地。要持续简政放权、优化服务,最大限度减少政府对市场活动的直接干预,同时加强和规范事中事后监管,从而激发各类经营主体的内生动力。优化营商环境要以经营主体需求为导向,充分倾听经营主体的声音,以推进国家治理能力现代化为核心,对标国际先进经验,创新体制机制,加强协同联动,为企业心无旁骛谋发展、激发更多市场活力厚植营商沃土。

(二)点燃发展引擎,开创高质量发展新局面

高质量发展,意味着从"有没有"向"好不好"的转变。中国特色社会主义进入了新时代,我国经济发展也进入了新时代,基本特征就是我国经济已由高速增长阶段转向高质量发展阶段。推动高质量发展,是保持经济持续健康发展的必然要求,是适应我国社会主要矛盾变化和全面建成小康社会、全面建设社会主义现代化国家的必然要求,是遵循经济规律发展的必然要求。

良好的营商环境是经济高质量发展的重要基础。高质量发展的本质内涵是高效、公平和可持续的发展,具体表现为资源配置效率高、产品服务质量优、技术水平不断提升。经济从高速增长转向高质量发展,既需要发展方式和增长路径的转变,更需要体制变革和机制创新。

营商环境的优劣直接影响着经营主体的兴衰、生产要素的聚散以及发展动能的强弱。通过优化营商环境,能够打破制约资金、土地、人才等要素自由流动的障碍,促进要素合理流动,提高资源配置效率,提升自主创新能力,培育增长新动能,从而不断拓展经济高质量发展的新空间。[1]

(三)凝聚磁场,汇聚国内大市场蓬勃动力

着力优化营商环境,培育壮大新动能,是促进形成强大国内市场的重要途径。我国拥有巨大的市场规模,且潜力仍在不断释放。增强国内消费对经济发展的基础性作用,积极建设更加活跃的国内市场,不仅能为中国经济发展提供有力支撑,

---

[1] 赵良育:《西安市法治化营商环境建设研究》,硕士学位论文,西安科技大学,2021,第16页。

也能为世界经济增长扩大空间。中国 14 亿人口的巨大市场必将成为世界经济的增长之源、活力之源。

促进形成强大国内市场,是深化供给侧结构性改革的应有之义,是满足人民日益增长的美好生活需要的必要条件,是稳定社会预期和提振市场信心的有力支撑,也是充分彰显大国担当的主动选择。促进形成强大国内市场,需要更多地采取改革的办法,更多地运用市场化、法治化手段,加快破除制约市场发展的制度藩篱。建立高效、公正、透明的市场规则和法治化营商环境,降低各类经营成本,激发市场内生动力和发展潜力,在经济良性循环和供需动态平衡中,增强发展的平衡性、协调性和可持续性,促进经济平稳健康发展,加快形成以国内大循环为主体、国内国际双循环相互促进的新发展格局。

(四)架设桥梁,拓展高水平对外开放新格局

开放带来进步,封闭必然落后。实践证明,中国的发展离不开世界,世界的繁荣也需要中国。当前,国际经济合作和竞争局面正在发生深刻变化,全球经济治理体系和规则正在面临重大调整。我国"引进来和走出去"的深度、广度、节奏都已今非昔比,应对外部经济风险、维护国家经济安全的压力也远超以往。

现在的问题不是要不要对外开放,而是如何提高对外开放的质量和发展的内外联动性。建设开放型经济新体制,一个重要目的就是通过开放促进我们自身加快制度建设、法规建设,改善营商环境和创新环境,降低市场运行成本,提高运行效率,提升国际竞争力。[1] 中国扩大开放的举措,是根据中国改革发展客观需要作出的自主选择,这有利于推动经济高质量发展,有利于满足人民对美好生活的向往,有利于世界和平、稳定、发展。

二、激发市场化营商环境新活力

全面深化改革,关键在于激发市场蕴藏的活力。把政府不该管的事交给市场,让市场在所有能够发挥作用的领域都充分发挥作用,推动资源配置实现效益最大化和效率最优化,让企业和个人有更多活力和更大空间去发展经济、创造

---

[1] 王德蓉:《为深入参与经济全球化提供制度支撑》,《经济日报》2018 年 11 月 15 日第 13 版。

财富。

习近平新时代中国特色社会主义经济思想引领着持续优化营商环境的进程,强调要使市场在资源配置中起决定性作用,更好发挥政府作用,推动构建市场机制有效、微观主体有活力、宏观调控有度的经济体制,为市场主体创造更大的干事创业空间,不断催生发展新动能。

(一)厘清政府与市场的关系,释放市场主体创新潜力

深化经济体制改革,核心在于处理好政府和市场的关系。发挥政府作用,不是简单下达行政命令,要在尊重市场规律的基础上,用改革激发市场活力,用政策引导市场预期,用规划明确投资方向,用法治规范市场行为。

厘清政府与市场的关系,要运用辩证思维,统筹用好"看不见的手"和"看得见的手"。关键是加快转变政府职能,放权要彻底,该管的也要管到位,坚决扭转政府职能错位、越位、缺位的现象。

持续优化营商环境,政府应更多地从管理者转向服务者,为企业服务,为推动经济社会发展服务,推动进一步完善市场体制机制,打破行业垄断、市场准入、地方保护等壁垒,增强企业对市场需求变化的反应和调整能力。既要建设"有效的市场",也要打造"有为的政府",深化行政体制改革,从广度和深度上推进市场化改革,推动资源配置实现效益最大化和效率最优化。

(二)加强和创新宏观调控,提升政府治理效能

相机抉择,精准施策。我们必须全面把握总供求关系新变化,科学进行宏观调控,适度干预但不盲目,必要时在把握好度的前提下坚定出手,平衡好增强活力和创造环境的关系,真正形成市场和政府合理分工、推动发展新模式。[1]

实施宏观调控,要更加注重引导市场行为和社会预期,增强政策的透明度和可预期性。加强与经营主体的沟通融合,在提高宏观调控的科学性的同时,提高宏观调控的艺术性。要用改革的精神、思路、办法改善宏观调控,科学把握宏观调控政策框架,保持政策连续性和稳定性。

---

[1] 习近平:《主动适应、把握、引领经济发展新常态,着力推进供给侧结构性改革》,《党的文献》2017年第4期。

加快建立与高质量发展要求相适应、体现新发展理念的宏观调控目标体系、政策体系、决策协调体系、监督考评体系和保障体系。坚持扩大内需战略,加快培育消费新增长点,着力优化消费环境,促进投资合理增长和结构优化,改善投资管理和服务。创新和完善宏观调控,推进政策协同配套,提高政策的精准性和有效性,深入推进简政放权、放管结合、优化服务,营造稳定、公平、透明、可预期的营商环境,推进更深层次、更高水平的双向开放,赢得国内发展和国际竞争的主动权。

（三）加快建设统一开放、竞争有序的高标准市场体系,畅通资源高效配置渠道

公平竞争是提高效率、促进繁荣的关键。要畅通国民经济循环,加快建设统一开放、竞争有序的现代市场体系,提高金融体系服务实体经济能力,形成国内市场和生产主体、经济增长和就业扩大、金融和实体经济良性循环。[1]

建设统一开放、竞争有序的市场体系,是使市场在资源配置中起决定性作用的基础。持续优化营商环境,要以营造公平竞争的市场环境、公正透明的法律政策环境为主要抓手,从而实现市场准入畅通、开放有序、竞争充分,加快形成商品和要素自由流动、平等交换的现代市场体系。通过加快完善社会主义市场经济体制,有效激发全社会创新创业的活力,为实现人民对美好生活的向往奠定更加坚实而强大的物质基础。

三、构筑法治化营商环境新基石

法治是最好的营商环境。全面依法治国具有基础性、保障性作用,在全面建成社会主义现代化强国的新征程上,要更好发挥法治固根本、稳预期、利长远的保障作用。

习近平新时代中国特色社会主义思想与习近平法治思想指明了法治化对优化营商环境的战略重要性,将优化营商环境与法治化紧密结合,擘画了以法治为基础、在法治轨道上运行、受法治规则调整的营商环境新方略,引领中国不断开拓

---

[1] 新华社:《打好脱贫攻坚战,要一鼓作气——中央经济工作会议对脱贫攻坚提出了这些要求》,《老区建设》2018年第23期。

营商环境更加广阔的发展前景。[1]

(一)在法治框架内调整各类经营主体的利益关系,增强政策的透明度和可预期性

社会主义市场经济本质上是法治经济。要提高党领导经济工作的法治化水平。实践中,一些地方和部门习惯于仅用超越法律法规的手段和政策来抓企业、上项目、促发展,习惯于用旧的计划经济手段完成任务,这些思维和方式必须加以改变。领导干部要带头依法办事,运用法治思维和法治方式来深化改革、定分止争、促进发展。

要织密法律之网、强化法治之力,尊重市场经济规律,用法治来规范政府边界,在法治框架内调整各类经营主体的利益关系,斩断越权之手。既要重视通过制定新的法律法规来固定既得成果,指导转变政府职能的下一步工作,又要重视通过修改、废止不合适的现行法律法规,为政府职能转变扫除制度障碍。

(二)依法平等保护各类经营主体产权和合法权益,让企业安心发展、放心投资

法治化环境最能聚人聚财、最有利于发展。产权保护特别是知识产权保护是营造良好营商环境的重要方面。加强产权保护,根本之策是全面推进依法治国。

坚持依法保护。要健全以公平为原则的产权保护制度,着力营造稳定、公平、透明、可预期的法治化营商环境,促进企业的优胜劣汰。《民法典》的颁布对依法平等保护各类经营主体产权和合法权益具有重要意义。要贯彻实施好《民法典》和相关法律法规,依法平等保护各种所有制企业产权和自主经营权。把《民法典》作为行政决策、行政管理、行政监督的重要标尺。

鼓励和支持各种所有制企业创新发展,凡是在我国境内注册的企业,都要一视同仁、平等对待,保护各种所有制企业产权和合法利益,提高企业投资信心,改善企业市场预期。

---

[1] 赵良育:《西安市法治化营商环境建设研究》,硕士学位论文,西安科技大学,2021,第19页。

(三)加强知识产权保护,营造尊重知识价值的营商环境

打通知识产权创造、运用、保护、管理、服务全链条,构建便民利民的知识产权公共服务体系。加强知识产权保护,是完善产权保护制度最重要的内容,也是提高中国经济竞争力最大的激励。对此,外资企业有要求,中国企业更有要求。

创新是引领发展的第一动力,没有创新就没有进步。加强知识产权保护,不仅是维护内外资企业合法权益的需要,更是推进创新型国家建设、推动高质量发展的内在要求。要着力营造尊重知识价值的营商环境,全面完善知识产权保护法律体系,大力强化执法,引入侵权惩罚性赔偿制度,增强民事司法保护和刑事保护,提高知识产权保护水平,推动形成鼓励创新、宽容失败,激励企业家干事创业的浓厚氛围。

加强对外国知识产权人合法权益的保护,杜绝强制技术转让,完善商业秘密保护,依法严厉打击知识产权侵权行为。鼓励中外企业开展正常技术交流合作,保护在华外资企业合法知识产权。中国愿同世界各国加强知识产权保护合作,创造良好创新生态环境,推动同各国在市场化、法治化原则基础上开展技术交流合作。

(四)维护社会公平正义、司法公正,创造公平竞争的法治环境

执法、司法中的任何失误,对当事人而言都是无法弥补的损害。国家机关履行职责、行使职权必须清楚自身行为和活动的范围和界限。

人民群众对执法中存在的问题反映较为集中,这应当成为我们厉行法治的聚焦点和发力点。要着力推进行政执法透明、规范、合法、公正,不断健全执法制度、规范执法程序、创新执法方式、加强执法监督,全面提高执法效能,推动形成权责统一、权威高效的行政执法体系,切实维护人民群众的合法权益。要规范行政许可、行政处罚、行政强制、行政征收、行政收费、行政检查、行政裁决等活动,提高依法行政能力和水平。

公正是司法的灵魂和生命。要深化诉讼制度改革,推进案件繁简分流、轻重分离、快慢分道,推动大数据、人工智能等科技创新成果同司法工作深度融合。严肃处理侵犯群众合法权益的行为和人员,切实维护人民群众合法权益,努力让人民群众在每一件司法案件中都感受到公平正义。

（五）着力增强系统性、整体性，防止政出多门、政策效应相互抵消

推进政策协同配套，提高政策的精准性和有效性。有些政策在制定过程中前期调研不够，没有充分听取企业意见，对政策的实际影响考虑不周，没有给企业留出必要的适应调整期。有些政策相互不协调，政策效应同向叠加，或者是工作方式简单，导致一些初衷良好的政策产生了相反的作用。

要加强政策制定的协调性，坚决克服部门利益和本位主义。强化政策协同配套，制定和调整政策时要充分考虑关联行业和领域的实际情况。完善政企沟通机制，统筹把握好政策出台的时机、力度和节奏。加强政策解读，及时回应社会关切，避免简单化地"一刀切"。

四、拓展国际化营商环境新视野

中国开放的大门不会关闭，只会越开越大。中国坚持对外开放的基本国策，坚持打开国门搞建设。过去40多年中国经济发展是在开放条件下取得的，未来中国经济实现高质量发展也必须在更加开放的条件下进行。

以开放的最大优势谋求更大的发展空间。习近平经济思想在加深层次、创新方式、优化布局、提升质量上不断丰富国际化营商环境的理论和实践，培育新形势下我国参与国际合作和竞争的新优势，推动形成全方位、多层次、宽领域的全面开放新格局。

（一）构建开放型经济新体制，打造更具吸引力的投资环境

投资环境就像空气，空气清新才能吸引更多外资。过去，中国吸引外资主要靠优惠政策，现在要更多靠改善投资环境。

要适应新形势、把握新特点，推动由商品和要素流动型开放向规则等制度型开放转变。加强同国际经贸规则的对接，增强透明度，强化产权保护，鼓励竞争、反对垄断。深化投资体制改革，完善法律法规，在制度和政策上营造宽松的市场经营和投资环境，让中国市场更加透明、更加规范。鼓励和支持各种所有制企业创新发展，保护各种所有制企业产权和合法利益，提高企业投资信心，改善企业市场预期。要破除市场壁垒和地方保护，促进公平竞争，营造商品自由流动、平等交换的市场环境，降低市场运行成本，提高运行效率，提升国际竞争力。随着一系列

重大改革举措的持续推进,中国投资软环境将更开放、更宽松、更透明,为外资企业分享中国发展机遇创造更为有利的条件。

(二)统一内外资法律法规,促进内外资企业公平竞争

开放发展旨在解决发展内外联动的关键问题。党中央明确提出,要加快完善内外资法律法规体系,推动出台新的外资基础性法律,确保内外资企业在法律框架内实现公平竞争。

《中华人民共和国外商投资法》(以下简称《外商投资法》)于2019年3月15日正式颁布,2020年1月1日起施行。该法确立了我国新型外商投资法律制度的基本框架,明确了对外开放、促进外商投资的基本国策和大政方针,对外商投资的准入、促进、保护、管理等方面作出了全面统一的规定。我国深入实施准入前国民待遇加负面清单管理制度,确保各类经营主体依法平等使用生产要素、公平参与市场竞争、享有同等的法律保护,营造更加公平的营商环境。

为扎实推进《外商投资法》的落地实施,《中华人民共和国外商投资法实施条例》(以下简称《实施条例》)自2020年1月1日起同步施行,相关配套制度也在加快制定中。同时,全面清理涉及外资的法律、法规、规章和政策文件,对与国家对外开放大方向和大原则不符的法律法规,限期废止或修订。通过多措并举,确保外资企业在准入后能够依据公司法依法合规经营,真正做到法律上平等、政策上一视同仁,为优化营商环境提供坚实保障。

(三)深化外商投资管理体制改革,大幅放宽外资准入限制

搞保护主义无异于将自己封闭在黑暗之中,虽然看似避开了外部的风雨,但也阻断了阳光与空气的流通。党中央明确指出,中国坚持改革开放的方向不动摇,将进一步放宽外资准入,欢迎各国企业来华投资兴业,并继续为其提供良好的营商环境。

全面推行外商投资负面清单管理制度,通过清单形式明确列出禁止和限制外商投资的行业、领域、业务等。在负面清单之外的领域,全面取消外资准入限制,内外资企业均可依法平等进入,享受同等待遇。按照"只做减法、不做加法"的原则,动态调整负面清单,以服务业开放为重点,加快推进电信、教育、医疗、文化等领域对外开放,同时放宽制造业、农业领域的准入限制,持续提升投资贸易便利化

水平,为优化营商环境注入新动力。

(四)持续扩大市场开放,共享中国发展机遇

中国既是全球制造业的重要基地,也是潜力巨大的"世界市场"。中央强调,国际贸易和投资等经贸活动,根植于各国优势互补、互通有无的现实需求。中国主动扩大进口,不是短期权宜之计,而是面向世界、面向未来、推动全球共同发展的长远战略考量。

中国有世界上规模最大、增长最快的中等收入群体,消费市场潜力巨大。更加注重发挥进口对经济发展的积极作用,进一步降低关税水平,大幅削减进口环节的制度性成本,消除各种非关税壁垒,积极扩大对各国高质量产品和服务的进口。特别是扩大非洲国家对华产品出口规模,进口更多人民群众需求集中的特色优势产品,同时增加国外有竞争力的优质农产品、制成品和服务的进口,促进贸易平衡发展。

加快打造国际化营商环境,持续扩大市场开放,推动国际国内要素有序自由流动、资源高效配置、市场深度融合,为各国提供更多市场机遇、投资机遇和增长机遇,携手实现共同发展,共享美好未来。

五、指导优化营商环境新实践

无论政府职能如何转变,为人民服务的根本宗旨始终不变。党中央强调,要坚持以人民为中心,执政为民,深入基层、了解民情,真正做到想群众之所想、急群众之所急、解群众之所忧,在服务中加强管理,在管理中提升服务水平。

营商环境没有最好,只有更好。习近平经济思想为优化营商环境提供了科学指引,以建设一流营商环境为牵引,将实现好、维护好、发展好最广大人民的根本利益作为优化营商环境的出发点和落脚点,在提升政府服务效能上持续展现新作为,在便企惠民上不断实现新突破,切实增强经营主体的获得感、幸福感和安全感。

(一)构建亲清政商关系,支持企业家专注于长远发展

新型政商关系的核心在于"亲"和"清"。各级领导干部要光明磊落同企业交往,了解企业家所思所想、所困所惑,涉企政策制定要多听企业家意见和建议,同

时要坚决防止权钱交易、商业贿赂等问题损害政商关系和营商环境。要充分发挥市场在资源配置中的决定性作用,更好发挥政府作用。[1] 政府既是市场规则的制定者,也是市场公平的维护者,应更加注重提供优质公共服务,支持企业家心无旁骛、专注长远发展,以恒心办好企业,扎根中国市场,深耕中国市场。

对领导干部而言,"亲"意味着真诚坦荡地与企业家接触交往,通过主动作为、靠前服务,切实帮助企业解决实际困难;"清"则要求与企业家的关系清白纯洁,不以权谋私,不搞权钱交易。对企业家而言,"亲"意味着积极主动与各级党委和政府部门沟通交流,讲真话、吐实情、建诤言,支持地方经济社会发展;"清"则要求洁身自好,遵纪守法办企业,光明正大搞经营。

完善构建亲清政商关系的政策体系是优化营商环境的重要内容。建立规范化、机制化的政企沟通渠道,鼓励企业参与实施重大国家战略。各级党委和政府要把支持企业发展作为一项重要任务,投入更多时间和精力关心企业发展、企业家成长,为优化营商环境提供有力支撑。

(二)深入推进审批服务便民化,持续优化办事创业环境

要把人民群众的小事当作政府的大事。近年来,一些单位包括部分领导机关,重面子不重规矩、重关系不重原则,遇到矛盾绕道走,问题长期拖延得不到解决,导致"门难进、脸难看、事难办",群众反映强烈。

惠民便企需找准着力点,持续优化办事创业和营商环境。将推广典型经验与推动市场变革相结合,聚焦企业和群众的急难愁盼事项,推动审批服务理念、制度、作风实现全方位深层次变革,切实解决企业群众办事难、办事慢、多头跑、来回跑等问题。坚持政务公开透明,以公开为常态、不公开为例外,全面推进决策、执行、管理、服务、结果公开,增强营商环境的透明度和可预期性。

(三)切实降低企业负担,助力企业轻装上阵

要尽一切努力减轻企业负担。党中央指出,减税降费政策措施必须落地生根,让企业真正轻装上阵,激发市场活力。

切实降低企业负担,需在减税、降费、降低要素成本等方面加大工作力度。进

---

[1] 张艳:《坚持两个"毫不动摇"保市场主体》,《丹东日报》2020年11月11日第4版。

一步加大减税力度,推进增值税等实质性减税政策落地。全面清理、精简涉及民间投资管理的行政审批事项和涉企收费,规范中间环节和中介组织行为,加快推进涉企行政事业性收费零收费。降低各类交易成本特别是制度性交易成本,减少审批环节,降低中介评估费用,降低企业用能成本和物流成本,提高劳动力市场灵活性,推动企业通过降本增效提升竞争力。

经营主体是经济发展的力量载体,保护经营主体就是保护社会生产力。针对企业复工复产面临的债务偿还、资金周转和扩大融资等迫切问题,创新完善金融支持方式,为防疫重点地区单列信贷规模,为受疫情影响较大的行业、民营和小微企业提供专项信贷额度。调整完善企业还款付息安排,加大贷款展期、续贷力度,适当减免小微企业贷款利息,防止企业资金链断裂。[1] 千方百计保护好经营主体,为经济发展积蓄基本力量。

(四)提升工作艺术和管理水平,实现高效协同服务

要让百姓少跑腿、数据多跑路。党中央指出,推动实施国家大数据战略,加快完善数字基础设施,促进数据资源整合和开放共享,保障数据安全,加快建设数字中国,更好地服务经济社会发展,改善人民生活。

深刻认识互联网在国家现代化进程中的重要作用,以推行电子政务、建设新型智慧城市为抓手,以数据集中和共享为路径,建设全国一体化的国家大数据中心,实现跨地域、跨系统、跨部门、跨业务的协同服务,推动政府决策科学化、公共服务高效化。

坚持以人民为中心的发展思想,加快推进"互联网+"战略,构建全流程一体化在线服务平台,更好解决企业和群众反映强烈的办事难、办事慢等问题,不断提升公共服务均等化、普惠化、便捷化水平,为优化营商环境提供有力支撑。

第三节 营商环境宏观政策分析

进入新时代,党中央、国务院高度重视优化营商环境工作。自 2013 年 11 月

---

[1]《推动企业复工复产 12 条硬核措施》,《民生周刊》2020 年第 4 期。

习近平总书记在党的十八届三中全会上首次正式提出"营商环境"概念以来，党中央、国务院出台了大量政策，深入转变政府职能，持续优化营商环境。通过商事制度改革、"放管服"改革等一系列改革措施转变政府职能，优化行政监管机制，为企业松绑。《优化营商环境条例》更是为优化企业营商环境提供了整体思路与实现路径。党的二十大报告中提出的"构建全国统一大市场""优化营商环境"以及"全面营造市场化、法治化、国际化一流营商环境"的要求，为推动营商环境建设进入新阶段提出了新的要求。

一、顶层设计明确优化营商环境总体目标

2013年11月，习近平总书记在党的十八届三中全会上首次正式提出"营商环境"概念，并在《中共中央关于全面深化改革若干重大问题的决定》中明确了"推进国内贸易流通体制改革，建设法治化营商环境"的总体目标。

"十三五"规划纲要中提出"完善法治化、国际化、便利化的营商环境，健全有利于合作共赢、同国际投资贸易规则相适应的体制机制"。"十四五"规划和2035年远景目标纲要中进一步强化顶层设计，提出"构建一流营商环境"的目标，并明确指出通过深化简政放权、放管结合、优化服务改革，全面实行政府权责清单制度，持续优化市场化、法治化、国际化营商环境。

2022年10月，习近平总书记在党的二十大报告中，再次提及政府"放管服"改革，明确指出"支持中小微企业发展。深化简政放权、放管结合、优化服务改革。构建全国统一大市场，深化要素市场化改革，建设高标准市场体系。完善产权保护、市场准入、公平竞争、社会信用等市场经济基础制度，优化营商环境"，并再次强调"全面营造市场化、法治化、国际化一流营商环境"，为继续优化营商环境提出了新的要求，为推动营商环境建设进入新阶段指明了方向。

2024年7月，在党的二十届三中全会上，中共中央提出了一系列切实可行的政策措施，旨在优化我国营商环境，进一步促进经济高质量发展。一要简化行政审批。会议强调，要减少行政审批环节，提高审批效率，降低企业运营成本。二要优化市场准入。在市场准入方面，会议提出要放宽市场准入门槛，鼓励更多企业特别是中小企业进入市场，激发市场活力，促进公平竞争。通过优化市场准入制度，取消不必要的审批和许可证制度，进一步降低企业进入市场的壁垒。同时，鼓

励外资企业加大对中国市场的投资,以推动国内市场的多元化和国际化发展。三要提升公共服务能力。为了更好地服务企业,会议要求各级政府加强公共服务能力建设,提供便利的金融、税务、人力资源等支持服务。通过优化服务流程和提升服务水平,帮助企业解决在发展过程中遇到的实际困难。特别是在税收优惠、融资支持、人才引进等方面,加大政策支持力度,确保企业能够获得及时有效的公共服务,降低企业的运营风险和成本。四要加强法治保障。会议指出,要继续完善法律法规体系,保护企业的合法权益,营造公平、公正、公开的市场环境。依法治国是保障企业健康发展的基石,只有通过法治手段,才能确保市场秩序的规范和稳定。加强知识产权保护,打击侵权行为,为创新型企业提供更加有力的法治保障。同时,推进公平竞争审查制度,防止垄断和不正当竞争行为,维护市场的健康发展。

上述举措的提出,为我国企业的发展创造了更加有利的条件,同时也为我国经济的持续健康发展注入了新的活力。我们有理由相信,在这些政策措施的指引下,中国的营商环境将变得更加优越,企业的竞争力和创新能力也将得到进一步提升。

二、"放管服"与商事制度改革转变政府职能

改革开放40多年来,我国经济社会发展取得举世瞩目的成就,一条重要经验就是不断推进改革,破除体制机制障碍,激发市场活力和社会创造力。回望过去十年,党中央、国务院将深化"放管服"改革作为全面深化改革的"先手棋"和转变政府职能的"当头炮",持续推进商事制度改革,加快打造市场化、法治化、国际化营商环境,为经济高质量发展提供了强劲动力。

2014年,商事制度改革元年,改革大幕开启。2月,国务院印发《注册资本登记制度改革方案》,确立了商事制度改革的总体设计,提出放宽工商登记条件,加强对市场主体、市场活动的监督管理,拉开了商事制度改革的序幕,也为后续"放管服"改革奠定了坚实基础。

2015年,"放管服"概念提出,改革全面推进。5月,国务院召开全国推进简政放权放管结合职能转变工作电视电话会议,首次提出"放管服"改革的概念。以"简政放权""放管结合""优化服务"为主要抓手的"放管服"改革自此全面推进。

2015—2019年,改革持续深化,营商环境不断优化。这期间,各地区各部门

积极探索,从大幅削减行政审批事项,到全面实施市场准入负面清单制度;从"证照分离"改革试点,到全面推行"证照联办";从破除各类隐性门槛,到推广营商环境创新试点经验等一系列改革举措接连落地,为市场主体松了绑、解了绊。

2020年,聚焦"准入不准营",进一步为企业松绑减负。9月,《国务院办公厅关于深化商事制度改革进一步为企业松绑减负激发企业活力的通知》印发,针对"准入不准营"现象,提出强化宽进严管、协同共治能力,通过推进企业开办全程网上办理、注册登记制度改革、简化经营审批、加强事前事后监管,充分释放社会创业创新潜力。

2021年,明确任务分工,形成改革合力。7月,《全国深化"放管服"改革着力培育和激发市场主体活力电视电话会议重点任务分工方案》印发,明确了统筹推进"放管服"改革和优化营商环境工作的牵头部门及各部门职责分工,提出将行之有效的经验做法上升为制度规范。

2022年,多措并举,持续优化营商环境。1月,《国务院办公厅关于全面实行行政许可事项清单管理的通知》要求全面实行行政许可事项清单管理,清单之外一律不得违法实施行政许可。同月,《国务院办公厅关于加快推进电子证照扩大应用领域和全国互通互认的意见》印发。3月,《国务院关于加快推进政务服务标准化规范化便利化的指导意见》发布。8月,习近平总书记主持召开中央全面深化改革委员会第二十七次会议,审议通过了《关于推进公平竞争政策实施的意见》。8月29日,第十次全国深化"放管服"改革电视电话会议指出,要持续深化"放管服"改革,推进政府职能深刻转变,并提出了具体分工方案。9月,《国务院办公厅关于进一步优化营商环境 降低市场主体制度性交易成本的意见》从破除隐性门槛、规范涉企收费、优化涉企服务、加强公正监管、规范行政权力五方面解决市场主体生产经营困难。10月,《国务院办公厅关于复制推广营商环境创新试点改革举措的通知》将北京、上海等六个城市形成的50项改革举措在全国复制推广。

2023年,加强公正监管,推进政务服务效能提升。1月,《国务院办公厅关于深入推进跨部门综合监管的指导意见》要求深入推进跨部门综合监管,解决监管责任不明确、协同机制不完善、风险防范能力不强以及重复检查多头执法问题。7月,《国务院办公厅关于进一步规范行政裁量权基准制定和管理工作的意见》发布。8月,《国务院办公厅关于依托全国一体化政务服务平台建立政务服务效能提升常态化工作机制的意见(试行)》印发。10月,《国务院办公厅转发国家发展改革委、财政部〈关于规范实施政府和社会资本合作新机制的指导意见〉》,进一步优化营商环境,鼓励民间投资。李强总理多次强调,要坚定不移深化改革扩大开放,切实落实"两个毫不动摇",更大力度激发市场主体活力。

2024年,推动"高效办成一件事",打造一流营商环境。1月,市场监管总局等七部门联合印发《关于进一步优化政务服务提升行政效能推进"高效办成一件事"实施方案》。3月,《国务院关于进一步优化政务服务提升行政效能推动"高效办成一件事"的指导意见》印发。政府工作报告中明确提出,要深入推进政务服务"一网通办",加快数字政府建设,营造市场化、法治化、国际化一流营商环境。

纲举目张,顶层设计引领改革航向。十年来,"放管服"改革的深入推进,离不开党中央、国务院的坚强领导和科学部署。党中央、国务院统揽全局、把舵定向,为"放管服"改革提供了根本遵循和强大动力。

三、《优化营商环境条例》全方位规划打造一流营商环境

2019年10月,国务院颁布的《优化营商环境条例》(以下简称《条例》)是我国营商环境法治化建设进程中的一座重要里程碑。它不仅标志着我国优化营商环境工作进入了法治化、规范化的新阶段,更以其前瞻性的视野和系统性的设计,为打造市场化、法治化、国际化的一流营商环境擘画了清晰的蓝图。《条例》以市场主体需求为导向,以深刻转变政府职能为核心,从制度层面构建了全方位、立体化的营商环境保障体系,为推动经济高质量发展提供了坚实的法治保障。

(一)确立基本规范,为营商环境建设提供法治遵循

《条例》开宗明义,在第一章"总则"中明确了优化营商环境的目标、原则和基本规范,为营商环境建设提供了根本遵循。

首先,《条例》明确了优化营商环境的目标是"持续深化简政放权、放管结合、优化服务改革,更大激发市场活力和社会创造力,增强发展动力"。这一定位,将优化营商环境与激发市场活力、推动经济发展紧密联系在一起,突出了营商环境建设的根本目的,也体现了新时代发展理念的要求。优化营商环境不仅仅是为了

吸引投资,更是为了培育和壮大市场主体,通过激发市场主体的活力来推动经济的持续健康发展。

其次,《条例》确立了优化营商环境的基本原则,即坚持市场化、法治化、国际化原则,以市场主体需求为导向,以深刻转变政府职能为核心,创新体制机制、强化协同联动、完善法治保障,对标国际先进水平,为各类市场主体投资兴业营造稳定、公平、透明、可预期的良好环境。此原则构成了优化营商环境的行动指南,为营商环境建设指明了方向。市场化强调要充分发挥市场在资源配置中的决定性作用,减少政府对微观经济活动的直接干预;法治化强调要将优化营商环境纳入法治轨道,依法保护各类市场主体的合法权益,营造公平公正的法治环境;国际化强调要对标国际先进水平,积极借鉴国际通行规则和最佳实践,营造具有国际竞争力的营商环境。这三大原则相互联系、相互支撑,共同构成了优化营商环境的指导思想。

最后,《条例》还对优化营商环境的基本规范进行了界定,包括"国家持续深化简政放权、放管结合、优化服务改革""保障各类市场主体依法平等使用资源要素和适用本条例""各级人民政府及其部门应当坚持政务公开透明"等。这些基本规范,为各级政府及其部门优化营商环境提供了明确的行为准则,也为市场主体维护自身合法权益提供了依据。例如,"保障各类市场主体依法平等使用资源要素"这一规定,旨在打破所有制歧视,确保国有企业、民营企业、外资企业等各类市场主体在获取资源要素方面享有平等待遇,从而营造公平竞争的市场环境。

(二)聚焦经营主体关切,全方位构建营商环境制度框架

《条例》以经营主体需求为导向,围绕经营主体全生命周期,从准入到退出,从运营到监管,全方位构建了营商环境的制度框架,切实回应了经营主体的关切,体现了鲜明的问题导向和目标导向。

1.市场主体保护:平等对待,激发市场活力

《条例》专设"市场主体保护"一章,强调国家对各类市场主体一视同仁、平等对待,明确规定市场主体在市场准入、产业发展、招商引资、招标投标、政府采购、经营行为规范、资质标准等方面应当享受平等待遇。这一规定,旨在消除所有制歧视,打破各种隐性壁垒,确保各类市场主体在市场竞争中享有平等的权利、机会

和规则。同时,《条例》还对产权保护、知识产权保护、破产保护等方面作出了具体规定。例如,在产权保护方面,强调"国家依法保护市场主体的财产权和其他合法权益,保护企业经营者人身和财产安全",并禁止"在法律、法规规定之外要求市场主体提供财力、物力或者人力的摊派行为"。在知识产权保护方面,提出"建立知识产权侵权惩罚性赔偿制度,推动建立知识产权快速协同保护机制",旨在加大对知识产权侵权行为的打击力度,营造尊重知识、保护创新的良好氛围。在破产保护方面,提出"依法保障债权人和债务人等主体在破产程序中的合法权益",旨在完善市场主体退出机制,促进资源优化配置。这些规定,为各类市场主体安心经营、放心投资、专心创业提供了坚实的法治保障。

2. 市场环境优化:要素保障,公平竞争

《条例》从保障市场主体平等获取生产要素、维护公平竞争的市场秩序等方面,对优化市场环境作出了系统规定。在要素保障方面,强调"保障各类市场主体依法平等使用资金、技术、人力资源、土地使用权及其他自然资源等各类生产要素和公共服务资源",并要求完善要素市场化配置体制机制。这一规定,旨在打破要素市场分割,促进要素自由流动,为市场主体发展提供充足的要素保障。例如,在资金方面,《条例》要求"鼓励和支持金融机构加大对民营企业、中小企业的支持力度,降低民营企业、中小企业综合融资成本",旨在缓解民营企业、中小企业融资难、融资贵的问题。在人力资源方面,《条例》要求"建立健全统一开放、竞争有序的人力资源市场体系",旨在促进人力资源有序社会性流动和合理配置。在公平竞争方面,《条例》要求"全面落实公平竞争审查制度""加大反垄断和反不正当竞争执法力度"。公平竞争审查制度是维护公平竞争市场秩序的重要制度,《条例》将其上升为法律规定,要求"政策制定机关在制定市场准入、产业发展、招商引资、招标投标、政府采购、经营行为规范、资质标准等涉及市场主体经济活动的规章、行政规范性文件和其他政策措施时,应当进行公平竞争审查。这一规定,旨在从源头上防止政府出台排除、限制竞争的政策措施。同时,《条例》还要求加强反垄断和反不正当竞争执法,有效预防和制止市场经济活动中的垄断行为、不正当竞争行为,以及滥用行政权力排除、限制竞争的行为,维护公平竞争的市场秩序。

3. 政务服务提升:高效便捷,便民利企

《条例》将"优化服务"作为"放管服"改革的重要内容,对提升政务服务水平提出了明确要求,并将其作为单独一章进行详细规定。强调要"推进'一网通办'""推行'一件事一次办'""实现'最多跑一次'",并对政务服务平台建设、数据共享、电子证照应用等方面作出了具体规定。这些措施,旨在通过流程再造、技术赋能,提升政务服务效率,降低市场主体制度性交易成本。"一网通办"是指依托全国一体化在线政务服务平台,推动政务服务事项网上办理,实现"一网通办"。《条例》要求,"除法律、行政法规另有规定或者涉及国家秘密等情形外,政务服务事项应当按照国务院确定的步骤,纳入全国一体化在线平台管理"。"一件事一次办"是指将多个部门相关联的"单项事"整合为"一件事",实行"一次告知、一表申请、一套材料、一窗受理、一网办理、限时办结"。《条例》要求,县级以上地方人民政府应当优化政务服务流程,推行'一件事一次办',并公布'一件事'目录"。"最多跑一次"是指通过优化流程、精简材料、信息共享等方式,最大限度减少企业和群众跑动次数。《条例》要求,"能够通过政务信息系统查询或者与其他政府部门核实的信息和材料,不得要求市场主体提供;能够通过网络共享使用的材料,不得要求重复提交;能够通过电子证照应用的,不得要求提供实体证照。这些规定,旨在通过流程再造、数据共享、技术赋能,提升政务服务效率,让企业和群众办事更方便、更快捷、更有效率。

4.监管执法规范:公正文明,包容审慎

《条例》对规范监管执法行为作出专门规定,强调要"创新监管方式""规范执法行为""完善执法程序"。明确提出除特定领域外,市场监管领域的行政检查应当通过"双随机、一公开"方式进行,并对新技术、新产业、新业态、新模式实行包容审慎监管。"双随机、一公开"监管是指在监管过程中随机抽取检查对象,随机选派执法检查人员,并及时公开抽查情况及查处结果。《条例》要求,"除直接涉及公共安全和人民群众生命健康等特殊行业、重点领域外,市场监管领域的行政检查应当通过'双随机、一公开'方式进行,抽查情况及查处结果及时向社会公开"。这一规定,旨在提高监管的公平性、规范性和透明度,避免选择性执法和任性检查。对于新技术、新产业、新业态、新模式,《条例》要求"按照鼓励创新的原则",分类制定和实行相应的监管规则和标准,对看得准、有发展前景的,引导其健康规范发展;对一时看不准的,设置一定的"观察期",预留发展空间;对潜在风险大、可能造成严重不良后果的,严格监管;坚决守住安全和质量底线。这一规定,体现了包容审慎的监管理念,旨在为新经济发展创造宽松的环境。同时,《条例》还对行政执法程序、行政执法公示、行政执法全过程记录、重大执法决定法制审核等方面作出了具体规定,要求全面落实行政执法公示制度、执法全过程记录制度、重大行政执法决定法制审核制度,旨在规范行政执法行为,保护市场主体合法权益。

5.强化法治保障:政策透明,保护权益

《条例》专设"法治保障"一章,从政策制定、政策执行、争议解决等方面,强化了对市场主体合法权益的保护。要求制定与市场主体生产经营活动密切相关的行政法规、规章、行政规范性文件,应当充分听取市场主体、行业协会商会的意见;强调"新官必须理旧账",不得以政府换届、领导人员更替等理由违约毁约;要求畅通投诉举报渠道,完善行政复议、行政诉讼等法律救济制度。这些规定,旨在增强政策的透明度和可预期性,保障市场主体的合法权益不受侵害。《条例》还对政策制定过程中的公众参与作出了具体规定,要求除依法需要保密外,应当通过报纸、网络等向社会公开征求意见,并建立健全意见采纳情况反馈机制,且"向社会公开征求意见的期限一般不少于30日"。这些规定,旨在提高政策制定的民主性和科学性,增强市场主体对政策的认同感和获得感。在政策执行方面,《条例》强调,政府及有关部门应当履行向市场主体依法作出的政策承诺以及依法订立的各类合同,不得以行政区划调整、政府换届、机构或者职能调整以及相关责任人更替等为由违约毁约,并规定:"因国家利益、社会公共利益需要改变政策承诺、合同约定的,应当依照法定权限和程序进行,并依法对市场主体因此受到的损失予以补偿。"这些规定,旨在增强政府的诚信意识,维护政府的公信力,营造诚信守法的社会环境。在争议解决方面,《条例》要求建立便利、高效的投诉举报处理机制,并规定市场主体认为其合法权益受到行政机关及其工作人员的违法或者不当行为侵害的,有权依法申请行政复议或者提起行政诉讼。这些规定,旨在为市场主体提供便捷、高效的法律救济渠道,保障其合法权益受到侵害时能够得到及时有效的救济。

(三)对标国际先进,引领营商环境建设方向

《条例》在制度设计上,积极对标国际先进水平,借鉴国际通行规则和最佳实

践,体现了鲜明的国际化导向,为我国营商环境建设指明了方向。

1.借鉴世界银行营商环境评价体系

世界银行发布的《营商环境报告》是国际上最具影响力的营商环境评价体系之一。《条例》在制定过程中,充分借鉴了世界银行营商环境评价体系的指标框架和方法论,结合我国实际情况,构建了具有中国特色的营商环境制度框架。例如,《条例》中关于开办企业、办理建筑许可、获得电力、登记财产、获得信贷、保护少数投资者、纳税、跨境贸易、执行合同、办理破产等方面的规定,都与世界银行的评价指标密切相关。通过借鉴世界银行的评价体系,《条例》将国际通行的营商环境标准引入国内,为我国营商环境建设提供了重要的参考和借鉴。

2.吸收借鉴国际通行规则和最佳实践

《条例》在市场准入、产权保护、公平竞争、争端解决等方面,积极吸收借鉴了国际通行规则和最佳实践。例如,在市场准入方面,借鉴了国际上通行的负面清单管理模式,并结合我国实际情况,建立了全国统一的市场准入负面清单制度;在产权保护方面,借鉴了国际上通行的知识产权保护制度,并结合我国实际情况,建立了知识产权侵权惩罚性赔偿制度;在公平竞争方面,借鉴了国际上通行的反垄断和反不正当竞争规则,并结合我国实际情况,建立了公平竞争审查制度;在争端解决方面,借鉴了国际上通行的多元化纠纷解决机制,并结合我国实际情况,建立了"一站式"国际商事纠纷多元化解机制。这些规定,体现了我国积极融入国际经济体系、参与国际规则制定的决心和努力。

3.推动营商环境评价与国际接轨

《条例》提出,"国家建立和完善以市场主体和社会公众满意度为导向的营商环境评价体系",并鼓励和支持各地区、各部门结合实际情况,探索创新优化营商环境的具体措施。这为我国开展营商环境评价,推动评价结果与国际接轨提供了制度保障。通过开展营商环境评价,可以及时发现问题、找准差距、持续改进,推动我国营商环境不断优化。同时,通过与国际通行规则和最佳实践的对标,可以更好地发现我国营商环境建设中存在的短板和不足,为进一步优化营商环境提供参考和借鉴。

《条例》的全方位规划,为我国打造市场化、法治化、国际化的一流营商环境提供了清晰的路线图和系统的制度框架。然而,徒法不足以自行,《条例》的生命力在于实施。各级政府及其部门要切实担负起优化营商环境的主体责任,将《条例》的各项规定落到实处,以钉钉子精神持续深化"放管服"改革,不断提升政务服务效能,切实保护市场主体合法权益,为推动经济高质量发展营造更加优良的营商环境。

第四节 营商环境优化的紧迫性和必要性

当前,中国正处在加快转型升级步伐、奋力推进高质量发展的关键阶段,全球经济格局深度调整与地缘政治风险交织,使得国内外环境都发生了深刻而复杂的变化。这些变化对中国的营商环境建设提出了前所未有的更高要求。优化营商环境,提升国家治理体系和治理能力现代化水平,已不再是一道可有可无的"选择题",而是一道关乎中国经济能否顺利跨越转型升级关口、能否在日趋激烈的国际经济竞争和战略博弈中赢得发展主动权、构筑未来竞争新优势的"必答题"和"生命题"。本节将从经济转型升级的迫切需要、应对经济下行压力的现实需求、深化供给侧结构性改革的内在要求以及构建开放型经济新体制的战略选择这四个相互关联又层层递进的关键维度,进行更加全面和深入的论证,充分阐释和强调加快构建市场化、法治化、国际化一流营商环境的极端"紧迫性"和极端"必要性"。

一、时不我待:经济转型升级的迫切需要

(一)传统发展模式困局倒逼发展方式转型

中国经济在改革开放40多年波澜壮阔的历史进程中,取得了令世界另眼相看的辉煌成就,经济总量跃居世界第二,人民生活水平显著提高。然而,长期高速增长积累的深层次结构性矛盾和潜在风险也日益凸显。过去那种主要依靠廉价要素投入、大规模投资驱动、高消耗高排放的粗放型增长模式,其内在潜力已经被大幅度消耗,进一步发展的空间受到严重挤压,已经难以为继。环境污染日益严重,生态资源约束日趋刚性,人口红利逐渐消退,劳动力成本不断攀升,要素价格持续上涨,原有的低成本比较优势正在加速衰减。此外,过度依赖出口和投资也使得经济增长的内生动力不足,抗风险能力偏弱。这种传统发展模式的"天花

板"已经清晰显现,中国经济正面临着"不进则退,慢进亦退"的严峻挑战,发展进入关键瓶颈期和攻坚期。如果不能尽快实现发展理念、发展方式、增长动力的系统性转变和经济结构的战略性优化升级,中国经济将面临增长停滞、创新能力不足、社会矛盾加剧,甚至滑入"中等收入陷阱"的长期风险,错失民族复兴的历史机遇。因此,下定决心、攻坚克难、加快经济发展范式转型升级,已成为关乎中华民族伟大复兴和国家长远发展的当务之急,而优化营商环境,正是激发市场活力和社会创造力,推动经济转型升级、实现高质量发展的先导性和基础性工程,是牵一发而动全身的关键一环,时不我待,刻不容缓,容不得丝毫犹豫和懈怠。

(二)创新驱动升级亟须营商环境突破

当前,新一轮科技革命和产业变革以前所未有的速度和广度在全球范围内蓬勃兴起,深刻重塑全球创新版图和经济竞争格局。创新已经取代传统要素,成为引领发展的第一动力,是赢得未来竞争和构建国家战略优势的核心支撑。中国要实现从要素驱动、投资驱动向创新驱动的战略性跃迁,建设世界科技强国,就必须以前瞻性的眼光和战略性的举措,着力营造一个更加有利于各类创新要素自由流动、高效配置、充分涌流,以及创新创业主体竞相迸发活力、蓬勃发展的国际一流营商环境。然而,与创新驱动发展的时代要求和战略需求相比,现有的营商环境在某些关键领域、关键环节还存在明显的短板和不足,难以完全适应创新驱动发展的迫切需要,甚至在一定程度上构成了创新发展的体制机制性障碍。例如,知识产权保护的法律体系仍需完善,执法力度和惩罚力度有待加大,侵权违法成本依然偏低,对恶意侵权行为的震慑力不足,严重影响了企业和科研机构的创新积极性;科技成果转化机制尚不畅通,存在"不敢转、不愿转、不会转"等突出问题,科研成果与市场需求脱节现象仍然存在,大量科研成果束之高阁,难以转化为现实生产力,产业化和商业化路径依然梗阻;创新人才激励机制不够健全,人才评价体系尚需完善,股权激励、期权激励等激励方式在实践中面临诸多限制,科研人员的创新价值难以得到充分体现和合理回报,不利于激发创新人才的活力和潜力。如果这些制约创新发展的深层次体制机制障碍得不到及时有效的破除和解决,中国在关键核心技术领域的自主创新能力将难以有效提升,在全球科技创新竞争中的优势将难以形成,经济转型升级和高质量发展也将步履维艰,甚至面临被发达国家进一步拉开差距的风险。因此,深刻认识到优化营商环境对于创新驱动发展的极端重要性,以前所未有的决心和力度,切实优化创新创业环境,为深入实施创新驱动发展战略、加快建设科技强国提供坚实保障,已经成为一项极其紧迫和刻不容缓的战略性任务。

(三)新动能培育助力打造一流营商环境

当前,中国经济正处在新旧动能加速转换、发展方式深刻变革的关键历史时期。大力培育和加速壮大新动能,改造升级传统动能,是推动经济转型升级、实现高质量发展的战略引擎和根本动力。然而,新动能的培育和发展,往往具有高度的不确定性和风险性,对外部环境的敏感度和依赖性也更高,这就对营商环境提出了更加苛刻和更高标准的要求。新技术、新产业、新业态、新模式的持续涌现和快速迭代,迫切需要更加灵活、更加包容、更加开放、更加高效、更加公平透明的营商环境作为坚实支撑和有力保障。如果营商环境不能及时适应新动能蓬勃发展的客观需要,不能为新产业、新业态、新模式的健康快速发展提供稳定公平可预期的制度保障和充满生机活力的市场环境,那么新动能的培育和发展将面临重重制度性阻碍以及各种显性、隐性壁垒,创新活力将受到严重抑制,经济转型升级也将因此失去关键支撑,难以取得实质性突破和根本性进展。放眼全球,新一轮科技革命和产业变革方兴未艾,主要发达国家和新兴经济体都在以前所未有的力度,积极抢占新一轮科技革命和产业变革的战略制高点,竞相出台优化营商环境、吸引全球高端要素资源的战略举措。营商环境已经成为新一轮国际竞争的关键"胜负手",是决定国家和地区在新一轮发展浪潮中能否占据有利地位、赢得发展先机的决定性因素。中国必须深刻认识到营商环境建设的战略制高点意义,以前所未有的战略自觉和行动自觉,加快优化营商环境,着力打造全球营商环境新高地,才能在新一轮国际竞争中赢得主动,抢占未来发展先机,牢牢掌握中华民族伟大复兴的历史主动权。

二、刻不容缓:应对经济下行压力的现实需求

(一)内外压力叠加倒逼经营主体改革

近年来,受世纪疫情、地缘政治冲突、全球经济衰退风险等多重超预期因素的叠加冲击和持续影响,全球经济增长动能明显减弱,下行风险持续加大。与此同

时,国内经济发展也面临需求收缩、供给冲击、预期转弱三重压力,结构性、体制性矛盾日益突出,周期性、趋势性问题相互交织,经济循环面临堵点和卡点,经济下行压力持续加大,复杂性和严峻性前所未有。全球经济复苏步履蹒跚,外部需求持续萎缩,地缘政治风险加剧,贸易保护主义、单边主义逆流涌动,全球产业链供应链加速重构,都给中国的经济平稳运行和高质量发展带来了巨大的外部不确定性和严峻挑战。国内结构性矛盾日益凸显,房地产市场风险、地方政府债务风险、中小金融机构风险等潜在风险点增多,消费需求受到多种因素制约,有效投资增长面临瓶颈,科技创新能力与高质量发展要求仍有较大差距,区域发展不平衡不充分问题依然突出。在这种国内外经济形势复杂严峻、经济下行压力持续加大的宏观背景下,要有效应对各种风险挑战,保持经济运行在合理区间,实现既定的经济社会高质量发展目标任务,任务极其艰巨,时间极其紧迫,必须采取更加有力有效的政策举措,才能有效对冲下行风险,稳住经济基本盘,增强发展信心和底气。

(二)稳增长保就业亟须激发市场活力

面对复杂严峻的经济下行压力,要稳增长、保就业、防风险,关键在于充分激发和有效提振各类经营主体的活力与信心,最大限度地释放微观主体的内生动力和创新潜能。经营主体是经济活动最基本的参与者、组织者和推动者,是稳增长、保就业、防风险的重要力量和坚实基础。然而,当前各类经营主体特别是中小微企业、民营企业和外资企业的发展仍然面临不少突出矛盾和深层次困难和挑战,投资意愿不强、消费信心不足、创新动力不足、预期持续走弱等问题较为突出,亟须有效破解。这些问题的背后,既有市场需求不足、外部环境恶化的客观因素,也有营商环境不完善、政策落实不到位、改革红利释放不充分等体制机制性原因。例如,一些地方政府部门和工作人员仍然存在重审批、轻监管、弱服务甚至不服务的现象,企业和群众办事难、办事慢、办事繁、多头跑、重复跑等问题依然不同程度存在,政务服务效能与经营主体的期待和需求仍有不小差距;融资难、融资贵问题依然长期困扰着广大企业,特别是轻资产、缺乏抵押物的中小微企业,融资渠道不畅,融资成本高企,严重制约了企业创新发展和扩大再生产能力;一些地方政府部门和个别领导干部存在着"新官不理旧账"甚至"击鼓传花"的现象,政策执行缺乏连续性和稳定性,承诺事项难以兑现,政府公信力受到一定程度损害,严重影响了企业家的投资信心和长期预期。

劣质的营商环境如同无形的枷锁,严重束缚了经营主体的活力和创造力,耗费了宝贵的社会资源,阻碍了经济高质量发展的进程。

要有效顶住持续加大的经济下行压力,实现经济运行的整体好转和风险的有效防控,就必须正本清源、抓住根本,采取切实有效、立竿见影的针对性措施,下大力气、啃硬骨头,着力优化营商环境,激发各类经营主体的活力和创造力,充分释放中国经济蕴藏的巨大潜力和强大韧性。优化营商环境,正是激发经营主体活力、增强经济发展内生动力的治本之策和关键之举。通过持续深化"放管服"改革,以壮士断腕的决心和自我革命的勇气,进一步简政放权、放管结合、优化服务,大幅度降低市场准入门槛,打破各种形式的不合理限制和隐性壁垒,可以切实为各类企业特别是中小微企业松绑减负,激发企业投资兴业的热情和创新创业的活力;通过全面加强事中事后监管,加快构建以信用为基础的新型监管机制,维护公平竞争、规范有序的市场秩序,保护各类经营主体的合法权益,可以有效增强企业的信心和长期稳定预期,引导企业敢于投资、放心经营、安心发展,促进各类经营主体实现更高质量、更可持续的健康发展;通过持续优化政务服务,深入推进政务服务标准化、规范化、便利化,加快打造数字政府,切实提高政务服务效率,有效降低企业的制度性交易成本和时间成本,真正为企业发展创造更加便利、更加高效、更加优质的外部条件。只有通过持之以恒、久久为功的营商环境优化,才能真正把蕴藏在亿万经营主体中的积极性、主动性和创造性充分调动起来、有效激发出来、蓬勃发展起来,为中国经济的平稳运行和高质量发展提供最强劲的内生动力和最可靠的战略支撑。时不我待,形势逼人,必须以前所未有的决心和力度,加快优化营商环境的步伐,为稳增长、保就业、防风险提供强大而持久的动力源泉。

三、势在必行:深化供给侧结构性改革的纵深突破

(一)深水区改革倒逼营商环境升级

当前,中国经济发展已经步入新时代,高质量发展成为经济社会发展的主题,供给侧结构性改革是新时代经济工作必须长期坚持的主线。经过前几年的持续努力和攻坚克难,供给侧结构性改革在"三去一降一补"等重点领域取得了积极成效,经济结构调整优化稳步推进,发展质量和效益持续提升。然而,也要清醒地

看到,供给侧结构性改革是一场深刻的系统性变革,不可能一蹴而就,不可能轻轻松松、敲锣打鼓就能完成。当前,供给侧结构性改革已经进入矛盾更加复杂、任务更加艰巨、挑战更加严峻的"深水区"和"攻坚期",面临着体制机制性障碍的进一步显现和利益固化的强大阻力。进一步深化供给侧结构性改革,推动经济实现更高质量、更有效率、更加公平、更可持续、更为安全的发展,对营商环境建设提出了前所未有的更高标准、更高要求和更高期待。营商环境的优劣,直接关系到供给侧结构性改革能否顺利推进,关系到中国经济能否实现质的有效提升和量的合理增长,关系到中华民族伟大复兴的中国梦的最终实现。

(二)"破、立、降"攻坚亟须国际制度对标

供给侧结构性改革的核心要义和战略重点是"破、立、降",即破除无效低端供给、培育壮大新动能、系统性降低实体经济制度性交易成本。"破、立、降"这三个相互关联、相辅相成的核心任务,都与高质量的营商环境建设息息相关,都离不开一流营商环境的有力保障和战略支撑。"破"——破除无效低端供给,就是要坚决破除那些长期制约资源优化配置、阻碍要素合理流动的体制机制障碍,加快淘汰落后产能,出清"僵尸企业",实现资源的优化配置和高效利用,这迫切需要进一步深化"放管服"改革,持续打破行政性垄断和市场分割,减少政府对微观经济活动的过度干预,完善公平竞争的市场退出机制,营造市场化、法治化、公平竞争、统一开放的市场环境;"立"——培育壮大新动能,就是要大力发展战略性新兴产业,改造提升传统产业,加快发展数字经济,积极培育新产业、新业态、新模式,打造经济发展新引擎,这迫切需要营造更加包容审慎、鼓励创新、宽容失败的监管环境,全面加强知识产权创造、运用、保护和服务的全链条保护,激发全社会的创新创业活力,构建更加开放协同高效的创新生态;"降"——系统性降低实体经济制度性交易成本,就是要持续优化营商环境,深化要素市场化配置改革,大幅度减少各类审批事项和环节,优化政务服务流程,提升政务服务效率,降低企业在市场准入、生产经营、退出等环节的制度性成本和交易费用,有效减轻各类经营主体的负担,激发微观主体活力,这迫切需要进一步简政放权,优化政务服务,打破信息壁垒,减少寻租空间,提升监管效能,建设廉洁高效的服务型政府。可以说,没有市场化、法治化、国际化一流营商环境作为坚实基础和根本保障,供给侧结构

性改革就难以啃下"硬骨头",难以突破深层次体制机制障碍,就难以取得实质性突破和战略性进展,中国经济高质量发展就将缺乏强大动力和坚实支撑。

(三)治本转型依托营商环境战略支点

长期以来,一些地方政府为了追求短期经济增长速度和规模扩张,往往更加倾向于采取一些"头痛医头、脚痛医脚"的治标不治本的短期刺激性政策措施,例如,过度依赖土地财政和投资驱动,通过竞相出台各种"税收洼地""土地优惠""财政补贴"等政策来招商引资,甚至不惜破坏市场公平竞争秩序,造成地方保护主义和恶性竞争。然而,历史经验和教训反复证明,这些短期性的"优惠政策"和"强刺激手段"往往难以长期持续,不仅容易造成资源错配和环境污染,扭曲市场信号,而且难以形成持久的竞争优势,甚至会带来严重的后遗症,积累系统性风险和结构性矛盾。深化供给侧结构性改革,实现经济发展从规模速度型向质量效益型的战略性转变,就必须彻底摒弃"头痛医头、脚痛医脚"的短期思维和权宜之计,真正实现发展理念和发展方式的深刻变革,更加注重制度建设,更加注重营造公平竞争、规范有序、充满活力的市场环境,更加注重激发经营主体的内生动力和创新活力,实现从"头痛医头、脚痛医脚"的"治标"之策向"固本培元、强身健体"的"治本"之策的战略性转变。而优化营商环境,正是符合高质量发展要求的"治本"之策,是推动供给侧结构性改革向纵深发展、取得决定性突破的关键环节和战略支点。只有加快构建市场化、法治化、国际化的一流营商环境,才能从根本上破除制约经济高质量发展的深层次体制机制障碍,有效激发各类经营主体的活力和创造力,为经济高质量发展提供持久的制度红利和战略支撑。因此,深刻认识营商环境建设在深化供给侧结构性改革全局中的战略地位和关键作用,以前所未有的战略自觉和雷霆万钧的改革力度,持续优化营商环境,筑牢高质量发展的制度基石,构建高质量发展的战略保障,势在必行,刻不容缓。

四、迫在眉睫:开放型经济的突围路径

(一)全球化竞合聚焦营商环境要素竞争

当前,世界百年未有之大变局加速演进,新一轮科技革命和产业变革深入发展,国际力量对比深刻调整,全球经济治理体系加速重塑,不确定性、不稳定性因

素显著增多。经济全球化虽然遭遇逆流和波折,但其内在规律和强大趋势并没有根本改变,全球经济深度融合和互联互通仍然是不可阻挡的历史潮流。与此同时,国际竞争日益激烈和白热化,已经从传统的商品和要素流动竞争,全面升级为制度、规则、标准、营商环境等更高层次、更深领域的战略竞争。营商环境已经超越了传统的政策优惠和招商引资手段,成为各国和各地区吸引全球优质资源要素集聚,提升在全球价值链、产业链、供应链中地位和竞争力的"必争之地"和战略竞争的核心场域。一个国家或地区的营商环境越优化,制度竞争力越强,就越能吸引全球资本、技术、人才、数据等优质资源要素的自由流动和加速集聚,就越能在激烈的国际竞争中抢占先机、赢得优势、掌握主动权,在全球价值链中占据更有利的地位,提升国家和地区的整体竞争力。反之,如果一个国家或地区的营商环境持续恶化,制度性交易成本居高不下,市场公平竞争受到破坏,政府服务效率低下,政策缺乏稳定性和可预见性,就会导致资本外流、人才流失,在激烈的国际竞争中长期处于不利的被动地位,甚至可能被边缘化,错失新一轮全球化和技术革命的历史机遇。在全球经济深度互联互通、产业链供应链高度融合的今天,营商环境已经成为影响国家竞争力和国际地位的关键性因素,是参与全球资源配置和国际规则制定的重要砝码。面对日趋白热化的全球营商环境竞争,容不得丝毫懈怠和犹豫,必须以只争朝夕的紧迫感和责任感,以前所未有的决心和力度,加快优化营商环境,着力打造全球营商环境新高地,才能在全球新一轮竞争中赢得战略主动,为实现中华民族伟大复兴奠定更加坚实的基础。

(二)以制度型开放驱动国际规则制定提速

中国正在坚定不移地推进更高水平对外开放,加快构建更高水平开放型经济新体制,推动形成更大范围、更宽领域、更深层次、更高水平的全面对外开放新格局。构建更高水平开放型经济新体制,不仅要求商品、资本、技术、服务等要素的自由流动和高效配置,更深层次、更本质地要求制度、规则、规制、管理、标准等与国际通行规则的深度对接和高水平衔接,实现由商品和要素流动型开放向制度型开放的战略性跃升。这对中国的营商环境建设提出了前所未有的更高标准和更高要求,我们必须以前瞻性的战略眼光和对标国际一流的进取精神,主动对接、积极采用国际高标准经贸规则,加快构建市场化、法治化、国际化的一流营商环境,打造制度型开放的新优势,塑造参与国际合作和竞争的新格局。对标国际高标准经贸规则优化营商环境,不仅是提升中国在全球经济治理体系中话语权和影响力的内在要求,也是深度融入全球经济体系、有效利用全球优质资源、实现自身高质量发展的必然选择。只有构建与国际高标准规则相衔接的营商环境,才能有效对接国际市场,吸引高水平外资,促进高技术引进,推动产业升级,提升在全球价值链中的地位,才能有效参与国际经贸规则制定,提升制度性话语权,为构建人类命运共同体贡献中国智慧和中国方案。构建更高水平开放型经济新体制,倒逼和驱动营商环境的深刻变革和系统优化,已经成为时代发展的必然趋势和战略选择,容不得任何迟疑和观望,必须以壮士断腕的决心和自我革命的勇气,加快推进营商环境的制度创新和系统重塑。

（三）"一带一路"建设亟须高标准环境支撑

高质量共建"一带一路",是中国扩大高水平对外开放、推动构建人类命运共同体的重要战略和务实举措。要推动"一带一路"建设从"大写意"迈向"工笔画"、从"硬联通"走向"心联通",实现更高质量、更高水平、更加可持续的互利共赢和共同发展,就必须加强与"一带一路"共建国家和地区的政策沟通、设施联通、贸易畅通、资金融通、民心相通,实现更高水平的互联互通和更深层次的务实合作。而良好的营商环境,是实现"五通"目标、深化"一带一路"国际合作、推动"一带一路"高质量发展的重要制度保障和关键支撑。通过持续优化营商环境,可以有效降低跨境贸易和跨境投资的制度性交易成本,提升跨境贸易便利化水平,激发共建国家和地区的经营主体活力,促进中国与共建国家和地区扩大贸易规模,深化投资合作,畅通产业链供应链,推动"一带一路"建设取得更多实实在在的务实成果,惠及各国人民,实现共同发展和共同繁荣。高标准、高水平、国际化的营商环境,不仅是吸引外资、扩大出口的"金字招牌",也是推动中国企业"走出去",深度参与"一带一路"建设,拓展国际发展空间,提升国际竞争力的重要保障。只有加快构建与国际通行规则相衔接、与高质量共建"一带一路"目标相适应的营商环境,才能为"一带一路"建设走深走实、行稳致远提供坚实的制度基础和战略保障,才能在更高水平、更广范围、更深程度上参与全球经济治理和国际合作,为构建开放型世界经济和人类命运共同体贡献更大力量。

(四)逆全球化挑战亟须筑牢营商环境安全屏障

近年来,逆全球化思潮暗流涌动,单边主义、保护主义、霸权主义行径甚嚣尘上,个别国家大搞贸易保护主义、投资限制、技术封锁、产业脱钩断链,严重冲击多边贸易体制,破坏全球产业链供应链稳定,加剧地缘政治紧张局势,给全球贸易和投资带来巨大的负面影响和不确定性风险。面对日趋复杂严峻的外部环境和国际形势,有效应对单边主义、保护主义逆流和地缘政治风险加剧带来的严峻挑战,维护国家经济安全和发展利益,营商环境优化就成为提升国家竞争力、增强抗风险能力、掌握发展主动权的关键一招和战略抉择。通过持续优化营商环境,改善投资环境,降低制度性交易成本和运营成本,提升政府服务效率和监管效能,构建稳定公平透明可预期的营商环境,可以有效增强中国市场的吸引力和"磁吸效应",吸引和稳住更多高质量外资企业来华投资兴业,对冲外部环境恶化带来的负面冲击,稳定外贸外资基本盘,增强经济发展韧性扩大回旋空间。通过持续完善市场化、法治化、国际化的营商环境,进一步深化改革、扩大开放,强化知识产权保护,优化要素资源配置效率,可以有效提升企业的创新能力和国际竞争力,推动产业链供应链的深度融合与稳定发展,为我国经济在全球化浪潮中行稳致远提供坚实保障。

第二章　多学科视角阐释营商环境法治化的理论基础

一项机制或者制度的发展离不开理论基础,营商环境法治化发展亦如此。营商环境法治化建设过程中包含的理论是构建和完善该对象的前提。从多学科理论去阐释营商环境法治化,能够关注到现象或者问题的不同方面,产生不同的结果,能够更加全面了解营商环境。营商环境法治化从法学角度看,它关乎规则的公平与正义,确保经营主体的权益得到有效保护;经济学更加关注交易成本,强调通过完善的法律法规促进市场发展、提升资源配置效能,最大限度地释放市场活力。同时,管理学、社会学乃至政治学也为这一议题提供了丰富的分析框架,探讨法治环境如何塑造企业行为、社会信任及政府角色。因此,从多学科视角深入剖析,不仅能揭示营商环境法治化的内在逻辑,更能为优化实践路径提供理论支撑与启示。

第一节　营商环境的基本内涵和特征

营商环境是推动企业良好发展、稳定市场信心、激活市场潜力、提振经济发展活力、促进经济高质量发展的关键因素和条件。随着营商环境对经济发展的重要性愈发明显,其也成为国内外学术界的"新宠儿"。营商环境被学者从法学、经济学、管理学等多种角度进行解读和阐释,并取得丰硕成果,为相关部门制定优化营商环境相关政策提供了更加有针对性、可操作性以及精准性的理论支撑和系统指导。

一、营商环境概念的多维度分析

营商环境的概念最初由世界银行在其"Doing Business"项目中提出。[1] 2002年世界银行提出,要加快发展各国私营经济和私营部门的战略需求,为了更好地衡量和评估一国中小企业经济情况,以及各经济体在促进企业从成立到运营、发展以及破产过程中所需被提供的法治保障,"营商环境"由此被提出。实际上,营商环境是由政治、经济、文化、市场、社会、法律等多种要素构成的企业运行的外部条件,是一个具有复杂内涵、涉及多学科的综合概念,目前尚未形成统一的认识。故,从不同学科角度对营商环境概念进行解读,更加全面地了解营商环境的内涵。

(一)经济学中的"营商环境"概念

经济学是一门研究人类社会在各个发展阶段的各种经济活动和各种相应的经济关系及其运行、发展规律的学科,主要研究对象是人类经济活动过程中所映射的本质和规律,即生产资料相关价值的创造、转化、实现的规律和经济发展规律中所蕴含、体现的科学理论。经济学侧重研究行为主体在市场化影响下从事生产经济活动。企业作为法律上的特殊主体,其作为主要经营主体之一,在生产经营过程中所产生的经济行为也是该学科的重要研究对象。在经济学学科视角下,企业的目的是在有限资源条件下作出决策,优化资源配置,该目的的实现需要良好的外部市场环境。而营商环境对企业发展来说,涉及其投资、生产经营活动等过程,是企业在生存发展中最具影响力的制约因素。在某种程度上来说,企业经营的难易程度取决于营商环境的好坏。故,从经济学角度来研究营商环境,应该侧重研究企业等经营主体开展经营、贸易、纳税等正常经济活动行为,以及企业经济活动所产生的经济成本状况。作为规则制定者的政府,应该在最大程度尊重市场经济发展规律前提下制定有利于经营主体生产、经营等行为的营商环境,从而实现生产资料的最优配置和提升生产力的最大效能。总之,从经济学角度分析营商环境的基本概念,大概可以归纳为经营主体特别是企业在进入、退出市场以及生产经营过程中所需的能够最大限度激发经济潜力、提升经济效能的市场规则、人

---

[1] 侯冠宇、张震宇:《我国营商环境的知识结构与演化路径研究》,《技术经济与管理研究》2024年第10期。

文环境等外部因素和条件总和。这些环境和条件构成了企业生存和发展的基础，影响着企业的投资决策、运营效率和市场竞争力。

(二)管理学中的"营商环境"概念

管理学是以提高组织活动的效率和效果为研究对象的学科，其基础的理论如科学管理理论、组织行为理论、领导理论、决策理论、控制理论等共同之处在于负责管理的组织或者人员通过制定政策、作出决策等，以科学化的方法来提升生产效率。本书主要以政府为主体，研究政府对企业生存发展所需的营商环境产生的影响和关系。在当前行政管理语境下，营商环境建设水平的高低已经成为衡量政府执政能力和治理水平的重要参考。从营商环境构建及政策执行全过程来看，政策工具的选择和设计是其中的关键因素，工具设计是否得当、选择是否科学将直接影响治理效能和水平。[1] 企业作为政策工具直接影响主体，其从登记、设立、变更到注销整个生命周期都需要遵守政府制定的规章制度，所以，政府作为规则制定的主体，其政策制定、执行力度、服务质量等都影响着企业对营商环境的满意度。

在政策透明度和稳定性上，政策的预见性和稳定性是制定长期计划的基础。频繁变动的政策环境会增加企业的不确定性，降低其投资意愿。政府需要确保其政策制定过程透明，且一旦制定就具有一定的稳定性；在行政效率与服务质量上，快速、高效的行政审批流程对企业来说至关重要，烦琐的手续和低效的行政服务会增加企业的运营成本和时间成本。政府部门需要通过简化程序、提升服务效率来支持企业发展。在税收与财政激励政策上，合理的税收政策和财政激励措施能够有效促进企业的投资和扩张。例如，对初创企业和小微企业的税收减免，可以激励这些企业的成长和创新。当前的全球经济格局中，提升营商环境已成为各国政府的重要任务。各国政府通过优化政策制定过程、简化行政程序等方式优化企业经营发展的外部环境，从而在根本上降低企业融资、生产等经营成本，促进社会经济的可持续发展。综上，如果要从管理学角度进行界定，营商环境侧重于经营主体在进行市场活动过程中能够维护其平等享有市场地位、维护合法权益的相关

---

[1] 马志君:《S市G区营商环境构建中的政策工具选择研究》，硕士学位论文，苏州大学政治与公共管理学院，2023，第1页。

政策、法律、规则等外部制度环境,为企业所需营商环境提供完善的法律制度保障。

(三)社会学中的营商环境概念

从社会学视角看营商环境,有硬件和软件之分。硬件环境多指当地的地理环境和基础设施建设,像地理位置等这些环境条件多是先天赋予的,难以做多大程度的改变,能够改变的多是基础设施建设。而软件环境多涉及当地的基本公共服务和风土人情,具体包括行政服务、政策是否完善优惠,也关乎当地居民的素质、老百姓的日常言行等事项。可见,从社会学角度来看,市场经济发展所需的营商环境大系统由硬环境子系统和软环境子系统构成,其中任何一个方面只是营商环境系统的一个子系统,不能代表营商环境这个整体。这两个子系统之间、大系统和子系统之间是相互影响和作用的,其中任何一个子系统的变化,都会对另一个子系统和整个系统产生影响。若经济发展的营商环境治理只注重其中一个方面,忽视另一方面,则会把两个子系统给割裂和孤立起来,这样的治理只能视为"小环境系统的小治理",它破坏了营商环境系统的整体性,达不到"1+1>2"的成效。只有两个方面都重视,均进行治理,才可视为"大环境系统的大治理"。此外,社会学注重多元共治。在治理经济营商环境中不仅需要党委、政府和领导干部,还必须发动社会组织和全体居民的参与,让他们成为营商环境治理的主体之一,成为营商环境治理的参与者和营商环境治理成果的享有者。因此,社会学中良好的营商环境不仅表现在环境的软硬件上,同时更加重视多元主体之间的协同,多维度促进经济发展所需营商环境的善治。

除了从经济学、社会学等角度研究营商环境外,还有法学、管理学等领域的专家就营商环境的相关内容进行研究。其中,法学作为规制、调整社会主体行为的学科,对营商环境的作用至关重要。习近平总书记指出,法治是最好的营商环境。[1]良好的法律环境作为营商环境的基石,也是促进经济高质量发展的关键保障。

---

[1] 吴新明:《营造市场化法治化国际化一流营商环境》,《学习时报》2024年12月16日第6版。

二、营商环境的主要特征

营商环境是一个综合性的生态系统,从其内涵来看包含着一个企业从成立、准入、生产活动、经营交易等活动所需要的市场环境。[1] 好的营商环境通常包括经济政策的透明性、政务服务的便利性、法治的完备性、市场公平准入的统一性等特征。[2] 上述环境的特征共同构成了营商环境的总特征。

(一)经济政策的透明性

政策法律法规影响着一国经济的发展趋向,而经济政策信息的公开透明度是衡量企业生存发展所需外部营商环境质量水平的核心指标之一。从其内涵上看,涵盖了市场环境、政务服务、法治环境等领域全方位信息公开。这种透明度要求信息获取渠道畅通无阻,既不存在显性限制,也不存在隐性壁垒,具体可从三个维度进行系统性评估:首先是公众参与法律政策制定的广度与深度,体现为立法过程中的公众参与机制;其次是信息发布的时效性与完整性,要求政策信息及时、准确地向社会公开;最后是信息查询的便捷性与可获得性,确保经营主体能够高效获取所需信息。高透明度的营商环境具有显著的正外部性效应:其一,能够保障各类经营主体平等获取关键政策信息,降低信息不对称带来的交易成本;其二,有助于经营主体及时把握政策导向与市场机遇,优化资源配置效率;其三,通过营造公平竞争的市场环境,增强经营主体对政策稳定性和连续性的预期,从而提升整体营商环境的可预期性与法治化水平。这种透明度不仅体现了现代法治政府的基本要求,更是构建市场化、法治化、国际化营商环境的重要制度保障。

2017年,为营造良好的营商环境,国家税务总局出台了30条改革措施,其中第17条明确规定对税收政策进行科学分类,并提出公开相关信息的发布渠道和方式。实践中,国家税务总局优化省级12366纳税服务平台,扩大公众知晓、了解经济政策的途径,提升纳税政策的透明度。此外,税务机关不断丰富工作方式,开

---

[1] 李志军:《优化中国营商环境的实践逻辑与政策建议》,《北京工商大学学报(社会科学版)》2023年第1期。

[2] 侯冠宇、张震宇:《我国营商环境的知识结构与演化路径研究》,《技术经济与管理研究》2024年第10期。

设门户网站、网上综合服务大厅等平台,第一时间发布修改、制定与经营主体相关的政策法规、解答公众关心的热点问题,在确保政策文件及时性的同时提升公众获取、查询国家政策的便捷性。2024 年市场监管总局出台了《市场监管部门优化营商环境重点举措(2024 年版)》,针对限制企业跨区迁移、冒名登记、职业索赔等问题,主动回应经营主体疑问,提出企业异地迁移可以直接到迁入地办理登记、完善企业实名登记机制和程序、依法规制职业索赔行为等务实举措。经济政策的透明度不仅是营商环境的主要特征,更是企业和政府之间建立信任的基石。政府在制定经济政策时,若能广泛征求利益相关方意见、公开决策依据和论证过程,则不仅便于经营主体获取信息、了解政策,更能有效加强对政府监督,约束行政权力,减少寻租空间。

(二)政务服务的便利性

良好的营商环境是社会经济发展的强大基础,转变政府职能,提升政府服务意识和服务效能,是进一步优化营商环境、促进经济高质量发展的重要途径。政府服务便利化是衡量政府治理现代化水平的重要指标,其核心在于通过制度创新和技术赋能,优化服务供给模式,提升行政效能。政务服务的便利程度关系着经营主体从事经营活动的简易程度,涵盖一个企业从登记成立、变更、注销等相关事项的手续审批繁简程度、花费时间和成本等。政务服务的便利化程度越高,企业经商活动越容易,制度性交易成本也就随之降低。党的二十届三中全会明确提出要促进政务服务标准化、规范化、便利化。故,一个好的营商环境应该以政府提供便利的服务为考察点,以标准化、规范化以及提升服务的效能为落脚点,推动高效办成一件事改革,降低企业成本,提升服务效能。

一方面,促进政务服务的标准化。所谓标准,是通过标准化活动,按照规定的程序经协商一致制定,为各种活动或其结果提供规则、指南或特性,供共同使用和重复使用的文件。[1] 政府服务的标准化,是便利化的基础性工程,其核心在于建立统一的服务标准体系。这一体系包含服务事项清单、办理流程、审查标准和办结时限等要素。通过标准化建设,能够有效消除地区间、部门间的服务差异,实现

---

[1] 崔志钰、陈鹏、倪娟:《政策供给视角下全面推进现代学徒制的问题解析与策略选择》,《职教论坛》2021 年第 7 期。

"同标准受理、无差别办理"。标准化的政务服务,能够将法治原则转化为具体的操作规范,使具有宏观性、原则性的政策法规中关于权利义务的条款得以具体化,增强可操作性,提升法律实施的有效性。同时规范政府服务的行为标准,可以消除经济政策的随意性,增强规范经营主体的预期稳定性,极大降低了企业的制度性交易成本。另一方面,确保政务服务规范化。规范性的政府服务是确保政务服务标准化有效运行的关键环节,它通过建立健全制度规范、明确服务主体的权责边界,规范服务行为,保障服务质量的稳定性。规范化的政务服务通常包含了限时办结、一次性告知以及建设承诺和投诉机制等。如天津市通过发布实施方案,明确了政务服务事项范围,建立了政务服务事项基本目录审核制度和动态管理机制。同时,加强了跨层级、跨地域、跨系统、跨部门、跨业务的协同管理和服务,充分发挥了一体化政务服务平台"一网通办"的支撑作用。贵州省则全面推进"一窗通办'2+2'模式"改革,打破了传统部门格局和行业壁垒,构建了"自然人+法人"服务体系。此外,贵州省还积极探索推进乡村事项标准化工作,深化"政务服务+邮政"合作,不断提升乡村政务服务水平。各省份积极加强政务服务场所的规范化管理,不仅统一了政务服务场所的名称、标识和设置,还提升了政务服务场所的标准化、规范化水平,为营造风清气朗的营商环境奠定了基础。

(三)法律制度的完备性

法治完备性是指一个国家或地区在营商法律制度方面的完善程度,涵盖了法律法规的健全性、法律面前各类经营主体的平等性、政府依法行政的严谨性、市场监管的统一性以及对企业权益的依法保护等多个方面。一个法治化的营商环境旨在通过构建完善的法治框架,为各类经营主体提供坚实的法治保障,体现了社会的公平与正义。具体而言,法治完备性包括以下几个方面:首先,加强法律的"立改废释",即根据经济社会发展的需要,及时制定新的法律法规,修订或废止不适应时代要求的旧法规,并对法律条文进行解释,以确保法律的适用性和时效性。通过建立和完善优化营商环境的法治体系,确保法律的公平公正、规范透明,并且不溯及既往,避免对经营主体造成不必要的法律风险。其次,依法保护各类所有制企业的合法权益,特别是知识产权的保护。知识产权是企业创新和发展的核心,必须通过法律手段严厉打击侵权行为,确保企业的创新成果得到有效保护。

同时,依法打击各类违法行为,维护市场秩序,确保经营主体在法律框架内合法经营。最后,确保法律面前各类经营主体一律平等,推进公正监管。无论是国有企业、民营企业还是外资企业,都应在相同的法律框架下享有平等的权利和义务。通过公正监管,消除不公平的市场垄断行为,促进市场竞争的公平性和透明度,形成有序、健康、可控、可预期的市场环境。

  良好且完备的法律制度在营商环境的建设中发挥着双重作用。一方面,法律制度能够明确政府与市场主体的职责与权限,为各方提供清晰的行为指南。这不仅能够有效防止政府滥用权力或违规操作,还能规范经营主体的经营行为,确保其在法律框架内合法经营。完善的制度是针对经济社会发展而创设的全新行为准则,为营商环境的建设提供了根本保障。[1] 另一方面,法律制度能够提供规范的行为准则,这些准则不仅有助于规范政府和经营主体的行为,还能够建构起一套公正的评估和市场监管机制。通过这一机制,确保所有经营主体在相同的规则框架下公平竞争,避免权力滥用和不正当竞争行为的发生。这种公平、透明的市场环境有助于经营主体的健康发展,促进经济的长期稳定增长。

  近年来,我国在营商环境法治化建设方面取得了显著进展。一系列重要的法律法规相继出台,如《中华人民共和国外商投资法》《优化营商环境条例》《中华人民共和国海南自由贸易港法》等,这些法律法规为各类经营主体创造了更加公平、透明的营商环境。同时,我国还修订和完善了《对外贸易法》等相关法律,进一步提升了营商环境的法治化水平。为了持续提升营商环境的法治化水平,我国需要不断健全营商环境法律制度体系,加快完成与《中华人民共和国外商投资法》《优化营商环境条例》等法律法规要求不一致的法规政策的修订和废止工作。同时,完善政策制定和实施机制,确保政策的科学性和可操作性。在行政执法方面,应规范涉企执法行为,突出公平执法的要求,根据企业的信用状况采取差异化的监管措施,推动监管信息的共享与互认,避免多头执法和重复检查,减轻企业负担。此外,加强对经营主体权益的保护,确保各类企业能够公平参与市场竞争。通过不断加强营商环境的法治建设,充分发挥法治在固根本、稳预期、利长远方面的保

---

[1]　王春衡、郭金良:《建设法治化营商环境的目标探求与路径优化》,《沈阳干部学刊》2024年第4期。

(四)市场准入的统一性

市场准入,是国家规定的以企业形式进入相关市场从事生产、销售或服务等经营活动制度的总称,包括经营资格条件和程序两个方面。市场准入是一种市场壁垒,是对企业从事生产经营活动自由的限制,是国家干预市场的一种方式。现阶段,我国正在实施市场准入负面清单管理制度,这一制度是由国务院负责制定和公布的,其目的是通过清单的方式明确界定在国内禁止或限制投资经营的行业、领域和业务范围。它对提高企业进入市场效率和降低准入门槛具有重要作用。各级政府根据相关的法律和法规,实施适当的管理措施,以确保该制度能够有效地执行。根据该制度,凡是未列入市场准入负面清单的行业、领域和业务,各类经营主体均享有平等的准入权利,可以依法自由进入并开展经营活动。市场准入负面清单制度的推行,是我国深化"放管服"改革、优化营商环境的重要举措之一。它不仅简化了市场准入程序,降低了企业的制度性交易成本,还进一步激发了市场活力,促进了经济的多元化发展。通过这一制度,政府能够更好地平衡市场自由与监管之间的关系,确保市场在资源配置中起决定性作用,同时维护市场的公平与秩序。

为了更好地完善市场准入制度,2024年中共中央办公厅、国务院办公厅印发《关于完善市场准入制度的意见》(以下简称《意见》),为构建规范有序、平等竞争、开放透明、权责清晰的市场环境提供制度保障。这是国家层面首次专门就市场准入制度出台的政策文件,总体强调"宽进严管,放开充分竞争领域准入,大幅减少对经营主体的准入限制"。《意见》中值得关注的亮点是:一是强化事中事后监管,优化监管方式。《意见》要求,推动监管方式从"重审批"向"重监管"转变。通过推行"双随机、一公开"监管、信用监管等新型监管模式,提升监管的精准性和有效性。同时,推动跨部门、跨地区的监管信息共享,减少多头执法和重复检查,降低企业负担。二是支持新业态、新模式发展。为适应数字经济、绿色经济等新兴领域的发展需求,《意见》提出要积极探索新业态、新模式的市场准入规则。通过设立"沙盒监管"等创新机制,鼓励企业在特定范围内先行先试,为新经济形态的发展提供制度保障。

《意见》是我国市场化改革进程中的重要文件,其核心在于通过制度创新和政策优化,为构建更加公平、透明、高效的市场环境提供了政策指引,也为各类经营主体创造了更加广阔的发展空间。这一文件的实施,将有力推动我国经济向更高水平、更高质量的方向迈进。

此外,市场准入负面清单制度还体现了我国对外开放的承诺。通过明确禁止和限制的领域,外资企业可以更加清晰地了解投资范围,增强了投资的透明度和可预测性。这不仅有助于吸引更多外资进入中国市场,还推动了国内市场的国际化进程。总的来说,市场准入负面清单制度是我国市场经济体制不断完善的重要标志,它不仅为经营主体提供了更加广阔的发展空间,还为政府监管提供了更加科学的依据,有助于构建更加公平、透明、高效的市场环境。

三、中国式现代化背景下营商环境的科学内涵

营商环境建设对中国来说是一项重要且浩大的工程,其生态环境的形成涉及国家顶层设计、制度规范的完善以及促进经济发展方式方法的创新。2013年我国启动营商环境建设工作以来,政府通过持续推进"放管服"改革,不断优化营商环境,加速政府职能转变。这一阶段,营商环境多被附上代表"经济发展实力"的标签,其评价主要基于企业经营成本的视角,对制度软环境进行量化评估。具体而言,营商环境涵盖了企业从设立申请、生产经营、贸易活动、纳税、合同履行到破产清算等全生命周期中,遵循相关政策法规所需的时间和成本等综合条件。[1] 这些条件共同构成了企业在特定经济体系中运营的制度环境,直接影响企业的运营效率和发展潜力。在此阶段中营商环境的好坏也通常是体现在投资环境或者招商环境的好坏上,即仍旧侧重于经济建设方面。党的十九大报告指出,中国特色社会主义进入新时代,社会主要矛盾发生了新的变化。新时代下,社会主要矛盾的变化刺激着营商环境建设摆脱单一的"经济发展"标签,融入更多的中国式现代化特征。习近平总书记指出,中国式现代化是人口规模巨大的现代化、是全体人民共同富裕的现代化、是物质文明与精神文明相协调的现代化,这对营商环

---

[1] 张德淼、王树彬:《中国式现代化视域下营商环境内涵变迁及法治保障》,《北方法学》2024年第5期。

境建设提出了更高要求。"投资环境"向"营商环境"的转变,表明既要坚持经济建设,更要强调人的主观能动性的发挥与主体需求的被满足。中国式现代化下的营商环境建设是政府与市场关系的变化与发展,亦是公权力与私权利不断交织融合的体现。[1]

随着我国营商环境建设发展到大跃迁阶段,政府需要在"有所为"与"有所不为"之间找到平衡点,重点聚焦如何优化与主导产业发展相匹配的营商环境。由于不同产业类型(如技术密集型、劳动密集型、资源依赖型、出口导向型、贴近市场型等)对营商环境的需求存在显著差异,政府必须针对不同产业的特点,精准施策,为特色产业量身定制差异化的营商环境支持政策。以出口导向型企业为例,这类企业更加关注海关报关效率、出口退税流程、展览业支持以及涉外法律纠纷解决机制等国际化服务水平的提升。这些领域是地方政府需要重点优化和改进的方向,以满足企业在国际贸易中的实际需求。再以数据中心产业为例,由于其高耗电量和占地面积大的特点,这类企业往往倾向于落户在西部地区。因此,地方政府在吸引数据中心产业时,应重点优化电力供应、土地资源利用等关键营商环境维度,以满足企业的核心需求。

在新时代背景下,营商环境的建设正从传统的"强政府——弱市场"模式向"弱政府——强市场"模式转变。这一转变需要在人与自然和谐发展的框架下,以法治建设为核心,充分体现公平正义的价值导向。具体而言,营商环境的主体应各司其职:政府主体应持续优化其规范职能,提供和完善政策依据,确保市场运行的公平性和透明度;经营主体应抓住信息技术革命的机遇,通过数字化手段重塑营商环境的内涵,提升运营效率和服务水平;社会主体则应通过需求反馈和主体观感,对营商环境的发展进行监督和纠偏,确保其始终朝着满足社会需求的方向演进。

总之,新时代的营商环境建设需要政府、市场和社会三方协同发力,通过精准施策、法治保障和技术创新,构建一个公平、透明、高效的营商环境体系,为经济高质量发展提供坚实支撑。

---

[1] 白牧蓉:《营商环境优化中公法与私法的协同》,《兰州学刊》,2022年第1期。

第二节　营商环境法治化的基础理论

党的十八大以来,习近平总书记针对优化营商环境作出了一系列具有深远意义的重要指示批示,其中反复强调:法治是构成最优营商环境的基石。构建完善的法治体系,首要在于确立一套全面而精细的法律制度,为经营主体的各类经营活动提供清晰、可依据的法律准则。

一、营商环境法治化的内涵

(一)营商环境法治化的界定

法治,其产生时间较早,专家学者对其展开研究并对其概念从狭义和广义上进行区分。狭义上的法治通常指法律制度和法律规范,即一个国家或地区的法律体系,包括立法、执法、司法、守法和法律监督等环节的各项法律规则的总和。广义上,法治还包括法律实施和法律监督等一系列活动和过程,是静态的法律规范和动态的法律实践的统一体。本书研究的营商环境法治化是指通过建立和完善法律体系,确保市场经营活动中法律的正确适用和有效执行,从而为经营主体提供一个公平、透明、可预期的法治环境。这一概念的核心在于通过法治手段来优化和改善营商环境,保障各类经营主体的合法权益,促进经济的健康发展。故,本书研究的营商环境法治化,涵盖了顶层法律制度的完善与实施层面依法规制的双重要求,其核心是确保与营商环境相关的措施均在法治轨道上进行。

(二)营商环境法治化的具体表现

为了创造一流的营商环境,国家和地方政府通过出台、修改法律法规,为营商环境良好发展提供坚实的政策支持,更好地激发市场潜力,增强经济发展的内生动力。

1.法治保障健全

一是完善营商环境顶层设计。2019年10月,国务院出台了关于优化营商环境的综合性法规即《优化营商环境条例》(以下简称《条例》)。《条例》将近几年在优化商业环境方面大量有效的政策、经验和做法提升到了法律和制度的高度,专注于解决经营主体在生产和经营活动中遇到的各种问题和瓶颈,并明确了国家和地方各级政府对企业发展的扶持措施和优惠政策,为促进经济持续健康稳定发展提供强有力支撑。《条例》的实施,为全社会创造了一个优化商业环境的浓厚气氛,增强了市场参与者的信心,使得企业家可以更加安心地经营、投资和创业。《条例》成为各地政府抓好优化营商环境工作的总纲领、总依据,多个省市政府也纷纷据此因地制宜出台了各自的优化营商环境条例。如为贯彻落实《条例》,北京、上海、河南在结合当地营商环境发展情况下分别制定颁布了《北京市优化营商环境条例》《上海市优化营商环境条例》《河南省优化营商环境条例》。随后广州、安徽、河北等地相继颁布了《广东省优化营商环境条例》《安徽省优化营商环境条例》《河北省优化营商环境条例》。截至2024年12月,除内蒙古自治区外,中国绝大多数省份均已出台优化营商环境的地方性法规,形成了较为广泛的省级法规基础,为优化营商环境提供了相应的法律支撑。

二是推动完善经营主体保护与发展相关法律法规。为进一步维护中小企业、个体工商户合法权益,优化民营经济发展环境,近年来国家先后出台了《中华人民共和国中小企业促进法》《保障中小企业款项支付条例》和《促进个体工商户发展条例》,促进中小企业和个体工商户健康发展。外商投资方面,2019年3月,我国发布了《中华人民共和国外商投资法》,旨在积极推动外商的投资活动,维护外商投资的合法权益,对外商投资进行规范管理,并努力形成一个全面开放的新模式。其后,国务院颁布了《中华人民共和国外商投资法实施条例》,以法律为基础,采取具体措施来促进和保护外商的投资活动,从而推动更高层次的对外开放。地方性法规层面,2023年《辽宁省促进市场公平竞争条例》《山西省民营经济发展促进条例》等相继出台,为优化营商环境、保护和鼓励经营主体积极性、促进经济高质量发展夯实制度基础。此外,为了贯彻落实党的二十届三中全会公报中关于完善市场准入制度的相关文件精神,2024年中共中央办公厅、国务院办公厅印发了《关于完善市场准入制度的意见》,《意见》中进一步明确了从放宽市场准入规则、科学制定市场准入门槛等十大方面入手,不断优化市场准入制度,逐步形成政府监管、企业自觉的格局。

2.完善相关的配套政策

一是全方位部署"放管服"改革工作,加快推动营商环境政策落实。2018年,

《全国深化"放管服"改革转变政府职能电视电话会议重点任务分工方案》被国务院正式颁布,象征着我国正式在全国范围内启动深化"放管服"改革工作。与该政府规范性文件相匹配的配套政策还有税务机关印发的《全国税务系统进一步优化税收营商环境行动方案(2018年—2022年)》《关于深化知识产权领域"放管服"改革营造良好营商环境的实施意见》等一系列加快《优化营商环境条例》落实的规范性文件,全方位、各领域推动政府职能转变。2020年"放管服"改革在我国取得了极大成效,市场环境明显改善,为巩固相应成果并继续推进改革纵深发展,《关于进一步优化营商环境更好服务市场主体的实施意见》出台。该《实施意见》充分总结归纳了优化营商环境、推动政府职能转变过程中的有益经验,同时进一步继续加大力度、采取多项措施破解企业在生产经营中面临的难点、痛点,为全面建设一流营商环境创造机会。与此同时,从2020年到2022年国务院连续三年针对深化"放管服"改革印发了《全国深化"放管服"改革优化营商环境电视电话会议重点任务分工方案》《全国深化"放管服"改革着力培育和激发市场主体活力电视电话会议重点任务分工方案》《第十次全国深化"放管服"改革电视电话会议重点任务分工方案》。这三个《分工方案》文件对优化营商环境、深化改革工作作出全方位、多领域的工作部署,为政府职能转变提供了参考依据、规范行政权行使,增强了工作效能。党的二十大报告再次提到要推动营商环境建设,营造一流的营商环境,为此,2023年《制止滥用行政权力排除、限制竞争行为规定》《禁止垄断协议规定》《禁止滥用市场支配地位行为规定》等规章制度出台。截至2024年,一系列与营商环境有关的政策文件被制定,涵盖了市场准入、生产经营、对外投资等方面,与《优化营商环境条例》一起构成了我国营商环境法律制度的"四梁八柱",为打造一流营商环境的中国模式添砖加瓦。

二是着力开展营商环境创新试点工作。为了推进我国营商环境工作部署,2021年国务院出台了《关于开展营商环境创新试点工作的意见》。《意见》明确了从试点到全部、由点到面的工作方式,将北京、上海、重庆、杭州、广州、深圳6个城市作为开展营商环境创新试点城市。2022年,之前的营商环境试点城市在优化营商环境方面取得了很大成效,为将相关经验推广到全国,实现营商环境整体性提升和优化,《关于复制推广营商环境创新试点改革举措的通知》出台。营商环境创新试点及经验推广工作,成为下一阶段国内大中小城市优化营商环境的主要突破口。2024年国家发展改革委发布全国优化营商环境十大创新实践案例,其中除了第一批优化营商环境试点城市如北京、上海等一线城市外,还有石家庄、厦门、长沙和兰州等地,在优化营商环境具体措施上涵盖综合监管、市场准入、招标投标、用地审批等多个领域,既有信用承诺应用推进业务流程便捷高效,又有加快信用管理标准化促进市场开放,集中呈现了地方优化营商环境的新思路和新举措,为各地推进社会信用体系建设高质量发展提供了典型案例。

二、营商环境法治化的基本特征

营商环境法治化目的是通过完善的法律法规体系,规范政府行为,保护经营主体合法权益,促进公平竞争,为各类经营主体创造稳定、公平、透明、可预期的发展环境。这一进程的特征体现在多个方面,如法律法规的完善性、政府行为的规范性、经营主体权益的保护性、市场竞争的公平性、政策执行的透明性以及营商环境的可预期性等。

(一)营商结果的可预测性

营商结果的可预期性是法治化营商环境的重要特征之一,也是衡量一个国家或地区营商环境质量的关键指标之一。企业能够根据既定的法律法规、政策导向及市场环境,合理预测其经营活动的成果与风险,从而作出更加科学、理性的决策。它不仅关乎企业的战略规划、投资决策,还深刻影响着经营主体的信心与活力。它主要体现在以下几方面。

1.法律法规政策的稳定性

政策稳定性是营商环境可预期性的基石。一个稳定、连续的政策环境能够使经营主体对未来发展有明确的预期,从而作出合理的投资决策和经营规划。首先,政策制定应具有前瞻性和长期性。政府在制定政策时,应充分考虑经营主体的需求和利益,确保政策既符合当前经济发展的实际情况,又能够引领未来经济发展的方向。同时,政策应避免频繁调整,以免给经营主体带来不必要的困扰和损失。其次,政策执行应具有连续性和一致性。政府应确保政策在执行过程中不受人为因素的干扰,保持政策的稳定性和连续性。对于因政策调整而受到影响的经营主体,政府应提供必要的支持和帮助,减轻其损失。最后,政策宣传应具有透明性和及时性。政府应及时公开政策信息,加强政策宣传和推广工作,确保经营主体能够及时了解政策内容和要求。通过政策宣传,提高经营主体的政策知晓率和理解度,为其制定合理的发展规划提供有力支持。

2.市场环境的规范性和透明性

市场透明度直接关系到企业能否准确判断市场需求、竞争态势及潜在风险。一个信息充分公开、规则清晰透明的市场环境,能使企业基于准确的市场数据作出决策,减少因信息不对称导致的误判。首先,市场环境具有透明性和公开性。政府应加强市场监管,打击不正当竞争行为,维护市场秩序和公平竞争环境。同时,政府应及时公开市场信息,提高市场透明度,为经营主体提供准确的市场信息和分析。其次,市场环境具有稳定性和可预测性。政府应加强对市场变化的监测和分析,及时发布市场预警信息,为经营主体提供有效的市场指导和帮助。同时,政府应制定和完善市场规则,确保市场运行的稳定性和可预测性。最后,市场环境具有创新性和包容性。政府应鼓励创新和技术进步,推动产业升级和转型。同时,政府应加强对新兴产业的支持和引导,为经营主体提供更多的发展机会和空间。

3.监管体系的完善性

监管政策的稳定性对于营造可预期的营商环境至关重要。频繁变动的监管要求不仅会增加企业的合规成本,还可能打乱其正常经营节奏。政府应在制定监管政策时充分考虑行业特点、企业实际情况及长远发展需求,确保监管政策既严格又合理,同时保持一定的连续性和稳定性。此外,建立有效的政企沟通机制,及时听取企业意见,了解企业的需求和困难,有助于政府更好地把握市场动态和行业趋势,从而制定出更加符合实际、更具针对性的监管政策。

(二)法律法规的完备性

营商环境法治化的首要特征是法律法规的完善性。一个法治化的营商环境需要有一套完整、科学、合理的法律法规体系作为支撑。这些法律法规应当涵盖市场准入、企业经营、市场竞争、知识产权保护等各个方面,为经营主体提供明确的法律指引和保障。《关于完善市场准入制度的意见》作为当前营商环境市场准入方面的指导性文件,就放宽服务业市场准入条件、鼓励经营主体参与负面清单以外行业等方面均作了详细的规定。该意见对规范制定统一的市场准入标准、简化审批程序等起到积极作用,降低企业设立门槛,鼓励公平竞争;在企业经营方面,《公司法》作为规范企业行为的综合立法,明确企业经营范围、经营方式、经营期限、公司的基本权利和义务等要求,涵盖了企业从诞生到破产所涉及的法律问题,是规范企业经营活动,保护企业合法权益的行动指南,也有助于企业在法律框架内理性选择行为方式。《中华人民共和国反不正当竞争法》是规范市场正常、有序发展的重要法律,在内容上涵盖对价格欺诈、虚假宣传、商业贿赂等多种不正当竞争行为的约束和规范,旨在维护企业的合法权益,保障市场秩序,促进公平竞争。在知识产权保护方面,我国现行有效的保护知识产权的法律法规主要包括《中华人民共和国民法典》《中华人民共和国著作权法》《中华人民共和国商标法》《中华人民共和国专利法》等。最高人民法院关于审理著作权、专利、商标及不正当竞争等民事纠纷的相关司法解释,也是实践中保护知识产权的重要依据。同时,依据我国加入的一系列知识产权国际条约、双边或多边协定的规定,我国知识产权权利人的相关权利在其他缔约国内能得到相应保护,他国知识产权在我国也能得到对等的法律保护。完善的知识产权保护法律法规,能够在一定程度上加大知识产权保护力度,对侵权行为起到警示作用,同时还可以激发企业主体创新性。

(三)市场运行的法治化

相较于国有经济、集体经济、私营经济等其他经济体制,市场经济的良性运行更加依赖于法律制度的保障。市场经济以自由竞争和资源配置的市场化为核心特征,其高效运转离不开法治的规范和约束。只有在法律框架的明确指引下,经营主体的行为才能得到有效规范,市场秩序才能得以维护,公平竞争的环境才能得以建立。市场作为一种无形的资源配置机制,其运行结果主要通过商品价格等显性指标体现。然而,若缺乏对公权力的有效监管及健全法律制度的规范,市场机制就可能因信息不对称、外部性或垄断行为等问题而失灵,进而引发资源错配与经济波动,甚至诱发系统性经济危机。因此,为保障市场经济的稳定与有序运行,必须以法律制度为基础,对市场主体的经济行为实施规范与引导,从而构建公平、公正、透明的市场竞争环境。[1] 政府作为公权力的代表,在市场经济体系中承担着维护经济稳定与公共利益的关键责任。为有效应对经济过热或衰退等宏观经济波动,政府需坚持市场在资源配置中起决定性作用。同时,发挥其调控与监管职能,适度干预市场运行,确保经济朝着健康、有序的方向发展。然而,当前关于如何通过法律和制度在政府宏观调控与市场自发机制之间建立科学、协调且具备可操作性的制度化安排,仍缺乏系统完善的理论支持与实践路径。在此背景下,推动市场经济法治化已成为构建现代经济治理体系的核心任务,而构建完整的社会主义市场经济法律体系,应从横向与纵向两个维度展开。

从横向层面来看,宪法作为我国的根本大法,具有最高的法律效力,是所有经营主体行为的根本准则。因此,市场法治化的首要前提是确保国家的基本经济体制在宪法层面得到明确保障。在此基础上,应以宪法为根本依据,制定、修订和完善以保障经营主体平等地位为核心目标的民商法体系,包括《中华人民共和国民法典》《中华人民共和国公司法》等。同时,完善以界定政府干预经济行为的边界为核心职能的经济法与行政法体系,如《中华人民共和国反垄断法》《中华人民共和国行政许可法》等;此外,还需健全以促进社会公平与正义为核心使命的社会法体系,如《中华人民共和国劳动法》《中华人民共和国社会保障法》等,从而构建起多层次、多维度的法律保障网络。从纵向层面来看,一个完备的经济法律体系理应涵盖可能对社会经济发展产生影响的所有因素以及相关的重点领域和经济发展的核心环节。具体而言,首先,在国有资产管理制度上,我们需要通过制定像《中华人民共和国企业国有资产法》这样的法律以及相关的监管规则;在至关重要的财政税收领域,必须依靠《中华人民共和国预算法》《中华人民共和国税收征收管理法》等法律来确保财政收支的规范性和税收征管的有效性;其次,为了更好地保护产权,我们需要《中华人民共和国民法典》《中华人民共和国专利法》等法律来强化对各类产权的保护;最后,为了维护公平有序的市场竞争环境,也需要《中华人民共和国反不正当竞争法》《中华人民共和国消费者权益保护法》等法律来发挥作用。

总之,只有在法治框架下,政府与市场的关系才能得以科学界定,经营主体的

---

[1] 孙文恺:《"法治经济"的理论解读》,《江海学刊》,2016年第1期。

行为才能得以有效规范,市场运行的公平性、透明性和可预期性才能得以实现,从而为经济的高质量发展提供坚实的法治保障。

(四)政府行为的规范化

政府行为的规范性在法律上体现为依法行政,即国家机关及其工作人员依据宪法和法律赋予的职责权限,在法律规定的范围内管理国家各项社会事务。在营商环境领域,依法行政的核心是通过法律制约和合理运用行政权力,要求行政机关和工作人员严格遵循《优化营商环境条例》《中华人民共和国公司法》等法律法规,在法定职权内行使职能,不得干预市场正常运行,确保市场在资源配置中起决定性作用,做到既不失职也不越权,更不侵犯经营主体合法权益。其主要表现在:

一是公权干预的合规性。政府作为宏观调控的主体,其应该在尊重市场自由发展的前提下,对违背市场自由竞争、实施市场垄断、不正当竞争等违法行为依法适度干预,确保不干扰经营主体的正常经营。对市场经济进行合理干预,是我国经济改革的重要课题。从党的十四大提出市场在资源配置中起"基础性作用",到党的十八届三中全会强调其"决定性作用",标志着我国社会主义市场经济发展进入新阶段。[1] 这一转变更加凸显了激发市场活力对于驱动经济发展的重要性。因此,完善营商环境的顶层设计并确保行政权力依法规范行使,成为当前改革的必要环节。这就要求系统梳理现有制度文件。此外,进一步完善经营主体对政府不当干预行为进行投诉、反映问题的渠道和机制。政府机关认真对待公司、企业反馈的问题并明确答复的时间,将处理的结果及时通告相关当事人,提升经营主体对行政权力的监督力度。其中针对不当权力行政的主体,采用惩戒机制,进行通报批评。同时,为最大限度降低公权力的不当干预,要加强公权力机关工作人员的政治学习教育,加快建立"外部监督+内部监督"双向监督方式,严格规范公权力的行使。

二是政企交往的规范性。亲近之中有原则,交往之中有政治,习近平总书记用"亲""清"二字概括新型政商关系的内涵。在亲清政商关系下政府应更好地充当"倾听者""解惑者""引导者"的角色,领导干部要严格遵守《中国共产党纪律

---

[1] 郭泽红:《马克思所有制理论及其在当代中国新发展研究》,硕士学位论文,长安大学,2016,第25-37页。

处分条例》，同企业家保持亲清关系，注重企业发展过程中遇到的问题，主动作为，解决经营主体的急难愁盼，防止民营企业家因"病急乱投医"而违法经营，引导民营企业健康发展。比如，广州市从优化政商关系入手，印发实施《广州市政商交往若干场景行为指引及答疑（第一批）》。该行为指引构建了"全景式"政商交往行为指南，对在坚持亲清统一原则基础上的政商交往给予有力支持和保护。政商间实现良性互动有助于引导民营企业参与构建新发展格局，积极践行创新、协调、绿色、开放、共享的新发展理念，加快数字化、高端化、智能化、绿色化转型，[1]为社会经济高质量发展提供理论保障。政府在与经营主体交往时应遵循法律规定和党纪政纪要求，保持廉洁性，防止不正当行为。

第三节 营商环境法治化的相关理论分析

营商环境法治化是保障市场公平发展、激发市场活力、推动经济高质量发展的关键。从法学视角看，法治化意味着通过完善的法律体系和政府规章为经营主体提供稳定、透明、可预期的制度环境。经济学则强调，法治化营商环境能够降低交易成本，减少不确定性，从而促进资源高效配置，提升经济效率。管理学则关注法治化的营商环境如何通过规范政府行为、优化治理结构、提升公共服务质量，构建亲清政商关系。从多学科相关理论角度交叉分析理解营商环境法治化，为营造一流营商环境、完善社会主义市场经济体制提供了更全面的理论支撑。

一、法学理论基础

法治与营商环境分属于不同的领域，一个是政法、另一个是经贸。但是从社会发展过程来看，政治与经济是密不可分的。如今，法治成了现代国家治理的高级形态和文明载体，而营商不论是国内经营还是国际贸易都无法脱离完善的法治环境。故有必要从法学理论基础出发，为营商环境法治化寻求制度基础。

---

[1] 石云鸣、庞宇：《亲清政商关系中领导干部的作用发挥与能力培养》，《求知》2023年第12期。

（一）法治经济理论

资本的良性循环,既是市场经济健康发展的根基,也是衡量营商环境优劣的核心指标。市场经济要实现有序发展,就必须对资本运作规则、市场竞争秩序及各类市场参与者的合法权益进行有效的规范、调整与保护。在所有治理方式中,运用法治手段进行保障,无疑是最根本、最稳定且最具长效的选择。然而,审视我国改革开放以来的实践,市场经济虽实现了快速繁荣,但与之相配套的法治建设却未能同步跟进,呈现出相对滞后的状态。直到2014年,党的十八届四中全会明确指出"社会主义市场经济本质上是法治经济",这一观点深刻揭示了市场经济和法治的内在统一性,为系统推进营商环境的法治化进程提供了重要的理论依据和方向指引。

1.法治经济为营商环境创造公平条件

人类经济发展的历史经验表明,制度性因素对经济增长的影响比技术性因素更加深远持久。法治经济以规范化、程序化为特征,其制度功能能有效避免因领导者个人能力、品质或政策主张差异带来的经济政策不稳定,为经济稳健发展和长期目标实现提供坚实保障。法治经济不仅注重实体正义——法律内容的公平合理,更强调程序正义——法律实施过程的规范透明。通过程序正义,法治经济确保实体正义落地,有效维护经营主体的合法权益。同时,程序正义的贯彻增强了法律的可操作性和执行力,使法律从文本走向实践,真正发挥规范作用。这种双重正义的融合,使法治经济成为推动经济高质量发展的重要制度基础。

在中国经济市场化进程中,法治与经济的良性互动关系不断深化。改革的核心是处理好政府与市场的关系,市场经济本质上也是法治经济。构建政府与企业的和谐关系,需要政府恪守"法无授权不可为"的权力边界,同时切实保障企业"法无禁止即可为"的经营自由。这一法治理念为市场创造了公平竞争的沃土,激发了经营主体的创新活力,为社会主义市场经济注入蓬勃生机。完善的法律体系筑起公平正义的屏障,让诚信、平等的价值观融入市场运行,优化资源配置,引领市场经济行稳致远。发展法治经济,本质上是用法治方式为经济发展营造优质环境,实现经济目标规划,完成经济调控与监管,用法治方式界定各方经济关系,调整利益格局。法治经济的确立标志着我国经济治理结构迈向现代化。它以健全法律制度为基础,为市场实现高效、有序运行提供了制度支撑,使法治成为保障经济稳定发展的核心支柱。随着法治机制在市场运行中的深入嵌入,市场规则趋于明确,主体行为更加规范,最终推动形成公平、透明、可持续的现代市场经济新秩序。

2.法治经济为市场经济发展提供保障

一是市场参与者的自主性和权益需要得到法律的明确和维护。在一定程度上,法律具有界定和定义权利义务的功能,以此方式来保障经营主体的独立性和合法权益。同时法律能够直接对国家权力进行制约,将权力关进笼子里,有效避免政府任意行为或者不作为,导致经营主体和市场经济缺乏公平正义的营商环境。市场经济代表了一种自主的经济模式,也就是对市场参与者意志自主性的认可。在社会主义市场经济体制下,我国经营主体应当具有自主意识和独立人格。这意味着需要通过法律来确认市场参与者的资格,明确他们的产权,并确保对所有市场参与者的财产权和自由意志给予充分的尊重和平等的保护。只有这样才能真正发挥经营主体在资源配置中的决定性作用。与此同时,明确市场参与者如何行使其权益,以及确保这些权益的具体流程和原则。它是市场经济发展到一定阶段必然产生的法律制度。在缺乏法治的情况下,市场参与者的财产和其他权益将难以得到保障,市场经济只不过是空洞的口号。

二是市场的竞争规则和流程必须得到法律的确认和保护。要建立有效的竞争秩序和市场竞争机制。市场经济实质上是一种竞争性的经济模式。在现代社会中,任何一种商品都可以进行交易,只要有市场,就会产生竞争。竞争构成了市场经济的生命线,缺乏竞争则市场经济无法存在。竞争是指经营主体之间为追求自身利益最大化而发生的相互斗争与较量。市场经济的一大优势是通过竞争实现优胜劣汰和资源的合理分配,但这种竞争必须是公平和合法的,否则市场机制可能会出现失效或扭曲的情况。因此,在市场经济体制下,国家对市场的调控主要体现为对竞争行为的规制,而对竞争秩序的维护则要靠法律来保证。在激烈的市场竞争中,部分竞争对手为了追求更大的利润,不惜冒着巨大的风险,使用各种不正当的策略,例如生产伪劣产品、发布假广告或窃取他人的商业机密,这无疑会对市场的正常竞争造成障碍。我国社会主义市场经济体制建立后,国家对企业实行了严格的宏观调控,并制定了一系列有关保护公平竞争的法律规定。在市场经济的背景下,企业的经济行为并不直接受到政府指令的约束,而是通过竞争来实现资源的合理分配。如果市场不能有效地运行,那么这种资源配置方式将无法发挥其作用,甚至导致社会生产的萎缩和经济效益的降低。因此,为了确保竞争的公平性和效益性,我们必须建立一个公平且共同的竞争准则。这个公平的竞争规则是由"平等""效率"等价值构成的。这一共有的准则应当被提升为正式的法律,并得到法律的确认和保护。

三是法律应被视为解决经济纠纷最后的保障。市场经济条件下的经济合同在我国有其独特的内涵和形式,其直接约束着经营主体之间的经济行为甚至是市场经济的实际发展。所以,契约构成了市场的法律基础,而市场经济最显著的法律标志便是经济关系的契约化。因此,在市场交易活动中,当事人之间达成的任何契约都要由国家制定出相应的法律条文予以确定并加以执行,即合同制度。如果没有契约这一法律框架,市场经济的发展将会受到严重阻碍。因此,契约不仅是市场经济赖以存在、发展的基础,也是衡量一个国家民主政治水平高低的重要标志之一。契约在市场经济体系中的角色,必须建立在法律对契约的基本原则、实施方式和最终结果进行明确和保障的基础之上。同时,在市场经济的运作中,各种纠纷是难以避免的。尽管市场参与者有权自行决定如何解决这些纠纷,但在很多情况下,法律仍是一个权威的解决方案。因此,在市场经济运行过程中,任何一方当事人违反合同义务或不履行约定条款,均有可能导致合同关系消灭或者产生新的合同规定。在主体无法达成共识的情况下,为了维护合法权益并对非法和侵权行为进行制裁,必须由国家机构按照法律规定的程序进行明确的界定和制止。法治是现代社会文明进步的重要标志。只有严格执行法律,我们才能确保执法与司法过程的公平性。

(二)法治政府理论

简单来说,法治政府是指在执行权力和职责时,政府严格按照法律和法规行事,确保公民的权益,并努力维护社会的公平与正义。法治政府的核心理念是"法无授权即禁止"。这意味着政府在行使权力时必须有明确的法律支持,同时,政府也需要积极履行其法定职责,以维护公民、法人和其他组织的合法权益。我国正处于社会转型时期,市场经济发展迅速,政府职能也发生了转变。建立法治政府是确保政府与市场之间关系稳定的关键,高效的政府管理是充分利用社会主义市场经济优势的核心需求。为了构建一个高效、透明和积极的法治化营商环境,政府需要在深入了解经营主体需求和期望的基础上,营造一个有利于市场经济增长的营商氛围,并激发各种经营主体的创新动力。随着我国改革开放不断深入和社会主义市场经济体系不断完善,政府职能转变加快推进,法治化进程不断深化。法治不只是确保市场在资源分配上发挥核心作用的基石,同时也是维护政府与市场之间关系的关键。

1.法治规范政府和市场的关系

有限的政府权力构成了市场经济的逻辑出发点。在市场经济条件下,政府权力是有限的,它可以通过各种途径来实现,但只有当这种权力与经济活动相适应时,才可能发挥最大效用。随着市场经济的进步,我们必须对政府的权力、功能和规模加以约束,否则市场的有序性将失去其在社会中的作用。在社会主义市场经济中,政府是市场经济秩序的维护者,而不是市场运行规则的制定者。一个稳健和有序的市场经济体制本质上就是对政府权力膨胀最有力的制约手段。市场经济是由一系列相互联系的契约所构成的经济活动体系,它以契约形式确定了各种经济利益主体之间的权利义务关系,并由此形成了一套完整的规则。在市场经济中,存在两个核心的法律组成部分:一个是权力受限的政府,另一个是权益充足的市场。这就意味着必须通过立法来保证市场机制在资源配置中发挥基础性作用。在中国特色社会主义建设中,正确处理好这一问题具有重要意义。法治不仅是市场在资源配置中正常运作的根本保障,也是维护政府与市场之间良性互动的制度支撑。"法无授权即禁止"的原则为妥善处理政府与市场间的互动关系提供了基础指导。当政府的行为失去约束时,经济活动者就会失去对政府的信任,这正是民众普遍担忧的"政策波动"。因为在市场经济中,人们总是希望政府能够根据市场情况来制定政策,而不是一成不变地遵守既定的规则和制度。在经济学领域,这一现象被定义为政府面临的"不可承诺问题"。在市场经济中,政府是有限理性的。因此,在构建法治政府的过程中,只有当法律能够约束政府的行为时,经济理性的人才有可能预见到一个稳定的政策环境。

2.法治政府是建设一流营商环境的关键

在当前全球经济一体化的大背景下,良好的营商环境已逐渐成为评估一个国家或地区经济竞争力的关键因素。一个高质量的营商环境不仅能吸引外资,还能推动技术创新和激发市场活力,从而有助于经济的持续和健康增长。法治政府,作为现代国家治理结构中的关键部分,对于打造顶级的商业环境起到了不可或缺的角色。政府有责任强化依法行政,力求最大限度地减少对经营主体经济活动的直接干涉。这要求政府必须通过法律途径规范经济行为,约束自身活动,并防止执法干扰企业。同时,在行政执法中,要明确执法权主体的权限范围、执法依据以及执法程序等,确保执法规范化的同时公开执法流程,提升执法工作的透明度。加强事后监督,严格落实执法考核制度和责任追究机制,加强对政府行为的监督和约束,增强经营主体对政府政策的信任度,从而实现法治政府建设,为一流营商环境建设提供制度保障。

二、经济学理论基础

(一)交易成本理论

交易成本不仅指的是完成交易所需的费用,还涵盖了在交易过程中所需的全部时间和资金开销,这包括但不限于信息的传递、广告宣传、与市场相关的物流,以及谈判、协议达成、合同签订和合同执行监管等各种活动的费用。除了传统的生产成本外,新制度经济学首次将这一概念引入经济分析,其来源可以追溯至诺斯和科斯关于制度经济学的经典论述,在企业所处外部经营环境中,各种制度交叉混合,造成一定成本的产生即为交易成本,制度性交易成本对于企业的经营生产活动和选择均会产生影响,如果交易成本过高,企业就会重新选择产品生产或销售,或重新选择销售对象,这还会降低企业投资效率和抑制企业创新等,影响企业经营绩效和高质量发展。当前,梳理交易成本的形成机制并探索其优化与降低路径,是理解政府与市场关系,提高市场运行效率的关键所在。

良好的营商环境与交易成本密切相关,就世界银行《全球营商环境报告》的营商环境指标来看,市场微观主体经营生产手续的简化以及供水供电等基础设施的改善本质上都能为企业节省费用和开支,降低交易成本。进一步讲,按照中国营商环境指标进行划分,已有文献发现政府服务质量、相关经济政策、法治环境、公共服务、市场环境的完善都能对交易成本产生一定抑制作用。合理完善的行政审批制度体系和"放管服"改革对于降低制度性交易成本具有明显作用,具体表现为行政审批中心的"一站式"审批流程为各部门协同工作和政策沟通提供了操作平台,这有助于缩减审批所需的时间,提升政府部门审批的效率。同时,行政审批中心的建立有助于节约人力和管理成本,这些因素都可能对交易成本产生一定的抑制效果。除了政府服务质量外,货币和财政政策宽松时,贷款、准入审批审核较为宽松,各方面的门槛也相应有所降低。一个健全的法律体系可以提升交易的效率并减少交易所需的时间;高质量的基础设施建设有助于减少运输所需的时间和成本;良好的市场秩序有利于降低交易成本。随着市场的进一步发展,交易的双方可以更有效地选择合作伙伴,从而提高资源的分配效率并减少交易的总成本。廖福崇在制度性交易成本的组态分析框架基础上,运用组态比较技术,揭示了营商环境优化中存在的全面均衡型、改革驱动型以及要素驱动型三种不同组态,这些组态表现出多重并发和因果不对称的分布特点。制度性交易成本的降低是"放管服"改革优化营商环境的关键机制。因此,基于交易成本理论,可以更全面地界定营商环境的内涵,这也为打造一流营商环境提供了一定理论依据。[1]

(二)休谟三原则

休谟在其著作《人生论》中详细解释了经济正义的三大自然原则,分别是"稳定财物占有的法则、根据同意转移所有物的法则和履行许诺的法则"。这三条规则构成一个整体,共同维护着经济生活中的秩序与和谐。休谟三原则是财产权保护的基石,也是其思想基础。它突出了财产权的核心地位、交易的自愿行为以及承诺的执行,为经济和社会的进步奠定了道德和法律的基石。

1.休谟三原则概述

一是稳定财物占有的法则。休谟认为,稳定财物占有的法则是经济正义的首要原则。它强调了财产权的稳定性和不可侵犯性,认为每个人都有权占有自己通过劳动或其他合法手段获得的财物,并且这种占有权应当受到法律的保护。这一原则为市场经济的正常运行提供了基础,确保了人们在交易中的安全感和信任感。二是根据同意转移所有物的法则。根据同意转移所有物的法则,即人们有权

---

[1] 董瑾:《制度性交易成本视域下Y市H园区营商环境优化研究》,硕士学位论文,北方民族大学,2024,第12-15页。

根据自己的意愿将财物转让给他人,但这种转让必须基于双方的自愿和同意。这一原则体现了市场经济的自愿交易原则,保障了交易双方的自主权和选择权。同时,它也强调了合同的重要性,即合同是双方同意转移财物的法律凭证,应当受到法律的保护和执行。三是履行承诺的法则。履行承诺的法则强调了承诺的严肃性和执行力。休谟认为,一旦人们作出承诺,就必须尽力去履行,否则将破坏社会的信任和合作基础。这一原则在商业活动中尤为重要,它要求商家和消费者都要遵守诚信原则,履行自己的承诺,从而维护市场的公平和秩序。

2.休谟三原则与营商环境的联系

一是稳定财物占有的法则与营商环境的便利性、公平性。稳定财物占有的法则为营商环境的便利性和公平性提供了基础。一个稳定的财产权制度能够降低企业的交易成本,提高市场效率。同时,它也能够保护企业的合法权益,防止财产被非法侵占或剥夺。这种稳定性和保护机制有助于营造一个公平、透明的市场环境,使得各类企业能够在平等的基础上展开竞争。在营商环境的便利性方面,稳定的财产权制度能够简化企业办理相关手续的过程,降低时间和成本。例如,在土地、房屋等财产的转让和登记过程中,如果财产权制度稳定且明确,那么相关的手续和流程就会更加简洁高效。在营商环境的公平性方面,稳定的财产权制度能够确保各类企业享有平等的财产保护权。无论企业规模大小、所有制类型如何,只要其财产权受到法律的保护,就能够在市场上获得公平的竞争机会。这种平等保护机制有助于激发企业的创新活力,促进市场的公平竞争。

二是根据同意转移所有物的法则与营商环境的透明度、法治化。根据同意转移所有物的法则强调了交易的自愿性和合法性。这一原则要求交易双方必须基于自愿和同意的原则进行交易,并且这种交易必须受到法律的保护和执行。这种自愿性和合法性要求与营商环境的透明度和法治化密切相关。在提升营商环境透明度方面,应依据有关资产转让的法律规定,确保政策、法规和制度等信息公开透明。同时,要加强政府信息公开工作,建立统一规范的政府信息公开平台,为公众提供全面准确的政务信息。这涉及市场状况、政府服务、监管执行以及法律法规等多个方面的信息公开和了解。在政府与企业之间关系的透明度上,应该建立政商沟通机制,通过沟通来协调双方利益诉求和矛盾冲突。只有当信息完全透明时,企业才能深入掌握市场的变化和政策方向,进而作出明智的选择。同时,信息透明度的提升也有助于避免权力寻租和腐败现象的出现,从而确保市场竞争的公平性。

三是履行承诺的法则与营商环境的整体优化。履行承诺的法则强调了承诺的严肃性和执行力。在商业活动中,这一原则要求商家和消费者都要遵守诚信原则,履行自己的承诺。这种诚信和执行力是营商环境整体优化的关键所在。一个优质的营商环境需要政府、企业和社会各界的共同努力。在这个过程中,履行许诺的法则发挥着重要的作用。它要求各方都要遵守承诺、履行义务,从而维护市场的公平和秩序,促进经济的繁荣发展。同时,履行许诺的法则也有助于提升企业的国际竞争力。在全球化背景下,企业需要遵守国际规则和惯例,履行自己的社会责任和承诺。这不仅能够提升企业的品牌形象和声誉,还能够增强其在国际市场上的竞争力和影响力。因此,在优化营商环境的过程中,应当注重培养和弘扬诚信文化,推动企业和社会各界的诚信建设。

三、管理学理论基础

管理学是一门涵盖社会科学、数学、技术科学等交叉性、综合性学科,是指在特定的环境下,管理者发挥组织、领导等功能实现既定目标的活动过程。政府作为权力最大的管理者,其对政策的制定和执行,是确保营商环境法律法规严格执行、规范市场行为的关键环节,也是为了确保经营主体能够公平竞争。

(一)政策扩散理论

政策扩散,常被称作政策创新的传播,描述的是政策通过特定途径,在一个社会体系内随着时间的推移而进行的交流和沟通。政策扩散的实质就是一种制度变迁或技术变革,是由某一国家内部不同利益群体间围绕着某项公共政策所进行的互动与博弈。更明确地说,它描述的是一种创新从其诞生之地传递给最终的创新者或接受者的全过程。政策扩散可以理解为一种由政府主导并以各种方式进行传播的动态行为。政策扩散的理论最早可以追溯到20世纪的美国,当新的政策从一个州扩散到另一个州时,人们通常称这种现象为政策扩散。该概念最早由美国著名经济学家舒尔茨提出,他指出"政策扩散就是政策内容在不同地区间传播"。在政治系统中,政策扩散主要体现为公共政策制定者与决策者之间的互动行为。它作为一种重要的政治现象,是现代政治文明建设中不可或缺的组成部分。经历了几十年的演变,政策扩散的理论已经建立了一个相对完善的研究方法和理论框架。该理论从一个全新角度揭示了公共政策传播与反馈的内在机理及其动态演变规律。自2004年起,国内开始对政策扩散理论进行深入研究,并归纳了四种扩散模式:从上到下的分层扩散模式、从下到上的政策采纳与推广模式、不同区域和部门间的扩散模式,以及从政策先进地区到政策跟进地区的扩散模式。

在政策扩散过程中地方政府基于不同的治理目标也将表现出不同的行为举措,纯粹地复制、模仿也是政策扩散行为的一种。[1] 在营商环境法治化建设过程中,地方政府营商环境政策具有明显的政策扩散特征。一方面,当前我国全力优化营商环境建设的外部环境是一样的,各地在推进营商环境法治化进程中面临的问题具有一定相通性,所以各省份之间相互学习借鉴优化营商环境举措是极大可能的。另一方面,我国地域辽阔,区域经济发展不协同的现象由来已久,这导致营商环境政策法规的落实必然会不同步。北京、上海、广州、重庆等经济水平高的地区势必会比新疆、西藏等西部地区在优化营商环境、促进经济发展方面有着天然优势,所以不发达地区要想实现经济的快速、高质量发展就需要学习、借鉴其他省份的经验做法。这种地方政府营商环境政策相互借鉴的行为就是典型的政策扩散理论的体现。

在营商环境法治化建设过程中,我国营商环境政策的扩散与政策扩散理论的路径有着异曲同工之处。第一,全国互动模式中,我国各地政府工作人员相互之间的交流、学习相对频繁,每次的沟通交流都会反映在营商环境的规章制度上,从而形成营商环境政策内容在全国范围内的相似性。第二,区域扩散模式中,如上文提到的,我国经济发达的地区营商环境法治化建设水平处于快速发展阶段,经济相对落后区域向经济发达地区的政策学习、模仿,形成了营商环境政策的区域扩散,这种区域扩散即表现为邻近地域间的扩散。第三,"领导——跟进"模型中,北京、上海、广州作为我国优化营商环境创新试点城市,其已经形成了一套相对成熟、完善的规章制度,成为名副其实的领导城市。其推进营商环境法治化过

---

[1] 谭亮亮:《基于政策扩散过程的地方政府治理创新机制与风险防范》,《广西社会科学》2023年第8期。

程中的优秀做法对其他城市具有很强的借鉴意义和参考价值,可以很好地调动营商环境发展相对落后地方的积极性。第四,垂直影响模型。该模式通常表现为省政府针对优化营商环境制定出台相应的法规、规章,地市政府为贯彻落实省政府的立法要求,根据本地具体情况制定出台相应的政策法规。该模式形成营商环境政策领域的垂直影响扩散。显而易见的是,在上级政府的垂直影响下,新的政策项目在下级政府中扩散的速度比前述三种模型中的任何一种都要快。

(二)新公共管理理论

新公共管理理论兴起于20世纪80年代,正值传统的威尔逊公共管理等理论已无法为西方资本主义国家政府面临的问题提供充分的理论支持之际。在这一背景下,新公共管理理论应运而生,为政府管理改革提供了全新的思路。该理论强调政府的服务意识,政府的公共活动要以人民满意度为评价标准,这与我国"以人民为中心"的核心理念不谋而合。在营商环境管理中,政府应树立服务理念,以为企业提供优质高效的政务服务为标准。这一理论不仅改变了传统公共管理模式的面貌,同时也优化了营商环境。

1.新公共管理理论对营商环境的优化作用

新公共管理理论通过引入市场机制、结果导向、顾客导向等理念,为营商环境的优化提供了有力的支持。其优化作用主要体现在:一是推动政府角色转变,强化法治服务。新公共管理理论强调政府应从管理者向服务者转变,注重公共服务的提供和质量的提升。这一转变促使政府更加注重企业的需求和关切,通过优化政务服务、降低行政成本等方式,为企业创造更加便捷、高效的营商环境。在营商环境法治化方面,这意味着政府需要更加注重为企业提供法律支持和服务,而不是仅仅进行监管和处罚。例如,政府可以通过建立法律咨询服务机构、提供法律知识培训等方式,帮助企业更好地理解和遵守法律法规,降低因不了解法律而带来的经营风险。二是完善法治环境,提升公共服务质量。新公共管理理论倡导建立公平、公正、透明的市场环境,这要求政府必须制定和完善相关法律法规,确保经营主体在公平竞争中获得机会。在营商环境法治化过程中,政府需要加强对经营主体的保护,打击不正当竞争行为,维护市场秩序。例如,通过制定反垄断法、反不正当竞争法等法律法规,防止大企业滥用市场支配地位,保护中小企业和消费者的合法权益。同时,新公共管理理论主张引入市场竞争机制,让私营部门参与公共服务的提供。这一举措不仅有助于提升公共服务的质量,还能降低政府的运营成本。在营商环境方面,政府可以通过引入市场竞争机制,推动公共服务提供商之间的竞争,从而提升企业获得公共服务的效率和满意度。三是优化政府服务流程,提升行政效率。新公共管理理论强调效率和效果,要求政府提高行政效率,减少不必要的审批环节和流程。要求政府部门注重公共服务的质量和效果,以顾客需求为导向提供个性化、多样化的服务。在营商环境方面,政府可以通过优化服务流程、提高服务效率等方式,为企业提供更加便捷、高效的政务服务。例如,通过推行"一站式"服务、简化审批流程等措施,降低企业办事成本和时间成本。同时,政府还需要加强对审批过程的监管,确保审批结果的公正性和合法性。四是推动政府治理创新。新公共管理理论倡导创新、灵活和高效的政府治理模式。在营商环境方面,政府可以通过引入新技术、创新管理方式等手段,推动政府治理的创新和升级。例如,通过建设智慧政务平台、推广电子政务等方式,提升政府服务的智能化和便捷化程度。

2.新公共管理理论在营商环境法治化建设中的具体应用

新公共管理理论强化政府的服务意识、坚持以人民为中心的理念体现在营商环境法治化建设的各个阶段。在立法层面上,新公共管理理论推动了营商环境相关法律法规更加民主。政府需要制定一系列法律法规来保障经营主体的合法权益,维护市场秩序。例如,制定公司法、合同法、知识产权保护法等法律法规,为经营主体提供法律保障。同时,政府还需要加强对法律法规的宣传和普及,提高经营主体的法律意识和对法律法规的了解。好的营商环境法律法规能够最大限度地保障经营主体的合法权益,激发千万经营主体的创新积极性。在执法层面上,新公共管理理论要求政府加大执法力度,确保法律法规得到有效执行。政府需要建立健全执法机构,加强对经营主体的监管和处罚。例如,通过市场监管部门、税务部门等执法机构,加大对经营主体的监管和处罚力度。同时,政府还需要加强对执法人员的培训和管理,提高执法人员的法律素养和执法水平。在司法层面上,新公共管理理论要求政府加强司法公正和司法效率。政府需要建立健全司法机构,加强对经营主体的司法保护。例如,通过法院、检察院等司法机构,加大对经营主体的司法保护力度。同时,政府还需要加强对司法过程的监督和管理,确保司法公正和司法效率。例如,通过推进司法体制改革、加强司法人员培训等方式,提高司法公正性和效率性。在服务层面上,新公共管理理论要求政府提供更加便捷、高效的服务。政府需要建立健全服务体系,加强对经营主体的服务支持。例如,通过建立政务服务中心、企业服务中心等服务机构,为经营主体提供"一站式"服务。同时,政府还需要加强对服务过程的监督和管理,确保服务质量和效率。例如,通过推行服务标准化、建立服务质量评价体系等方式,提高服务质量和效率。

第三章 我国营商环境法治化的发展进程与现状考察

优质的营商环境不仅映射出一个国家或地区经济的软实力,而且在某种程度上代表着综合竞争实力的全方位提升。改革开放40余年来,我国一直致力于构建现代市场体系,营商环境也随之不断提质升级。习近平总书记强调:"营商环境只有更好,没有最好。"目前,我国经济已转向高质量发展阶段,并持续创造出更坚实的发展成果,努力营造一个更优质、更便利、更规范的营商环境,不断吸引其他国家和地区的优质投资资源集中,持续提升经济的创新能力和竞争力,推动经济高质量发展迈上新台阶。

第一节 我国营商环境法治化的发展进程

梳理我国优化营商环境的发展历程与阶段特点,能够从宏观视角全面把握当前营商环境的发展现状,也能清晰展现营商环境法治化建设如何在历史进程中为经济高质量发展注入持续动力。

一、第一阶段(1978—2001年):有效改善投资环境,吸引外商投资

自1978年改革开放以来,我国实施了一系列举措促进经济社会转型升级,对内全面推动实施市场经济体制改革,并在深圳、珠海、汕头和厦门设立经济特区,推动经济社会迅速发展。同时,开启了全面改革开放的新局面,颁布关于鼓励外商投资的专门性规定和实施细则,有效改善了国内投资大环境,营造了法治化、便利化、国际化的营商环境,自此开启了我国营商环境法治化建设的历史新时期。

具体而言,在该历史阶段,我国市场经济的转型亟须建设与之相匹配的营商环境,虽然这个阶段对于改善营商环境的举措主要集中于投资环境,但通过对市场经济法治体系的建立、经济经营主体的日趋规范化、宏观调控的顶层设计等方

面的初步实践探索,有效奠定了初期营商环境建设的法治基础。

第一,关于建立社会主义市场经济体制的法治保障。市场经济体制的规范、有序运行离不开健全的市场经济法律体系建设,应适时构建与社会主义市场经济发展相适应的法律保障机制,是我国市场经济改革初期必须解决的基础性问题。1992年,党的十四大明确提出要加强对社会主义市场经济的法治保障,加快在管理宏观经济、规范微观经济、扩大对外开放等方面形成相对完备的法律规范和保障体系。为了满足该阶段建立社会主义市场经济的制度保障需求,适时出台一系列规范性文件是有序发展社会主义市场经济的重要举措,也关系到规范市场经营主体、调整经营主体间合法关系、加强宏观调控以及完善社会保障体制等关键环节,从而为初期营商环境的法治建设奠定基础性保障。通过检索国家法律法规数据库,在1978年至2001年,全国人大及其常务委员会共颁布了300多部法律,[1] 其中80%是关于经济建设或企业发展领域的。根据以上数据统计可得知,在改革开放初期,市场经济体制机制的建设工作离不开法律保障体系的日益完善,通过法治保障逐步铺开了社会主义市场经济建设的宏伟蓝图,并逐渐展现初期营商环境法治建设的雏形。

第二,关于规范经营主体层面的法治保障。一个良好的营商环境有赖于对经营主体的规范化保障。在1978年至1992年期间,国家对经济社会发展的未来方向仍处于摸索阶段,关于经济建设及企业发展的法律法规数量屈指可数,相关立法仍体现了计划经济体制特色,对于企业立法依照所有制经济形式予以设计,主要包括1988年颁布的《中华人民共和国全民所有制工业企业法》、"三资企业法"以及少量行政法规等。值得一提的是,1979年《中外合资经营企业法》和1986年4月《中华人民共和国民法通则》的出台,前者在奠定良好的外资投资环境、拓展外资市场以及培育中外合资企业等方面发挥了积极推动作用,后者明确规定了"法人"的独立地位并对不同类型的法人予以区分,为规范经营主体行为和市场秩序提供了法治基础。在1992年明确提出要建立市场经济体制后,亟须依照市场经济建设标准来设置相关法律法规,关于规范多类型经营主体的法律规定应运而生,不断加快了我国优化营商环境的法治建设步伐。在对经营主体进行规范化

---

[1] 数据来源于北大法宝网。

管理方面,1993年出台《公司法》,1995年出台《商业银行法》《保险法》,1997—1999年先后出台了《合伙企业法》《证券法》《个人独资企业法》《合同法》等规范性文件,旨在规范不同类型和性质的市场经济活动、调整经营主体间的交易行为,为市场经济行为提供最主要和最基本的原则遵循和细则指引。其中,《中华人民共和国合同法》的主要条款与《联合国国际货物销售合同公约》保持相对一致性,逐渐体现了国内法治体系建设与国际法律及商事活动相互衔接及开放、包容的特点。由此,该时期的市场经济活动逐渐确立了所有经营主体一律平等原则、公平公正交易原则、合同自由原则、诚实信用原则等行为遵循准则,以此来规范经营主体的合法经济行为,构建健康高效规范的市场经济秩序,为改革开放以及市场经济发展初步奠定规范、高效、便利的营商环境。随着我国社会主义市场经济秩序的日趋稳定,面对经济社会发展的国内外新形势,我国营商环境的法治建设与时俱进,市场经济法律体系初步建立,对提升我国在国际市场的整体竞争力奠定了坚实基础。

第三,关于加强宏观调控层面的法治保障。加快构建与市场经济体制改革相适应的科学宏观调控体系以及有为政府服务模式是经济社会发展的内在要求,要有效调动经济手段和健全法律保障体系,充分发挥市场在资源配置中的基础性作用,从财税管理体制改革、推进知识产权领域立法、加强对外开放的规范管理等方面着手,护航市场经济主体充分释放生产经营活力,营造兼顾公平与效率的营商投资及经营环境。促进财税管理体制改革是改革开放的迫切需求之一,通过构建分税制合理划分中央与地方的税收管理权,并于1999年和2001年先后颁布了《中华人民共和国个人所得税法》《中华人民共和国税收征收管理法》,初步建立了合理化规范化的国民收入分配制度。通过落实税收法定原则做好市场资源的合理配置工作,加强中央和地方的税收征收管理机制建设。同时,加强对知识产权领域的立法保护,2001年颁布了《中华人民共和国商标法》《中华人民共和国著作权法》《中华人民共和国专利法》等法律法规,旨在全面提升我国知识产权领域的法治建设水平,吸引外商在我国多元化投资,以更好地与国际市场接轨,推动我国营商环境建设走向国际化。尤其是2001年我国加入世界贸易组织等国际经济组织后,积极融入国际市场并参与国际贸易规则的制定和修订,不断提升自身在国际经济体系中的竞争力和影响力。同时,我国还加强了与国际营商环境先进国家和地区的交流与合作,并探索构建合理的税收优惠政策和健全税收管理法律保障体系,推动我国营商环境法治建设工作持续优化,为我国企业走出去提供更有力的制度保障。

二、第二阶段(2002—2012年):对标国际营商环境法治化建设标准

在2002年至2012年期间,我国社会主义市场经济体制已初步确立,与之相配套的法律保障体系也逐步建立并日趋完善。社会主义市场经济的不断发展离不开我国经济建设领域法律保障体系的逐步健全,法治建设水平的提升对经济发展起到至关重要的调节器作用。通过严格规范的宏观调控来弥补市场配置资源的不足与缺陷,实现政府与市场职能分工的合理配置。由规范性文件明确规定市场经济合法合规运行的框架规则,为公有财产和私有财产的分类保护提供制度支撑,并根据市场经济发展需求不断优化和完善产权制度,使得市场经营主体的不同类型产权能够得到平等有效保护和有序顺畅流转。鉴于我国经济领域立法往往具有滞后性、应急性的特点,随着市场经济形势的不断发展,法律的补充与修订成为必然。

回顾该阶段,我国营商环境法治建设逐步完善,并未停滞不前。我国初步探索建立了一套规范经营主体行为和秩序以及宏观调控程序、对外开放等方面的法律制度,这套制度不仅奠定了社会主义市场经济法律体系的基本框架,而且随着不断优化与完善,其规模已初显端倪。这一法律体系对市场秩序的稳固与经济的蓬勃发展起到了至关重要的推动作用,确保了市场的公平、高效运行,同时也为我国的对外开放战略提供了坚实的法律支撑。2002年以来,《中华人民共和国中小企业促进法》《中华人民共和国政府采购法》《中华人民共和国进出口商品检验法》等法律的颁布实施,标志着法治建设进程的有序推进。2012年,党的十八大报告明确提出了全面深化改革的总目标,其中法治建设是重要组成部分。在该阶段,一系列与市场经济密切相关的法律相继出台或修订,如《公司法》《证券法》《反垄断法》《企业破产法》等,进一步强化了市场合规有序的运行规则,保障了经营主体之间的公平竞争。这些法律的实施,不仅为经营主体提供了更加清晰透明公正的法律环境,也为政府监管提供了更加坚实的法律基础。

在扩大对外开放的力度和广度方面。2001年,中国正式加入世界贸易组织(WTO),标志着我国对外开放迈出了新的步伐并进入发展新阶段。在加入世贸组织的前十年期间,我国主要角色为世贸组织规则的适应者,即在国际贸易活动中要满足多边贸易规则的要求,通过建立健全国内法律规范体系来与世贸组织的贸易规则相接轨;2001年,随着我国经济快速发展,由贸易规则的适应者转为参与者,即开始积极融入并提升国际贸易规则的参与制定能力。[1] 2003年,世界银行开始以年为单位,向世界公开发布《营商环境报告》,我国各级政府更加重视营商环境的改善工作,将优化营商环境作为重点抓手布局经济发展工作,并颁布一系列举措旨在提升营商环境建设水平。从历史发展和地理布局维度来看,我国的对外开放最早始于具有沿海地理优势的东南地区,随后对外开放布局的广度向内不断延伸,由东南地区逐渐向中部和西部地区扩展,国外招商引资活动逐渐向中西部靠拢,由此全方位开放的新格局逐步形成。2006年,我国发布了《利用外资"十一五"规划》,这是我国首次公开调整外商引资政策,即由单纯吸引外资的政策指引转变为更重视产业结构优化、市场资源有效利用、自主创新能力提升等新的规划。该规划的出台标志着我国对外开放政策的战略性调整,实现了从注重"量"到重视"质"的转变。2004年以来,我国修订《对外贸易法》,并先后出台了《外商投资产业目录》《企业所得税法》等法规,有效实现了投资与经营规则的国际性接轨和确保规则的统一性。2008年,世界银行联合中国社会科学院对我国30个城市进行了深入调研,在此基础上共同发布了《2008年中国营商环境报告》,报告显示我国营商环境优化改革排在全球前十名。这份报告首次详细介绍了我国营商环境建设的相关情况,根据不同类型的营商指标对各省(市)的营商环境进行了评估和排名。

回首该阶段,国内营商环境得到了显著改善。我国以加入WTO为契机,进一步完善社会主义市场经济体制,并通过颁布一系列举措为深化改革和扩大开放服务,同时积极对标国际营商环境法治化建设标准,有效推动了全面开放新格局的发展进程。一是加强顶层设计,明确要加强营商环境法治保障体系建设。优化营商环境法治保障体系是有效规范经营主体的投资经营行为和吸引外商投资的重

---

[1] 苏庆义:《中国对外贸易20年成长路》,《中国外汇》2021年第23期。

要"软环境"支撑,据此我国持续推出优化营商环境的系列举措,加强知识产权领域保护,目的就是致力于有效构建法治化、国际化、便利化的营商环境。优化营商环境的核心要素是保障经营主体的平等性、市场环境的开放性、市场规则的透明性,这不仅能确保国内外投资主体享有同等待遇,更让各类经营主体均能享受高效便利的行政服务,从而激发经营主体的创新活力,推动我国市场经济持续健康发展。二是坚持"引进来"和"走出去"并重,全面提升营商环境多维度建设水平。随着营商环境的不断优化,我国吸引了大量外资企业投资,促进了国内产业的升级和技术进步。特别是在高新技术产业领域,外资企业的参与推动了本土企业的创新能力和国际竞争力的提升。同时,我国企业也开始"走出去",在国际市场上寻求更广阔的发展空间。2010年,我国发布了《关于进一步做好利用外资工作的若干意见》,进一步明确了利用外资的政策导向,鼓励外资参与国内经济结构调整和战略性新兴产业的发展。此外,我国还积极融入全球经济治理体系改革和全球经济秩序革新工作,通过与各国共享发展机遇和成果实现经济发展互利共赢,不断推动开放型世界经济的构建进程,为全球经济可持续发展贡献中国力量。三是各地积极回应中央政策,在推进优化营商环境工作中既关注"硬环境"也关注"软环境"。按照世贸组织的要求,营商环境的优化要素呈现体系性特点,包括硬件基础设施建设的"硬环境"和有关体制机制方面的"软环境",前者包括电力、市政建设、交通等基础设施和服务设施的改善,后者是指有关市场发展的政策、法律保障体系、企业文化等意识形态领域的要素和条件。[1] 据此,全国各省市持续推出了更加具体和各具特色的"组合拳"式政策支撑,例如出台税收优惠政策吸引外商企业入驻投资、建立具有地方特色的产业园区以及建设对标世界一流指标的港口城市。

三、第三阶段(2013—2017年):多元化要素保障助力营商环境提质升级

随着新时代的到来,中国特色社会主义市场经济体制不断得到完善,我国坚

---

[1] 刘军、刘凌波:《营商环境优化如何影响进口贸易方式:软环境优化抑或硬环境改善》,《产业经济研究》2022年第2期。

持系统化改革原则,进一步推进改善营商环境法治建设的工作部署。2014 年,党的十八届四中全会确立了"建设社会主义法治国家"的战略目标;2017 年,党的十九大将"坚持全面依法治国"提升为新时代坚持和发展中国特色社会主义的基本方略,并明确了从党的十九大到 21 世纪中叶分两步走的法治建设目标。同时,党的十九大在党的十八届四中全会提出的"法律是治国之重器,良法是善治之前提"的基础上,进一步强调了"以良法促进发展、保障善治"的要求。

2017 年,全国工商联公布了关于全国 500 强民营企业的调研统计报告,大多数企业表示当前的营商环境建设水平得到显著提升。其中,认为社会、法治、市场和公共政策等环境要素有所改善的民营企业分别有 441 家、447 家、431 家和 444家,均占真实填写民营企业总数比重的 90% 以上。调研报告显示,2016 年 500 强民营企业的法治建设情况良好,大多数企业已有序推进企业内部的法治建设工作,主要体现在建立现代企业制度、形成企业法治文化、构建法律风险防控以及预警防范机制、构建和谐劳动关系等方面,分别占 500 强企业的 93.80%、92%、90.40% 和 87.40%。由此可见,民营企业学法用法尊法守法的意识不断增强,法治建设已逐渐成为推动企业长久发展的重要引擎。

第一,在发挥政府职能方面。各级政府为优化营商环境所实施的多项措施,确实在商事制度改革和"放管服"改革方面取得了显著成效。在商事制度改革领域,自 2015 年起,工商及市场监管部门联合实施了"三证合一"和"一照一码"改革。这一改革将原本需要分别办理的企业工商营业执照、组织机构代码证和税务登记证三证合为一证,同时实现"一照一码",即营业执照上加载统一的社会信用代码,从而大大简化了企业注册流程,降低了企业的开办成本。在"三证合一"的基础上,政府又推出了"五证合一"等登记管理体系改革,进一步整合了企业登记、备案、纳税、社会保险等事项,实现了"一窗受理、一网通办、一照一码"。这些改革措施显著提高了企业注册登记的效率,缩短了企业进入市场的时间。在"放管服"改革领域,政府通过简政放权,减少了对企业的行政干预,赋予企业更多的自主权。这包括下放审批权限、减少审批环节、优化审批流程等措施,使企业能够更快捷地获得所需的行政许可和审批。同时,政府制定了全国统一市场准入负面清单制度,明确了禁止和限制企业进入的行业和领域。这一制度提高了市场准入的透明度和可预期性,降低了企业进入市场的门槛和风险。政府也加强了对市的监管。通过建立和完善事中事后监管体系,加强对企业行为的监督和管理,确保市场秩序的稳定和公平。政府还通过优化政务服务改革,提高了政府服务的质量和效率。这包括推进"互联网+政务服务"建设、加强政务服务中心建设、提高政务服务标准化水平等措施,使企业能够更方便地获得政府服务。此外,政府还进一步加强了对非公经济特别是中小企业的市场保护和资金支持。这包括制定和完善相关法律法规和政策措施、加强知识产权保护、提供财政补贴和税收优惠等措施,为中小企业的发展提供了有力的支持。我国各级政府通过实施商事制度改革和"放管服"改革等措施,有效改善了营商环境,降低了企业进入市场的成本和时间成本,提高了政府服务的质量和效率。这些举措为企业的发展创造了有利条件,为打造市场化、法治化、国际化的营商环境高标准原则奠定了坚实基础。

第二,在市场环境建设方面。该阶段国内外投资环境已得到了质的提升,自2013年起,我国已跃升为全球前三大外资来源国及东道国之一。2014年,《外商投资项目核准和备案管理办法》发布实施,明确规定我国对外商投资的项目管理由全面核准制向普遍备案制和有限核准制优化转变。2017年,我国进一步放宽了外商投资准入限制条件,发布了《外商投资产业指导目录(2017年修订)》,大幅减少了限制类和禁止类条目,为外商在我国的投资和经营创造了更加公平和透明的环境;同年,我国还发布了《关于扩大对外开放积极利用外资若干措施的通知》,提出了一系列具体措施,旨在进一步优化外商投资环境,提高利用外资的质量和水平。此外,我国自贸区的成立也为高水平对外开放格局的形成提供了新的机遇。自2013年起,我国第一个国家级自贸区——上海自贸区的设立,加快了我国与世界高标准多边贸易规则的接轨步伐。截至2017年底,我国自贸区的成立总数已达11个。建立自由贸易试验区是为了更好地推进对外开放工作,与国际一流营商环境建设工作相接轨,通过设立多个自贸先行试验区,不断推出创新成果并推广至全国营商环境建设工作中,从创新成果中汲取经验以实现全国营商环境建设水平的稳步提升。我国还注重加强与国际经贸规则的对接,积极参与国际经济合作和竞争。通过签署自由贸易协定、参与区域全面经济伙伴关系协定(RCEP)等多边贸易机制,我国正逐步构建开放型世界经济。这些举措不仅有助于我国企业"走出去",也为外商投资企业提供了更广阔的市场空间和更多的合作机会。在构建高水平对外开放格局方面,新时代的中国对外开放步伐不断加快。2013年提出的共建"一带一路"倡议,为我国与共建国家的经贸合作开启了新篇章。该倡议不仅推动了不同国家和地区之间的基础设施建设和互联互通,还为我国企业"走出去"带来了新的机遇。随着我国对外开放的不断深化,一系列创新政策的出台为外商投资企业提供了更加公平、透明的市场环境。例如,依法依规保护外商企业知识产权的力度进一步加大,通过健全执法维权、仲裁调解、对外合作等机制,为保护外商投资企业的创新成果提供合法维权渠道,进一步激发外商投资企业在我国生产经营的创新活力。同时,我国还积极推进"互联网+政务服务",通过数字化手段简化行政程序,提高了政府服务的效率和质量。这些措施不仅提升了外商投资的便利性,也增强了国际投资者的信心。坚持对外开放举措与政务服务改革相融合,共同为打造国际化的一流国内市场环境提供强大动力支撑。

第三,在营商环境的法治建设方面。2013年,党的十八届三中全会明确提出要加快构建法治化营商环境的要求;2015年,党的十八届五中全会提出要努力打造法治化、国际化和便利化的营商环境;2016年,中央经济工作会议提出,应当加快法治化营商环境的建设步伐,在吸引外商投资的工作力度和广度方面下大气力,进一步强调了打造法治化营商环境的重要意义。其间,国务院先后颁发了《关于多措并举着力缓解企业融资成本高问题的指导意见》《关于印发注册资本登记制度改革方案的通知》等一系列文件,深入贯彻党的十八届三中全会提出的有关营商环境法治化建设的要求。具体而言,这些文件的出台为简化市场准入退出机制、优化政务审批程序、落实"多证合一"政策等方面提供规范化指引。与此同时,全国各省市也陆续出台具有地方特色的地方规范性文件和一系列法治保障举措,并持续在法治的轨道上稳步推动地方营商环境的优化改革进程。为了进一步推动法治化营商环境建设,我国采取了一系列具体措施。例如,通过修订《公司法》和《企业破产法》,既强化了企业法人治理结构,也保障了企业的自主经营权。同时,政府还加强了知识产权保护,提高了经营主体不当侵权的成本,为创新型企业提供了更加安全的发展环境。此外,2016年,国务院出台了《关于加快推进"互联网+政务服务"工作的指导意见》文件,旨在通过深化"互联网+政务服务"统筹建设工作,实现我国营商环境政务服务的规范化、便利化、信息化运行,即利用大数据处理、云计算等新兴数字技术,在提高政务服务办事效率的同时缩短了企业办理业务的时间成本和经济成本。在法治化营商环境的构建过程中,为了打造公平竞争的投资经营氛围,通过清理、废止妨碍市场经营和公平竞争的各种文件和做法,确保了各类经营主体在市场中的平等地位,同时加大对反垄断和反不正当竞争的执法力度,实现了维护市场秩序和保护消费者权益的双重效益。这些措施的实施,不仅提升了国内企业的竞争力,也为外商投资企业提供了更加公平、透明的市场环境。在推动经济高质量发展的过程中,创新成为引领发展的第一动力。我国政府高度重视科技创新,将其作为国家发展的核心战略。2016年,国家"十三五"规划明确提出了"创新驱动发展战略",旨在通过科技创新推动经济结构优化升级,加快新旧动能转换。同年,国务院印发了《国家创新驱动发展战略纲要》,为我国科技创新指明了方向,确立了建成世界科技创新强国的"三步走"战略目标。为了实现这些宏伟目标,我国不断加大科研投入,优化科研环境,激发创新活力。近年来,我国的研发投入强度持续加大,科研人员数量和质量显著提升,一批具有国际竞争力的创新型企业和科研机构不断涌现。同时,我国积极构建开放型经济新体制,加强国际科技合作与交流,吸引全球高端创新资源汇聚中国,共同推动科技进步和人类社会发展。

四、第四阶段(2018年至今):高水平营商环境建设护航经济高质量发展

党的十八大以来,在推进全面深化改革的进程中,优化营商环境在经济建设中起到举足轻重的作用,各种政策性文件多次强调了优化营商环境的重要性。习近平总书记明确提出,"加快营造市场化、法治化、国际化的营商环境,推动建设更高水平开放型经济新体制""法治化环境最能聚人聚财、最有利于发展"。2018年政府工作报告更是强调了"优化营商环境就是解放生产力、提升竞争力"。自此,每年政府工作报告中都提出多元化政策支持,为打造法治化、国际化、便利化的营商环境谋篇布局,并在全国范围内坚持持续稳定有序地推进优化营商环境工作。为了更好地规范投资、生产、经营等各个环节的市场行为,迫切需要将法治化思维贯穿在一流营商环境的多维度建设工作中,由此通过更高水平的营商环境有效激发市场经济主体的活力,推动我国市场经济的健康长久发展,提升我国经济的整体竞争力。

为了实现营商环境法治化建设这一治理目标,2019年,国务院专门出台了《优化营商环境条例》,通过政府立法的形式为经营主体的各类经商活动提供制度保障。该条例对我国营商环境的法治化建设工作具有里程碑意义,从放宽市场准入、公正监管、简政便民、提振经营主体信心、完善制度规范等方面着手,将优化营商环境工作推向崭新阶段,即进一步以更全面的政策保障将优化营商环境有效纳入法治化轨道,并充分彰显了对不同类型市场经营主体予以平等对待的政策导向。2020年,十三届全国人大三次会议通过了《中华人民共和国民法典》。该法典的出台具有里程碑式意义,对促进营商环境法治化建设发挥了对经营主体和市场行为的权利保障作用。从党的十九大召开到现在,我国打造一流营商环境的优化工作已逐步进入全面推进的新阶段。

第一,在改善政务服务方面。2018年初,我国正式组建了推进政府职能转变与"放管服"协调小组,并专门建立了优化营商环境小组,着力从放权、监管和服务三方面提升营商环境综合竞争力。同年,党的十九届三中全会通过了《中共中央关于深化党和国家机构改革的决定》,由此掀起了国家治理体系和治理能力的改革浪潮,并在政府工作报告中提出要加大力度开展"放管服"改革工作,通过推动政府职能的有效转变,做好营商环境的优化升级工作。目前我国在建设数字政府和高效能的服务型政府方面取得了实质性进展。一方面,党的十八大以来我国数字政府建设成果显著。2022年,国务院印发了《关于加强数字政府建设的指导意见》,提出要充分释放新兴技术的时代红利,与时俱进适应经济社会数字化发展需求,对全面开创数字政府建设新局面进行了全面部署。据统计,截至2023年8月,我国已有19个省级行政单位成立了数字政府建设领导小组,26个省份发布38项数字政府建设指导文件。2024年3月发布的第53次《中国互联网络发展状况统计报告》数据显示,我国现有政府网站13925个,其中,中国政府网1个,国务院部门及其内设、垂直管理机构共有政府网站542个,省级及以下行政单位共有政府网站13383个,国家电子政务外网已实现县级以上行政区域100%覆盖,乡镇覆盖率达到96.1%。根据联合国的调查显示,2022年,中国电子政务发展指数排名从2012年的第78位上升至第43位,进入全球前列,这是自报告发布以来的最高水平,充分反映了我国电子政务的发展成效显著,为优化营商环境提供了更加优质的"硬环境"。另一方面,我国持续提升高效服务型政府的建设水平,为优化营商环境提供高效便利的政务服务。近年来,国务院先后出台多项措施,旨在减轻经营主体的经营压力,例如取消以及调整了与经营活动和生产生活活动密切相关的33个罚款事项,涵盖了建筑业、金融业、教育等九个领域,全面推行涉企经营许可事项和证明事项的告知承诺制,减轻经营主体的事项办理负担,高效便民的政务服务事项进一步深化改革,规范33种类型81项公证事项、删减116项证明材料,开通"跨省通办"公证事项,为创业群众提供便利通道,使得政务服务更精准化、更优质化、更便民化。

第二,在改善市场环境方面。党的十九大报告首次提出"建设现代化经济体系"的战略目标,进一步明确要彻底消除严重限制统一市场和有序竞争的一切规定。党的二十大报告明确提出,要完善产权保护、市场准入、公平竞争、社会信用等市场经济基础制度,优化营商环境。近年来,我国在放宽市场准入门槛、破除隐性壁垒和加强社会信用体系建设等方面取得较大的成绩。一是持续降低市场准入门槛,保障市场要素和资源的流动性和畅通性。全面规范市场准入门槛,实行负面清单制度,连续五年缩减准入负面清单,包括在全国范围内和自贸试验区外资主体;成立专班工作小组,为解决重大外资项目难题提供专业服务,及时协调解决外资经营主体和相关重大项目的疑难问题。二是通过降低融资成本释放经营主体投资和经营活力,吸引更多的企业开展创业和投资经营活动。例如,2024年四川省发布了《关于以控制成本为核心优化营商环境的意见》,明确提出要通过加大力度降低制度性交易成本、降低企业生产经营成本等举措,坚持以控制成本为核心,有效缓解经营主体在准入、运营、退出等方面的痛点难点,全面提升投资吸引力和经营主体的满意度,助力营商环境持续优化建设。三是破除隐性壁垒,减少阻碍企业发展的不利因素,以公平竞争的市场秩序护航企业高质量发展。例如,2023年北京市印发《清理隐性壁垒优化消费营商环境实施方案》,实现企业线下办事"只进一扇门""最多跑一次",统一执行消防验收标准,有效纠正妨碍企业正常经营活动的不当行为,在优化市场准入规则、严格公正执法、加强跨部门监管、规范招投标和政府采购行为等方面精准发力。四是构建高质量的社会信用体系和环境,重视营商环境的评价体系建设。党的二十大报告确立了社会信用体系在市场经济中的核心地位。随后,在党的二十届三中全会上提出,需完善社会信用体系及其监管机制。随着法治化建设和标准化建设的进程不断加快,我国社会信用体系也更注重规范化建设。尤其是《社会信用建设法》的立法工作备受重视,并已有序推进向公众征求意见工作,目前多个政策性文件和多部法律法规已明确规定了关于信用建设的有关内容,部分省市根据发展需求已出台了社会信用体系建设的规范性文件。此外,2018年,我国营商环境评价体系融合了世界银行的指标体系,采取企业全生命周期、城市投资吸引力以及城市高质量发展水平这三个维度的评价标准,并以此为评价标准对我国营商环境开展综合性评价活动,目前全国优化营商环境工作已经迈入了一个新的阶段,即通过评价促进改革、通过评价推动营商环境的优化升级。

第三,在营商环境的法治建设方面。目前,我国营商环境的一系列配套法规体系已初见雏形。一方面,在2019年颁布的《优化营商环境条例》的引领和指导下,各地区根据自身特点,出台了具有地方特色的法规规章、管理办法和部门条例,形成了一个多层次、全方位的营商环境法治保障体系,促使职能部门和司法机关形成协同前进的治理模式。另一方面,关于反垄断领域的立法、执法和司法工作取得了实质性进展。2024年,国务院、市场监管总局陆续发布了多部与反垄断法相配套的规章制度和实践指南,为反垄断法的进一步有效实施提供操作指引。2024年7月,最高人民法院出台了《关于审理垄断民事纠纷案件适用法律若干问题的解释》,为解决反垄断执法司法衔接难、举证难、协议认定难等问题作了明确规定,特别是在数字经济领域的反垄断规定得到了进一步细化。同时,在危困企业救助和"僵尸企业"清理方面成效显著,2024年上半年,全国法院充分发挥破产拯救、出清功能,审结的破产案件8803件、同比增长4.8%,及时通过破产重整程序拯救仍有市场潜力的高负债企业,对"僵尸企业"及时清理,市场投资经营主体的破产退出和挽救机制得到进一步完善,更好地实现了市场要素资源的高效配置,为我国更好地优化营商环境作出了贡献。

第二节　新时代我国营商环境法治化的主要举措

2013年,"建立法治化营商环境"首次被提出。2019年,国务院出台《优化营商环境条例》,通过专门性行政法规为我国营商环境建设提供了规范性指引。优化营商环境的实质就是推进营商环境治理现代化,因而"制度——能力"治理框架对于优化营商环境具有可适性,[1]而营商环境法治建设也是优化营商环境中重要的制度安排之一。法治化建设水平作为评价营商环境优化程度的重要指标之一,优化法治营商环境的基础在于法治政府建设,后者对前者具有决定性的影响,[2]因此需要有效发挥高水平法治政府的引领和带动作用。此外,良好的法治环境还在于适用法律法规对企业合法权益进行保护,其中较为重要的就是对产权的保护以及对解决商事纠纷的制度化构建。

一、全面深化知识产权改革,以知识产权保护体系建设护航优化营商环境

习近平总书记多次强调知识产权保护对于优化营商环境的重要性,清晰地指出了在知识产权领域推进营商环境改革的历史使命和战略目标。这为不断深化知识产权领域的职能转变,促进知识产权治理体系、治理能力现代化,以及更好地利用知识产权激发内部创新活力和推动对外开放,提供了根本性的指导原则和实践指南。党的二十大报告指出"加强知识产权法治保障,形成支持全面创新的基础制度",着力筑牢知识产权法治根基,有效服务创新驱动发展战略,"完善产权保护、市场准入、公平竞争、社会信用等市场经济基础制度,优化营商环境"。优质的营商环境内涵丰富,包括市场经营主体在市场准入、经营以及退出等市场活动中所涵盖的法治环境、政务环境、市场环境、人文环境等要素的集合体。[3]其中产权保护作为营商环境中的重要要素之一,是完善社会主义市场经济和促进营商环境提质升级的急迫需求。要加快推动知识产权保护领域改革的进程,将强化知识产权保护作为优化营商环境的重要举措。平等保护各类市场经营主体的知识产权,严惩侵犯企业产权的不正当竞争行为,为优化营商环境提供高质量的法治环境。

---

[1] 程波辉:《制度——能力:优化营商环境的治理框架及其检验》,《行政论坛》2020年第2期。

[2] 成协中:《优化营商环境的法治保障:现状、问题与展望》,《经贸法律评论》2020年第3期。

[3] 高泓:《营造法治化营商环境:内涵与路径》,《人民论坛·学术前沿》2023年第23期。

习近平总书记曾多次论述产权保护对塑造营商环境、优化创新环境、构建现代化市场经济体制的重要作用,从多个维度提出了完善产权保护、产权保护体系建设等层次丰富的保障性举措。习近平主席在2017年中央财经领导小组第十六次会议上指出:产权保护特别是知识产权保护是塑造良好营商环境的重要方面。从优化营商环境的视角出发,鲜明阐释了产权保护对经济发展的关键作用,并强调了其在优化营商环境中的核心地位。习近平主席在2018年博鳌亚洲论坛年会开幕式主旨演讲中强调,加强知识产权保护是"完善产权保护制度最重要的内容,也是提高中国经济竞争力最大的激励"。"两个最"的重要评价为新时代知识产权保护工作赋予时代内涵,并明确了其新的功能定位。习近平主席在2019年第二届"一带一路"国际合作高峰论坛开幕式上指出,中国将"着力营造尊重知识价值的营商环境,全面完善知识产权保护法律体系"。这一重要论述再次向国际社会深刻阐释了我国依法严格保护知识产权的坚定决心,为我国在新时代开展知识产权保护工作提供了明确的指导。2023年4月,在向中国与世界知识产权组织合作五十周年纪念暨宣传周主场活动所致的贺信中,习近平主席指出,中国始终高度重视知识产权保护,深入实施知识产权强国建设,加强知识产权法治保障,完善知识产权管理体制,不断强化知识产权全链条保护,持续优化创新环境和营商环境。

  以完善的产权保护制度助力我国营商环境持续优化。近年来,中共中央、国务院陆续颁布了《知识产权强国建设纲要(2021—2035年)》《"十四五"国家知识产权保护和运用规划》以及《关于强化知识产权保护的意见》等一系列重要政策文件,持续优化顶层设计,全面强化知识产权保护,营造了良好的营商环境,促进了国内国际贸易的高质量发展。一是加强知识产权的源头保护,在专利商标审查事项上提升效能。国家知识产权局持续利用新技术和新方法提升审查工作的效率,并深入推进知识产权审查便利化改革,通过优化审查流程进而创新审查手段。目前,专利商标审查工作呈现时限缩短、周期稳定的特点,发明专利、商标注册的平均审查周期分别为16个月、4个月,其中发明专利审查的周期调整首次实现了结案量超过进审量的情形,切实提升了产权源头保护的质效。二是完善知识产权全链条保护体系建设,打造特色知识产权保护高地。近年来,我国不断推出知识产权保护的专项行动计划。从立法、执法、司法等环节不断构建知识产权保护的立体化框架,例如最高检和最高法联合海关总署、国家知识产权局等部门定期发布指导性案例和标准指南,为处理疑难案件和规范执法提供遵循。截至目前,我国已建立112家知识产权保护中心和快速维权中心,为企业提供包括快速授权、快速确权和快速维权在内的全方位"一站式"服务。2022年,经国务院批准,国家知识产权保护特色示范区建设工作正式启动,截至目前,国家知识产权局已经高效推进了25个国家知识产权保护示范区的建设工作,第二批15个城市的示范区建设工作正稳步推进中。这是知识产权领域具有中国特色的创新实践,旨在打造具有地域特色的知识产权保护高地,并通过以点带面、以市促省、省辐射全国的策略,推动全国知识产权保护水平的持续提升。三是全面加大知识产权保护力度,营造优质的营商环境。法治保障作为营造良好营商环境的重要基石,健全的法律保障体系能够护航社会主义市场经济健康发展,而知识产权保护作为法治保障体系的重要组成部分,加大知识产权保护力度将更好地打造法治化营商环境。2022年中共中央、国务院颁布了《关于加快建设全国统一大市场的意见》,多次提及知识产权,主要涉及关于知识产权领域的诉讼、管辖等多个方面相关保护措施。在知识经济时代背景下,知识产权已经成为市场建设中不可或缺的独立要素,它在激发创新、优化资源配置、确保市场竞争公平性等方面发挥着至关重要的作用。通过知识产权制度建设有效保护创新成果,激发企业和经营者的创新活力,为市场环境注入新的活力和强劲动力。同时,借助知识产权的信息公开机制,市场经营主体能够更明确地把握技术创新的动向和潜在价值,为企业的未来创新与生产经营提供决策指引。在企业长久发展过程中,知识产权制度在预防侵权和垄断等不正当竞争行为方面起到至关重要的作用,有效塑造了公平竞争、良性发展的市场环境。

二、多措并举优化政务服务水平,提升法治政府数字化建设能力

数字技术的迅猛进步正推动我国政府行政模式的转型,我国法治政府建设迈入了数字化建设时代。《法治政府建设实施纲要(2021—2025年)》首次明确提出了"全面建设数字法治政府"的目标。2022年国务院发布的《关于加强数字政府建设的指导意见》进一步强调:"全面建设数字法治政府,依法依规推进技术应用、流程优化和制度创新。"这标志着新兴数字技术与法治建设深度融合,推动了

政府治理模式的系统性变革，逐步形成数字化与法治化相结合的新型治理形态，为推动中国式现代化提供了坚实的治理基础与制度保障。[1]

第一，"放管服"政务改革取得了实质性进展。通过"简政放权""放管结合"和"优化服务"的综合措施，经营主体活力得到有效释放，其投资及经营压力得到了适度缓解。具体而言，"证照分离"改革的全面推行为开办企业提供标准化、规范化和便利化流程指引，事后监管机制逐步建立并日趋成熟，落实市场环境的"双随机、一公开"监管制度，将新兴技术引入监管路径以构建"互联网+监管"的全链条式监管机制，实现对市场行为的全流程监管，通过数字技术赋能政务应用，有效助推政府服务和营商环境治理的效率提升。根据《2024联合国电子政务调查报告》显示，我国电子政务发展指数（EGDI）从2022年的0.8119分增长至2024年的0.8718分，全球排名从第43位跃升至第35位，充分反映了数字政府在助推营商环境提质升级、释放市场活力、提供便利政务服务等方面大有作为。第二，"减税降费"政策成效显著，办税缴费流程简化，税费征管日益精细化、智能化、数字化。据财政部统计，2024年1—10月新增减税降费及退税缓费总额约为1.5万亿元。第三，涉企行政复议工作有序推进。行政复议是政府系统自我纠错的监督制度，也是维护企业合法权益的重要渠道。[2] 2024年，全国各级行政复议机构致力于强化涉及企业的行政复议案件处理，截至9月份，共接收了5.1万件涉企行政复议案件。其中1.05万件案件得到了实质性解决，主要通过"案前调解"、和解等手段，并纠正了0.3万件侵犯企业合法权益的违法或不当行政行为。这些举措体现了对各类经营主体合法权益的平等保护，有助于优化法治化的营商环境。第四，全面提升法治政府的依法行政水平。自党的十八大以来，简政放权、放管结合、优化政务服务的改革不断深化，相关改革举措为经营主体提供了优质的营商"硬环境"，有效激发了经营主体的创业动力和创新活力。服务型政府和法治政府的建设水平将直接反映营商环境的建设成效，通过制定权力清单和责任清单、优化监

---

[1] 程雁雷、马锦涛：《中国式现代化进程中的数字法治政府建设》，《江淮论坛》2024年第5期。

[2] 朱宁宁：《努力将行政复议打造成化解行政争议主渠道》，《法治日报》2022年10月28日第4版。

管方式方法、推行便民政务服务等举措提升政府的便民化和法治化水平,有效规范经营主体的经营行为,助推高水平营商环境建设。第五,行政执法范围广泛且数量庞大,监管执法的公平性和公正性对于优化营商环境至关重要。目前,综合行政执法改革工作正在稳健推进,行政执法公示制度、全过程记录制度、重大执法决定法制审核制度已在全国范围内全面推行,对行政行为的监管方式不断创新优化。这些措施确保了行政执法权的规范化运行,使每个经营主体都能在每一个行政执法行为和执法决定中感受到公平正义。第六,全力提升涉企公共法律服务质效。一方面,不断提升市场经营主体的法治意识,增强市场经营主体的依法合规管理能力。特别要加强对各类经营主体领导层和管理人员的法治培训,以及增强企业法治文化氛围的建设,从而提升经营主体依法投资经营和生产管理的自觉性。鼓励企业主动构建合规体系,预防法律风险,提高企业管理的规范化和法治化水平。另一方面,要完善律企之间的双向交流机制,充分发挥律师的专业知识优势,积极引导律所以及律师融入商会和协会等组织。通过增加市场经营主体参加"法治体检"的次数,我们可以帮助市场经营主体更有效地保护产权,提供行政和司法政策的解读服务,解决生产经营中的法律问题,帮助企业识别法律隐患、预防法律风险,通过多元化的商事公共法律服务,保障企业的健康成长。推动律所与企业之间的良性互动,提升法律顾问的签约率。此外,还要加强法律服务平台的建设,全力优化资源配置。整合全区法律服务资源,实现公共法律服务站点的全面覆盖,探索建立法律服务承接力量的共建共享机制,进一步优化法律服务资源配置,致力于打造企业的"一站式""一体化"公共法律服务平台。

三、深化市场监管制度改革,多途径发挥市场监管创新优势

2024年,国家市场监管总局印发《市场监管部门优化营商环境重点举措(2024年版)》(以下简称《重点举措》),主要围绕建设营商环境的三个不同维度,即市场维度、法治维度和国际视野,提出完善制度规则、规范市场秩序、推进执法文明、优化政务服务等十项优化营商环境工作举措。该重点举措所涵盖的内容翔实且覆盖面广,为市场监管部门更好地开展工作提供了操作性指引。在优化营商环境方面的主攻方向和重点任务,既有总体层面的制度设计,也有针对重点行业的"小切口",具体在制度建设、秩序维护、保障要求等多方面为营造良好的营商

环境保驾护航。

优化营商环境是当前我国增强经济增长动力的重要方式,完善市场监管机制是优化营商环境的重要保障。具体而言,第一,在市场监管领域中的经营主体准入退出环境方面。在登记管理方面,明确规定:"制定出台《个体工商户促进发展和规范登记管理规定》,解决'个转企'直接登记、集群注册、强制注销、处罚不当等难点问题。"这有助于进一步优化经营主体的准入和退出机制,消除存在的日常生产经营活动中的"堵点"和"痛点"。从提升登记注册规范化便利化水平、推广电子营业执照应用、完善市场退出制度等多种路径着手,有效建立健全规范化、便捷化的市场准入退出规则,并通过认真贯彻《质量强国建设纲要》《国家标准化发展纲要》,在技术支撑层面系统化打造高质量营商环境,为企业发展和城镇建设提供规范支撑加强各级市场监管部门的组织领导为经营主体提供服务保障,畅通市场经营主体的诉求反映渠道,健全经营主体诉求研讨解决机制,推动落实"高效办成一件事"政策,深入探索创新服务型政府的服务模式,以优质的政务服务流程和优良的作风建设为市场经营主体高质量发展保驾护航。第二,建立健全现代化市场监管制度体系,保障有序推进营商环境法治化建设。通过制定关于健全公平竞争机制、完善市场秩序、建立拖欠账款长效机制等市场监管制度规则,提升营商环境的法治化建设水平。在维护市场公平竞争方面,提出要"推动修订《经营者反垄断合规指南》,推动出台《网络反不正当竞争暂行规定》,研究制定《关于药品领域的反垄断指南》",对于规制不正当的垄断行为、维护公平竞争的市场环境、清除妨碍市场秩序将发挥积极作用,确保各类市场经营主体在公平、公正、公开的市场环境中进行生产经营活动,从而推动市场经济的健康发展。在市场秩序方面,提出"推动出台《涉企违法违规收费行为处理办法》《网络交易平台收费行为合规指南》",有效规范有关部门的收费行为,减轻市场经营主体的生产经营负担,同时深入推进信用风险分类管理和"双随机、一公开"监管,通过规范市场经营行为和及时打击违法犯罪行为,确保市场交易行为的安全性、有序性和可预测性。在行政执法方面,推进强化民生重点领域严格执法、完善行政执法裁量权基准、坚持公正文明执法等具体措施的落地实施。在健全拖欠账款长效机制方面,《重点举措》指出"做好大型企业逾期尚未支付中小企业款项信息公示工作",通过提高市场监管政策的透明度,对企业拖欠账款的行为起到警示作用,进而推动社会信用体系的进一步完善。第三,提升规则、规制、管理、标准等制度型开放水平,以高水平的对外开放打造国际化营商环境。对此,一方面,要通过优化对外商投资经营主体的登记管理,规范外商投资企业登记流程,适时调整域外投资者公证认证程序和认证材料,继续推进反垄断国际交流合作,并支持外商投资企业依法平等参与标准制定工作;通过完善认证认可国际合作格局和支持地方主动谋划认证认可领域对外合作优先事项等方式,进一步推动对外开放。另一方面,在强化标准引领事项上,要支持在有条件的自贸试验区和自贸试验港探索推出一批有含金量的措施,积极与国际高标准经贸规则接轨。《重点举措》提出"加快推进标准提升行动,制修订一批重要国家标准。加快推进国家技术标准创新基地建设,大力培育标准创新型企业",当前的国际竞争正逐步从产品层面转向规则和标准层面的竞争,加速推动形成一系列国际化的行业标准,对于构建创新型国家具有至关重要的意义。此外,在鼓励标准制定方面,提出要"坚决纠正利用隐性壁垒实施地方保护行为,对利用信用评价、地方标准构筑新的隐性壁垒行为,加大规范清理力度",破除地方隐性壁垒对于构建全国统一大市场至关重要,我们需通过制度创新来消除地区间产品交易和要素流动的制度性障碍,以便充分释放我国超大规模市场的潜力。

四、持续发挥司法保障职能,打造公平规范透明的高质量营商环境

司法作为保障社会公平正义的最后一道防线,打造高质量的营商环境也同样离不开司法的基础性兜底保障作用,具有为经营主体提供可预期指引、确保市场公平竞争、维护市场秩序等价值意蕴。党的二十届三中全会通过了《中共中央关于进一步全面深化改革、推进中国式现代化的决定》,为构建更高水平的市场经济体制作出了重点领域部署。2024年最高人民检察院出台了《关于全面深化检察改革、进一步加强新时代检察工作的意见》,强调要加快建设公正高效权威的社会主义司法制度,为促进市场化、法治化、国际化一流营商环境建设工作提供保障。2025年1月,最高人民法院发布了《关于以高质量审判服务保障科技创新的意见》,围绕新时代科技创新领域提出一系列司法保障举措,为进一步激发市场创新活力提供强有力的司法保障。司法机关充分立足于法治化营商环境的建设目标,在平等保障经营主体权益、维护市场经济秩序、助力构建全国统一大市场等方面

针对性提高司法质效和司法服务水平。

第一，依法平等保护各种所有制经济主体的权益。2024年12月最高人民法院发布了《人民法院第六个五年改革纲要（2024—2028年）》，明确提出要依法平等长久维护各种所有制经济产权，并实行同责同罪同罚，持续为完善法治化营商环境提供司法保障。人民法院在处理经济类案件时要确保各种主体受到平等保护，这是经营主体合法经营的前提，也是法治化营商环境的基础。做好市场经济主体合法权益的平等保护工作，才能从源头做好各类社会风险的防范工作，将司法保障工作延伸到市场生产经营活动可能触及的各个领域，以稳定的社会大局为经营主体提供可信任的营商环境。以专门性立法的形式加大对民营企业的平等保护力度。党的二十届三中全会对出台一部以"民营经济"命名的法律规范作出新的部署，进一步加快《中华人民共和国民营经济促进法》的立法进程。在公开征求意见稿中，总则部分直接规定"国家坚持平等对待、公平竞争、同等保护、共同发展的原则，促进民营经济发展壮大。民营经济组织与其他各类经济组织享有平等的法律地位、市场机会和发展权利"，以法律的形式将经营主体平等对待这一基础性要求予以贯彻落实，这也彰显了我国法治化营商环境建设水平的显著提升。

第二，打造公平透明的市场经济秩序。良好的市场经济秩序需要规范的市场准入机制、公平竞争的生产经营氛围、健全的社会信用体系以及高效的纠纷化解机制等多要素发挥协同推进作用。司法机关立足于市场经济发展需求，通过发挥司法保障职能不断提升经营主体的规则意识，加大对破坏正常市场经营秩序的惩处力度，遏制扰乱市场公平竞争生态的违法违规行为。2024年8月，中共中央办公厅、国务院办公厅发布了《关于完善市场准入制度的意见》，旨在完善市场准入制度。该意见为司法机关审理涉及市场准入纠纷的案件提供了更清晰的指引，在准入体制机制建设、内外资准入协同联动、开展市场准入评价评估等方面优化市场准入体系建设，也为更好地释放新业态新领域的新鲜活力提供规范保障。面对新时代的崭新行业形态，办案机关着重在利用大数据、人工智能、算法等新兴技术扰乱市场正常竞争秩序方面加强司法规制，及时制止在新业态新领域的不正当竞争行为，为市场更高效率地配置资源提供规范有序的市场秩序保障。

第三，优化营商环境的全链条商事纠纷化解机制。无论是在国内市场还是在国际市场中，商事活动的每个流程都不可避免会发生矛盾纠纷，如若商事矛盾纠纷未得到及时有效的化解,将会对营商环境产生负面影响。2023年世界银行营商环境评价体系改革,在商事调解方面,营商环境评估指标由"执行合同"演变为"解决商业纠纷",强调了多元化商事纠纷解决机制的重要性,旨在提升商事矛盾纠纷解决的质量和效率。我国及时调整商事纠纷化解政策,对标世界银行对商事纠纷的评价体系和指标,通过成立国际商事法庭、建立商事专家委员会制度、探索一站式国际商事纠纷多元化解决机制等,为国内外营商主体提供优质的商事纠纷化解服务。自2024年1月30日起,正式施行的《"一站式"国际商事纠纷多元化解决平台工作指引(试行)》,为我国打造国际商事纠纷解决优选地提供了制度指引,从优化在线纠纷化解流程、整合资源形成纠纷解决合力、明确中立评估程序等方面进一步探索构建国际商事纠纷解决机制。紧跟新时代科技发展步伐,充分利用新兴技术优势和开发大数据模型,创新探索"数字+"商事矛盾纠纷解决新模式,打通线上线下相结合的多元化路径,推动商事纠纷解决机构的国际合作建设,提升我国商事纠纷解决机制的可信任度和被认可度。

第三节　新时代我国营商环境法治化的建设成效

一、简政放权提效能,严肃纪律保廉洁

政务环境作为营商主体所关注的重点领域之一,是最直接影响优化营商环境效果的重要指标要素。根据"亲""清"政商关系的要求,作为优化营商环境的指标之一,政务环境评价标准分为政府关怀、政府效率、政府廉洁、政府透明四个指标,通过深化"放管服"改革持续优化全国政务服务质量和效率,推动提升政务服务质效和建设政务诚信体系以及数字化政务服务平台,为经营主体提供标准化、规范化、高效化的全方位政务服务,激发市场经济高质量发展的内生动力。在《中国政商环境报告(2023)》中,评价营商环境中关于政商关系是否健康的指数包括两个方面,即亲近指数和清白指数。政商亲近指数排名前5名的城市是郑州、黄冈、郴州、邵阳、无锡,政商清白指数排名前5名的城市是烟台、潍坊、杭州、泰安、深圳。政务服务作为营商环境的重要组成部分,政商亲近指数和清白指数的提升反映了经营主体和群众对政府服务和营商环境建设的满意度和获得感不断增强。

近年来,中国将优化营商环境作为推动经济高质量发展的重要抓手,尤其在政务服务领域,通过效率提升、质量优化和数字化创新三方面的协同改革,逐步构建起高效、透明、便利的政务服务体系。

第一,营商环境的政务服务效率显著提升。政务服务效率是衡量一个国家或地区营商环境优劣的重要指标之一。在政务服务流程优化方面,我国各地政府不断推行审批流程的极简化改革,通过"一窗受理、集成服务"模式实现审批环节的压缩与并联。例如,陕西西安市高新区试点项目开工"一件事",将施工许可、临时出入口开设等4项业务打包办理,审批时限由10个工作日压减至2个工作日,效率提升80%以上。内蒙古则提出"高效办成一件事"改革,并通过"十证联发""多公示合一"等创新举措,为重大项目节约审批时间30天以上。跨区域的政务服务协同机制也加速了政务服务效率的提升,湖北省构建武汉、襄阳、宜昌"金三角"协同机制,带动长江中游城市群联动发展,减少重复审批。政务服务标准化建设是提高政务服务效率的重要保障,目前我国多地推行"容缺受理+并联审批"模式,允许企业在主要材料齐全的情况下先行办理,例如上海市建立"双无清单"机制,对清单内企业实行"无事不扰"监管,减少重复检查对企业经营的干扰。在过去十年间,"便民办税春风行动"作为一项持续性政策举措,已有效推出了五个批次、合计109条有针对性的具体措施,旨在进一步优化税务服务流程和提升服务质量。此外,在电力服务领域,全国范围内的用电报装服务已全面实现"三零"(即零上门服务、零审批流程、零投资成本)和"三省"(即省力、省时、省钱)的服务标准,累计为电力用户节省超过2000亿元的办电投资成本。这些政务服务举措的有力实施,正是经营主体对营商环境满意度提升的鲜明体现。

第二,营商环境的政务服务质量全面提高。政务服务质量是衡量一个国家或地区政务服务优劣的另一个重要指标,目前我国政府从构建精准化服务体系、深化企业全周期服务、完善监督与反馈机制等方面着手,实现政务服务模式向"主动服务"转型升级。上海市持续优化营商环境建设方案,发布了《持续打造国际一流营商环境行动方案》,要求普惠性政策听取中小企业意见比例不低于50%,并通过"政策直达"平台实现惠企政策免申即享。陕西省推出"陕企通"综合服务平台,集成政策、融资、供需对接等功能,实现一周内解决企业融资需求,市场经营主体对政务服务质量的满意度达95.1%。浙江省围绕共同富裕示范区建设,不断提升企业全周期服务水平,建立城乡就业创业一体化体系,推动中等收入群体规模扩大,强化城乡要素流动。在监督与反馈机制的完善方面,部分地区探索建立营商环境投诉举报处理机制,形成闭环管理并推进反映情况的转办督办、核实整改工作,以高质量、全方位的政务服务增强经营主体的发展信心。

第三,营商环境政务服务数字化创新不断推进。创新是推动政务服务发展的重要动力,而数字化转型是当前政务服务创新的重要方向之一。新兴数字技术正在以深刻的变革方式影响着社会发展的方方面面,在营商环境优化和治理工作中,企业的赋权功能和对政府的赋能功能对数字技术的依赖度越来越高,[1]目前我国政务服务的数字化创新模式已逐步实现从"人工跑腿"到"数据跑路"的转型跃升。数字经济发展与算力指数密不可分,算力基础设施的优化升级对经济发展起着重要支撑作用,智能算力的提升为政务数据共享和算法优化提供了坚实的底层支持。目前,国家住房和城乡建设以及税务等部门正积极开展工程建设项目全生命周期的数字化管理改革试点工作,以及致力于不断扩大电子营业执照的应用范围,有效提升其应用效能。内蒙古建成全国首个省域基层"一表通"系统,不断深化对数据要素的市场化探索实践;上海市强化信用监管,实施行政处罚与信用修复"两书同达",帮助企业快速恢复信用;广东省聚焦人工智能与机器人领域,打造新质生产力阵地,推动政务服务的场景化创新。

二、优化规则促公平,激发活力强竞争

营商环境是市场经济发展的基础条件,其优劣直接影响到国家的经济竞争力和企业的生存发展。市场环境作为营商环境的重要组成部分,对于激发市场活力、促进公平竞争、提高资源配置效率等方面具有至关重要的作用。近年来,我国通过推进"放管服"改革、加强反垄断和反不正当竞争执法、跨境贸易便利化建设以及完善市场监管体系等措施,提升了我国跨境贸易竞争力,持续推进更加公平、透明、可预期的营商环境建设工作,为我国经济高质量发展提供有力支撑。

第一,在市场准入机制优化方面,我国采取简化流程与公平开放并重的准入

---

[1] 张德淼、李林芳:《营商环境的数字化转型:生成逻辑与实践进路》,《北京行政学院学报》2023年第6期。

机制。近年来,我国持续推进"放管服"改革,简化企业注册和审批流程,降低市场准入门槛。通过实施"证照分离""一网通办"等改革措施,企业开办时间大幅缩短,注册便利化程度显著提高。2024年,全国税务部门推行"高效办成一件事"改革,黑龙江等省份超七成营商环境指标达到国内一流水平,企业设立与退出效率显著提升。例如,国家外汇局取消外贸企业名录登记行政许可后,银行可在15分钟内完成办理,惠及超10万家企业。新兴技术迭代更新和融合创新支撑数字政府建设工作提质升级,进一步为优化营商环境建设工作赋能,推动数字政务服务助推新质生产力发展。黑龙江省通过数字化手段优化政务服务,树立了数字政府建设的典型范本,实现经营主体业务"一站式"办理模式。上海等地检察机关推出"科创园区法治副园长"制度,将法律服务嵌入企业设立与运营全流程,促进法治化营商环境建设落在实处。我国市场准入负面清单在全国范围内实施动态调整机制,并在合理限度内进一步放宽外贸准入资格。中国贸促会调查显示,2024年受访企业对"企业设立和退出"指标评价达4.37分(满分5分),满意度较上年提升2.1个百分点。

第二,在市场竞争环境改善方面,通过反垄断和反不正当竞争协同发力维护市场秩序,为经营主体提供更加公平、透明、规范的竞争环境。2017年和2022年,我国分别重新修订了《反不正当竞争法》和《反垄断法》,为市场环境治理和经营主体的自律式经营活动提供了规范指引,在加大查处力度的同时保障市场活动的自主有序运转,从源头上保障营商环境高质量建设。我国强化反垄断执法并依法惩治串通投标、强迫交易等破坏公平竞争犯罪,办理特大职业骗薪案、网络平台"薅羊毛"诈骗案等典型案件,充分运用新兴技术建立"大数据监督模型"识别虚假投标线索,对违法采购、招标类案件依法查处并加大惩处力度,严重遏制影响公平竞争格局形成的违法行为并形成震慑力。同时,国务院部署开展专项查处行动,重点整治地方保护、行业垄断等行为。贸促会报告显示,我国市场公平竞争的指标评价提升约4%,政策透明度和执法规范性也呈现显著增强态势。

第三,在跨境贸易便利化提升方面,实现便利化与安全监管平衡发展。将加快形成全方位的开放新格局作为我国对外开放的发展目标,需要我国着力增强跨境贸易合作与竞争的新优势新动能。贸易活动的便利化水平作为跨境贸易合作国家或地区的重要选择参考指标之一,是新时代推进新开放格局的重要一环。为了进一步提高跨境贸易便利化水平,近年来我国不断推进跨境贸易营商环境优化工作。2023年,我国海关总署实施优化口岸营商环境16条措施,进而通过跨境贸易便利化专项行动在20个城市推广29项创新举措,全国口岸通行能力提升10%,有效推动口岸贸易税收优化政策扎实落地,2024年全年减免退税款2829亿元,智慧口岸试点覆盖57个口岸,企业通关时间压缩30%以上。加强风险防控体系健全完善工作,对有害生物、不合格产品等实施有效风险隔离和防控措施,以"放得活"与"管得住"并重的方式把控住贸易风险底线。此外,通过实施负面清单管理、加强国际贸易"单一窗口"建设、完善跨境电子商务监管体系等举措,持续建立自由贸易试验区与共建"一带一路"国家和地区的高质量合作关系,以优质的跨境营商环境提升贸易企业在我国从事投资经营活动的获得感。

第四,创新优化市场监管体系,充分把握法治化监管与柔性执法的结合尺度。在市场监管的实践工作中,我国许多地区已经探索出一系列值得借鉴的举措。推进涉企执法的规范化建设工作,提高涉企执法的治理效能,例如上海检察机关连续5年清理涉企挂案41件,追赃挽损4亿元,并通过技术融合创新建立"企业注销问题监督模型",及时遏制恶意注销逃避债务行为。国家市场监管总局通过创新信用监管机制赋能市场监管,适时推行信用修复机制形成"失信惩戒——信用修复"闭环,对涉企案件中被不起诉人建议免予行政处罚。消费环境作为营商环境的重要组成部分,良好的消费环境将从源头上确保营商环境的优化升级,反之后者可催生新的消费模式。我国通过加强消费者权益保护法律法规建设、消费维权、消费教育和引导等措施,从提升消费者的消费体验感和获得感层面提升消费质量,进而带动我国营商环境的全链条优化升级。

三、健全机制求公正,完善程序显透明

营商环境是衡量一个国家或地区经济软实力的重要指标,其中法治环境更是营商环境的基石。良好的法治环境能够保障经营主体的合法权益,促进公平竞争,提高经济效率,而良好的营商环境就是能够保障经营主体更好地从事投资、经营等经商活动权益,从法治化的视角来概括,"营商环境则表现为产权保护、涉企

收费、行政执法、公正司法、信用法治"[1]。优化营商环境是推动经济高质量发展的重要引擎,通过在立法、执法、司法及参与国际规则制定等方面构建了全方位法治保障体系,我国已形成了国家与地方协同推进的营商环境法治化治理格局。

第一,在立法层面的主要成效。我国在立法层面不断完善与营商环境相关的法律法规体系,通过立法创新筑牢法治化营商环境的制度基石。在国家层面,营商环境建设的统一法律框架逐步形成,2020年1月,《优化营商环境条例》的实施,标志着我国营商环境建设正式进入法治化轨道,随后通过修订《中华人民共和国反垄断法》、制定《公平竞争审查条例》等不断强化公平竞争市场环境的制度保障工作,例如备案审查制度的推行有效清理了上百件涉企不平等地方性法规,纠正有关地域差异化对待的不合理规定,从规范层面有效破除市场壁垒。地方性法规的有益探索和创新性制度试点为营商环境法治化建设提供了多元化思路。例如,四川省制定《公共法律服务条例》,推动成渝地区双城经济圈法律服务共同体建设,建立专门法务区为企业提供全链条法治服务;青海省出台《关于进一步加强招商引资工作因地制宜发展新质生产力的若干措施》,涉及惠企政策和涉企执法规范,旨在探索构建"改革高地"替代"政策洼地"的发展新模式;江苏省淮安市首创民营企业"法律托管"机制,为新设企业提供6个月免费法律服务,覆盖企业成立、用工、知识产权等全流程业务,截至2024年已为上万家企业提供法律风险排查服务。地方充分发挥自身治理优势,适时出台规范性文件以及一系列助企政策,推动地方特色产业的市场壮大和优化升级。

第二,在执法层面的主要成效。我国通过完善行政执法程序、加强行政执法监督、推进行政执法信息化等措施不断加强行政执法的规范化建设,有效提升了市场监管效能和执法规范度。在执法职能的标准化与规范化建设方面,多部门联合部署并适时开展工程建设招标投标领域专项治理,严厉打击串通招投标等违法行为,通过备案审查制度及时清理妨碍要素自由流动的规范性文件,为推动全国统一大市场建设奠定法治基础。同时,针对一些重点领域和突出问题,我国还开展了专项执法行动,如打击侵犯知识产权、整治市场乱象等,有力维护了市场秩

---

[1] 谢红星:《营商法治环境评价的中国思路与体系——基于法治化视角》,《湖北社会科学》2019年第3期。

序。"放管服"改革是我国优化营商环境的重要举措之一。通过简化行政审批流程、减少审批事项、优化审批服务等方式,有效降低了经营主体的制度性交易成本。针对一些涉及多个部门、跨领域的复杂问题,部分地区为跨区域协同执法提供了治理范本,例如川渝两地开展涉企行政执法案卷互评互查,覆盖15个执法领域800件案卷,推动"异地同标",提升执法公信力和权威性。

第三,在司法层面的主要成效。通过不断加强司法队伍建设、提高司法审判质量、推进司法体制改革等措施,以公正高效的司法保障护航营商环境优化转型发展。一方面,全国法院系统落实案件"繁简分流"审理机制,设立速裁快审团队助力涉企案件的便捷、高效审理,河南省焦作市山阳区实行"绿标签"制度,从司法层面助力营商环境治理质效提升,即对案件的类型、适用程序、审限、是否涉及保全、鉴定等情况进行特殊标注,提醒立审执各个环节加快办理涉企纠纷案件,以低成本、高效益助力涉企案件办理提质增速。另一方面,创新涉企纠纷解决机制,将司法保障服务下沉至市场经营主体。例如,开展行政复议服务民营经济专项行动、"法治体检"活动等,助力危困企业及时挽回经济损失。除了传统的诉讼方式外,还充分发挥仲裁、调解等非诉讼纠纷解决优势,以多元化路径高效化解涉企商事矛盾纠纷,例如吉林省伊通法院通过"地域无障碍、最多跑一次"模式从本质上有效降低了经营主体的解纷成本。

第四,在参与国际规则制定方面的主要成效。我国积极参与国际规则制定和谈判工作,将营商环境建设工作与高标准经贸体系有效衔接。我国不断推动自贸试验区的制度创新和战略升级工作,在横琴粤澳深度合作区落实市场准入放宽政策,并开展试点探索对接国际高标准规则,截至2024年已有28个重大外资项目投产,总投资超1800亿美元。在涉外法律服务体系建设方面,全国人大常委会推动建立省级法规规章信息库,对上万件规范性文件实现动态清理,为经营主体参与国际竞争提供公开、透明、可预期的法治环境,不断提升我国营商环境建设在全球经济合作与竞争领域的法治化水平和综合竞争力。

四、诚信建设固根本,包容创新添活力

营商环境不仅关乎政策法规、硬件设施等"硬实力",更与人文环境这一"软实力"息息相关。人文环境作为营商环境的重要组成部分,其优劣直接影响到一

个地区的吸引力、创新力和竞争力,核心在于通过文化理念更新、社会氛围营造、国际交流深化以及长效机制构建,形成与市场化、法治化、国际化相适应的软实力。近年来,我国在人文环境建设方面取得显著成效,国家层面通过顶层设计推动制度创新,地方层面以差异化实践探索改革经验,逐步形成了开放包容、互利合作、诚实守信、重商护商的社会氛围,为经济高质量发展提供更加优越、更具吸引力的营商环境。

第一,营商环境的文化理念不断更新,即实现营商文化理念由"管理本位"向"服务本位"转化。我国以法治化建设为核心,在营商环境优化工作中实现法治文化与服务理念的深度融合,助推营商文化从"政府主导"向"市场主导"转型。2024年政府工作报告明确提出"营造市场化、法治化、国际化一流营商环境",将法治作为优化营商环境的根基。例如,国家发展改革委发布《全国营商环境创新实践案例》,涵盖北京、上海等10个地区的综合监管、市场准入等创新举措,强调法治框架下的服务型政府建设。地方实践则通过"普法宣传+精准服务"推动基层治理中的文化创新理念落地。例如多部门联合开展"送法进企业"活动,联合法院设立知识产权维权援助工作站,将法律宣传与纠纷调解相结合,提升企业法律风险防范能力;部分地区推行招标投标"双盲"评审改革,通过匿名评审机制消除地域歧视,强化公平竞争文化认同,培育诚信经营、公平竞争、合法合规经营的营商共同体意识。

第二,在社会氛围的营造与改善方面,致力于构建诚信与包容的市场生态。国家通过信用监管体系建设与包容审慎监管,重塑社会信任,截至2024年全国信用信息共享平台归集数据超600亿条,建立信用分级分类监管体系,对失信主体实施联合惩戒,为守信企业提供"绿色通道"。例如,上海发布的优化营商环境8.0版行动方案,聚焦融资、公平竞争等问题,推出58条任务举措,旨在消除隐性壁垒,增强企业获得感。地方在信用体系建设中通过社会信用赋能与多元共治实践展现出差异化创新优势。例如,浙江省探索开发"信用+审批"模式,将信用评级与审批效率挂钩,企业信用等级越高则相对应审批流程越简化;河北省推行知识产权专员制度,将信用价值转化为经济价值,助力企业完成质押融资。

第三,在长效评价机制的建立与完善方面。为了持续优化营商环境,我国建立了完善的营商环境评价体系,通过引入第三方专业组织进行评估,定期发布营商环境报告并实现动态掌握营商环境情况,据此提出科学、有效和有针对性的优化指引。通过建立企业投诉机制、开展满意度调查等方式,及时了解企业对营商环境的意见和建议,推动政府不断改进工作。同时,加强媒体监督和舆论监督,形成了全社会共同关注、共同参与优化营商环境的良好局面。

五、绿色发展护生态,多方协作促共赢

2020年,我国对生态文明建设目标作出了明确部署,即"在2030年前实现碳达峰,2060年前实现碳中和"。该战略目标对经济社会的全面绿色转型发展起到了重要推动作用,也提升了营商环境建设工作对绿色低碳发展的重视程度,统筹兼顾生态文明建设与营商环境建设工作,推动绿色低碳发展与优化营商环境良性互动。优质的营商环境在提升公共服务管理能力、健全法治保障体系和完善公平竞争市场机制等方面发挥着至关重要的作用,而这些因素也是推动绿色低碳发展和生态文明建设工作有序推进的重要基础。

第一,加大生态环境领域政策和法规的支持力度。我国高度重视生态环境建设在优化营商环境工作中的核心保障作用,推动生态环境领域改革与营商环境建设工作协同发展,为此出台了一系列政策支撑文件,为经济社会发展提供了顶层设计和制度保障。我国在优化营商环境的过程中,注重构建完善的生态环境法规体系。2019年,我国发布了《优化营商环境条例》,为营商环境优化提供了法律基础。在此基础上,各地区因地制宜,推出了一系列具有地区特色的地方性法规规章、管理办法和部门条例,初步形成了营商环境立法执法多位一体的"雁阵格局"。[1] 与此同时,生态环境领域的法律法规体系不断健全,已形成"1+N+4"生态环保法律制度体系,并于2024年印发实施《生态环境行政执法稽查办法》,不断提升环境执法效能,创新监管执法方式,推行非现场、无感式、穿透式执法,有效减轻了经营主体的经营和行政负担;同年修订了《排污许可管理条例》,并升级全国

---

[1] 欧阳剑环:《营商环境持续优化 市场主体茁壮成长》,《中国证券报》2024年9月27日第A02版。

排污许可证管理的数字化平台功能,[1]及时高效地规范了生态环境行业的生产经营行为,累计将386.72万个固定污染源纳入排污许可管理,组织对2.2万余张排污许可证开展常态化核查。2024年1月,国务院发布了《关于进一步优化政务服务提升行政效能推动"高效办成一件事"的指导意见》,明确提出要推动生态环境领域审批服务的简化和高效化。同年3月,国家发展改革委等部门联合印发了《扎实推进高水平对外开放更大力度吸引和利用外资行动方案》,同样将生态环境领域的准入和监管优化作为重要内容,有效规范了外资企业从事生态环境领域行业的投资及生产经营活动。生态环境领域关于营商环境建设的政策指引为政务服务指明了优化方向,通过"高效办成一件事"为生态环境领域的经营主体从事生产经营活动提供了高效率的政务服务,例如大连市生态环境局通过推行"多评集成""打捆审批"等举措,以及开展"大起底、大排查"工作全面优化环评审批流程,据统计,2024年共完成环评审批450个,涉及投资额707.19亿元,重点项目审批周期缩短30%以上。

第二,创新优化生态环境领域的监管模式,持续做好优化生态环境领域的营商环境建设工作。生态环境监管活动贯穿于营商环境建设工作的各个环节,健全科学、规范、高效的监管体系对生态环境行业发展至关重要。一方面,各地生态环境部门积极推动政务服务优化升级工作,通过简政放权、流程简化、监管执法和技术赋能等举措,显著提高了行政审批效率和服务质量,降低了企业在环保方面的合规成本和风险。例如,长春市通过"一网通办""极简审批"等改革,实现政务服务事项承诺时限压缩83%,即办件占比达53%,并创新"水电气热网视联合报装"服务,资料审查时限压减至2个工作日;德州市自然资源局首创地热资源开发"五案合一"改革,审查时间缩减50%,方案编制费用降低30%,为政务服务改革提供范本。此外,我国各地区的生态环境质量不断得到改善,由此将营商吸引力直接扩展至全国各个生态环境优质区域。据统计,2024年全国地级及以上城市PM2.5平均浓度同比下降2.7%,地表水优良水质断面比例首次突破90%,长江、黄河干流水质稳定保持Ⅱ类标准。在地方层面,潍坊市峡山区2024年空气质量综合指数

---

[1] 黄润秋:《深化改革创新 奋力笃行实干 高质量完成"十四五"生态环境保护目标任务——在2025年全国生态环境保护工作会议上的工作报告》,《中国环保产业》2025年第1期。

达 3.71,并成功入选省级美丽河湖优秀案例,将生态优势转化为发展优势的成效显著。另一方面,通过加强环境监管的数字化、智能化建设有效构建了生态环境大数据平台,实现对环境质量和重点污染源的全面感知和实时监控。技术优势赋能城市生态环境治理能力提升,由此造成不同地区间生态环保营商竞争力呈现差异化提升。据《2024中国城市生态环境保护营商竞争力指数报告》,成都、杭州等副省级城市综合指数超过部分一线城市,其优势在于市场环境开放度、政务服务效率和低碳建设成果;京津冀、长三角等五大城市群通过区域协同治理和政策联动,形成了绿色发展的"集群效应"。我国在生态环境领域营商环境建设中,通过法治化、数字化和协同化路径,实现了环境保护与经济发展的良性互动,以企业绿色环保经营转型助推经济社会高质量发展。

第三,多路径推进生态环境治理能力与营商环境建设工作的全面提升。优化营商环境是进一步全面深化改革的重要基础与着力点,也是推动实现新旧动能转换、赋能新质生产力发展的必然选择。构建生态环境保护与经济发展良性互动的优化营商环境模式,是推动我国经济社会全面实现绿色转型和高质量发展的必然路径。在优化营商环境的同时注重生态环境建设,通过加强生态文明制度体系建设、创新生态监管模式、优化生态环境产业等举措,能够实现经济社会的健康可持续发展,并在此基础上向更高质量的发展水平迈进,同时为实现最普惠的民生福祉持续注入新动能,以良好的生态环境保障人民群众健康有序地开展生产生活活动。我国不断优化"放管服"改革路径,多元施策持续增强生态环境领域营商环境建设的新动能。通过完善生态环境法规体系,不断加强法规之间的衔接和协调,创新生态环境监管模式,进一步提高监管的智能化和精准化水平。加强生态环境治理体系的建设和完善,推动形成政府主导,企业主体,社会组织和公众共同参与的环境治理格局,推动生态环境领域营商环境的持续优化和提升。通过健全以政府主导,企业为主体,社会组织和公众共同参与的生态环境治理体系,推动全民广泛参与优化营商环境。同时,不断加强对经营主体和社会公众的环保宣传教育,提升全民环保意识和参与度,以多元化共治的模式营造全社会共同参与环境保护的良好氛围。

第四章 域外营商环境法治化建设的实践考察

在全球化大背景下,营商环境的系统性、多维度建设已成为支撑各国经济可持续发展的重要基础。其中,法治体系的健全程度是企业选择营商地的重要参考标准。多数国家和地区正通过立法、司法和行政执法等方式,并融合数字技术手段,深化营商环境的法治化建设,以增强国际竞争力,吸引外资与先进技术,从而更有效地推动经济社会高质量发展。

第一节 主要国家和地区营商环境法治化建设的经验梳理

在全球营商环境法治建设进程中,法律法规的建立健全、法律执行的公正和效率以及法律服务的便捷性和高效性等建设成效,属于各国及其企业着重关注的关键性因素,这些因素共同构成了国际营商环境法治建设的核心。通过研究不同国家在营商环境法治建设方面的实践经验,汲取有益做法,为我国营商环境进一步优化升级提供参考。

一、新西兰

营商环境是衡量经济体竞争力的核心指标,法治化建设则是其制度保障。新西兰作为世界银行《营商环境报告》中长期排名前列的国家,其营商环境法治化建设以高效政务、透明法治、便利税务为核心特征。通过"政务、法治、税务"三位一体的治理模式,新西兰逐渐形成了稳定、透明、高效的营商环境,其典型做法不仅为本国经济发展提供动力,也为新兴经济体改革提供重要参考。尤其是在数字政府建设、法律体系完善、税收管理优化、纠纷解决机制创新及国际合作深化等方面的实践,对优化营商环境的法治建设工作具有启发意义。基于新西兰的实践经验,系统剖析其法治化营商环境建设的核心路径,将为我们构建法治化、国际化、便利化营商环境提供更多元化的路径建议。

(一)新西兰法治化营商环境建设的核心框架

1.打造以数字化战略为驱动的政务环境

2024年,联合国发布电子政务报告,报告显示新西兰仍然排名稳居前列。新西兰政府积极推动实施数字战略计划和完善数字发展政策法规,并充分关注公众和企业发展的公共数据公开需求,以数字赋能优化政务业务流程,提供更高效、智能的政务服务。[1] 在政务环境建设方面,新西兰以数字化战略驱动服务型政府建设,以"数字优先"战略重构政务服务流程,例如通过"一站式"在线平台集成企业注册、许可证申请等功能,将企业开办时间压缩至0.5个工作日,该项政务效率居全球首位。自2009年起,新西兰政府设立了公共数据开放网,便于用户及时了解和运用公开数据指导日常决策及生产经营活动。2017年,新西兰政府发布了《人工智能与机器智能战略》,明确了人工智能技术在新西兰的发展目标和方向,即在健康与老龄化、农业生产、环境保护、教育与技能培训以及创新与创业等五大重点领域充分探索运用人工智能技术,这些领域的应用将为新西兰带来巨大的经济和社会效益。而通过数据开放与人工智能技术的结合,将进一步实现政策精准推送与服务个性化。为了推动AI研究中的数据共享,新西兰建立了完善的政策和法规体系。这些政策不仅保障了数据拥有者的权益,也为研究人员提供了明确的操作框架。例如,新西兰政府实施了针对AI研究的数据访问协议,并与多个国家和地区的研究机构达成合作,该政策旨在促进数据流通,减少信息孤岛现象,推动AI领域的跨国合作;新西兰还制定了严格的数据保护法案,以确保在数据共享过程中不会侵犯个人隐私或数据安全。高效的政务服务离不开对政府职责的有效约束,新西兰通过立法明确政府职责边界,在《公共部门法》中明确规定政务信息的主动公开义务,在促进行政透明度有效提升的同时降低企业制度性交易成本。

2.构建多层次法治体系,营造良好的法治环境

打造优质营商环境的前提是完备的法律规范体系,新西兰营商环境法律体系

---

[1] 宋林霖、陈训:《新西兰营商环境治理模式及对中国的启示》,《秘书》2022年第3期。

包括传统商业法律、政府行为规范、数字经济规范等多层次的基础性保障制度。其中传统的基础性法律框架以《公司法》《竞争法》为核心,辅以《专利法》《商标法》等知识产权保护法规,形成覆盖企业全生命周期的法律保障体系,为新西兰经济建设提供了可预期、安全、规范的营商环境。随着数字经济的迅速发展,新西兰于2021年通过《海外投资修正案》(第3版),对2005年《海外投资法》进行了重要修订。此次改革简化了审批流程,提升了新西兰在非敏感领域对外投资的吸引力。在数字治理方面,政府积极构建动态、前瞻性的法律制度,以应对技术改革带来的挑战。例如,2002年《电子交易法》确立了电子签名的法律效力,并明确其在商业交易中的适用范围与限制,为电子商务奠定了法律基础。此外,2020年《隐私法》强化了对个人信息的保护,特别是在跨境数据传输方面,要求接收方具备等同的新西兰标准的隐私保护水平,为企业参与全球数字市场提供了合规保障。

3.持续优化高便利度的税务环境

新西兰实施的税制效率优化改革具有显著的制度创新特征。新西兰税收法规体系以《商品与服务税法》和《所得税法》为核心支柱,形成了具有动态调整功能的法典化税收框架。就税政架构设计而言,该国通过构建集成化纳税人识别系统,实现了税务申报、缴纳税款与退税处理的全流程数字化整合。新西兰实行单一税号制度,企业可通过统一平台完成税务申报、缴纳及退税,纳税时间明显低于全球平均水平。在国际税收协调机制建设方面,新西兰政府已与40个国家签署了避免双重征税协定,使企业的跨境投资具有税收确定性,降低了企业合规风险,为其他国家建立国际化税收体系提供了示范性规范标准。

(二)典型实践:新西兰的差异化创新

1.市场秩序与有效监管机制

新西兰取消最低注册资本限制,采取"零门槛"市场准入机制,企业注册仅需在线提交基本资料,全程无人工干预,实现"零接触"审批。在市场经营活动的反垄断规制与公平竞争方面,新西兰的《商业法》明确禁止市场滥用行为,竞争委员会独立行使执法权,主要负责查处垄断案件以及作出合理处罚,真正有效维护了公平竞争的市场秩序。就监管体系建构而言,新西兰采纳了"双峰监管"模式,构建了以金融市场管理局和储备银行为核心的金融监管体系。此种制度设计体现出三个主要特征:第一,强化协同监管与信息共享。通过构建跨部门的信息共享与协调机制,显著提升了监管政策制定的协同程度及执行的精准性。第二,聚焦金融机构的审慎监管与行为监管。依托健全的金融机构监管框架,通过审慎监管规则的制定及市场行为监管导向的引导,有效激励并支持金融机构实现长期稳定和可持续发展。第三,提升系统性风险监测预警能力。建立并完善金融风险监测预警与早期干预体系,旨在提升监管机构识别、评估及防范系统性金融风险的能力,从而增强整个金融体系的稳定性。

2.纠纷解决的多元化路径

新西兰在构建其营商环境体系过程中,其纠纷解决机制展现出显著的特色与创新性,成功融合了现代法律途径和源于本土族群文化的元素。此机制并非单一模式,而是由司法诉讼、仲裁、调解以及独具新西兰特色的族群关系协商所构成的多元解决路径。这一综合性体系不仅为全球商事纠纷的解决提供了打造透明、高效法治环境的独特思路与实践范例,亦日益成为吸引国际投资、为跨国企业提供可靠制度保障的关键组成要素。新西兰这一多元化纠纷解决机制的独特性,集中体现在以下三个方面:首先,在司法诉讼领域,特别是在商事法院对复杂案件的处理上,通过引入更精简的程序(如简易审或快速通道)以根据标的额对案件进行分流并降低诉讼成本,以及在涉及技术性纠纷时可能引入具有相关专业知识的专家协助,从而优化程序管理并提升事实认定的专业性与效率。其次,新西兰的仲裁机制灵活地与行业特色及前沿技术相结合;例如,在处理农牧业仲裁纠纷时可能需要援引专门规则并要求仲裁员具备相关经验,而在数字服务纠纷处理中则鼓励将关键证据记录于区块链以增强其不可篡改性并提升效率,从而使仲裁成为解决特定领域复杂商业纠纷的有效工具。最后,植根于新西兰社会历史进程,尤其是在涉及可能对毛利部落土地、资源、环境或文化权益产生显著影响的商业投资或决策事项时,与相关毛利部落代表进行协商已成为一项基于《怀唐伊条约》精神及后续相关立法的关键前置步骤或并行路径,用以解决或化解潜在争议。这种机制并非严格意义上的替代性纠纷解决程序,而是将毛利族群传统的集体决策和治理智慧有效融入现代法律与商业实践,为处理涉及跨文化、资源权益与历史遗留问题的复合型争议提供更具包容性和可持续性的解决方案,确保在特定情境下争议的公正与有效应对。综上,新西兰的商事纠纷解决机制通过整合传统与现代、法律与文化,构建了一个独特且高效的体系,是其优质营商环境的重要支撑。

3.国际合作与规则对接

新西兰的国际贸易制度创新呈现为双重战略架构:其一是通过签订自由贸易协定减少制度性市场准入壁垒,新西兰与14个国家签订自贸协定,覆盖其对外贸易的70%,通过规则互认减少企业跨境经营壁垒。其二是在区域合作框架下推进制度型开放多元化发展,在RCEP框架下,新西兰与中国、东盟国家等深化海关通关、标准互认合作,2023年双边贸易额同比显著增长,凸显制度型开放红利。在自由贸易协定方面,新西兰采取规则互认与技术性壁垒消解并行的制度创新路径。建构数字贸易标准的等效性认定框架,消除电子认证、数据跨境流动等领域的技术性障碍;采用负面清单进阶管理模式,系统缩减服务贸易准入限制条款,这种制度设计有效降低了跨境经营的合规性成本,使企业能够依据统一的贸易协定规范来适时调整营商计划,彰显了新西兰在跨境贸易中的制度性竞争优势。在区域经济协作方面,新西兰在区域全面经济伙伴关系框架下推动形成制度型开放的新型范式。通过实施海关程序数字化协同方案,建立通关要件智能核验系统,显著压缩跨境货物流转周期;构建农产品标准互认的等效性评估机制,利用风险分级管理策略实现技术性贸易措施的协调统一;推进服务贸易规制对接,通过渐进式负面清单改革持续优化市场准入条件,这些新型制度范本为开放型经济体制的优化提供了规范性实践参考。

二、英国

营商环境法治化是市场经济健康发展的基石。世界银行《营商环境报告》显示,英国营商环境评价长期位列全球前十名。多年来,英国通过立法与司法的协同作用、高效的争端解决机制以及对国际规则的适应性,有效构建了稳定、透明且可预期的营商法治环境,为企业在英国的投资经营等活动提供完备的制度保障。

(一)建立完备的营商法律规范体系

英国普通法体系以判例法为基础,通过法官裁决不断积累法律解释,使商事规则具有灵活性,构建了普通法传统与商事法律相结合的法律体系。例如,2006年英国对公司法的历史法律条文予以整合,明确了公司治理标准和遵循准则,同时允许企业通过章程自主约定治理结构,以此平衡法律强制性与市场自主性。此外,英国的立法计划与市场需求动态匹配,英国政府通过"立法后评估机制"定期审查法律实施效果。以《金融服务与市场法》为例,其在2008年金融危机后修订为《2012年金融服务法》,强化了金融行为监管局的独立性,适应了金融创新的监管需求。

(二)司法独立与高效争端解决

英国作为普通法系的发源地,其司法制度的现代化改革始终以提升透明性、优化可及性及创新纠纷解决机制为核心,为全球营商环境纠纷解决提供了重要参考。英国司法系统依托《2016年数字经济法案》与"法院现代化计划",实现了系统性地推进司法透明化转型。其一,通过在线争议解决平台实现诉讼全流程电子化,使商事案件受理周期大大缩短,并建立了公开的司法数据平台,实时披露案件进展与裁判文书,满足经营主体对司法确定性的需求。其二,创新"动态透明规则",在涉及商业秘密案件中采用分级信息披露机制,实现了保障公众知情权与维护企业核心利益之间的利益平衡。其三,通过数字法律援助系统降低小微企业司法参与成本,其服务覆盖率达民事诉讼案件50%以上,有效缓解了"司法鸿沟"问题。2023年,英国的商事调解法确立了"调解优先"的原则,规定商事纠纷在诉讼前需经强制性调解评估,并引入"调解协议司法确认制度",使经认证的调解协议获得与法院判决同等的执行力,伦敦商事法庭的调解成功率上升明显,凸显制度创新的实践价值。此外,英国还建立了"司法-ADR协同框架",法院将调解协议纳入判决执行体系,这种执行模式的设计使英国在"合同执行效率"这一营商环境评价指标上连续五年位居全球前列。

(三)企业权益保护与国际规则接轨

英国作为全球金融中心与普通法系代表,其投资者保护机制与经贸规则对接策略体现了"规则治理+制度竞争"的双重逻辑,通过系统性法律改革与国际规则嵌入,英国构建起兼具稳定性与开放性的投资者权益保障体系。2000年,英国的金融服务与市场法设立了金融服务补偿计划,确保投资者在金融机构破产时获得最高8.5万英镑的赔偿。2018年,英国的数据保护法强化了企业数据隐私权,以此增强经营主体进行数字化生产经营活动的信心。此外,英国在对接国际高标准经贸规则的同时,注重制度自主创新,二者相结合,为构建与国际接轨的营商环境奠定了坚实基础。例如,英国主动签署《数字经济伙伴关系协定》,并承诺在数字贸易、跨境数据流动等领域采用国际通用的规范标准,实现了数字服务出口额的同比增长。

三、新加坡

新加坡作为全球营商环境排名领先的经济体,其法治化建设以动态顺应性、国际兼容性与数字创新性为核心特征。其法治化营商环境的历史演进经历了三个阶段,通过法律框架创新、数字化转型以及国际规则对接等典型做法,实现以法治建设助推新加坡营商环境的国际地位提升。

(一)法律制度的渐进式优化路径

在初期阶段,新加坡主要以立法先行主动降低制度成本,通过制定《公司法》《劳动法》等基础性法律,构建透明、规范、公正的市场运行规则。例如,1967年《经济发展奖励法》通过税收优惠吸引外资,推动劳动密集型产业向技术密集型转型,大大降低了经营主体的制度性交易成本。1990年后,新加坡将全球营商规则与本土发展相融合,迈入营商环境国际化发展阶段,目前新加坡已与多个国家签订自由贸易协定、投资保证协议以及避免双重征税协定,实现国内法与国际商事规则的无缝衔接,为国内企业发展提供了更为广阔的国际市场和资源。2015年前后,新加坡进入营商环境数字转型发展阶段,并构建了智慧法治,"智慧国2025"战略推动传统法治向智慧法治升级的数字化革新,例如《电子交易法》确立了区块链合同效力;电子政务平台实行"数码个人身份",将企业注册时间缩短至15分钟,营商政务服务效率大幅提升。

(二)覆盖全周期的营商环境法治保障框架

新加坡的法治实践以制度创新与规则衔接为核心,构建了产权界定清晰、监管运行透明、纠纷解决高效的营商环境法治体系,其制度设计融合了严谨性与高效性的示范治理方式。在知识产权领域,2022年新加坡知识产权法增加了关于"加速审查通道"的规定,将专利授权周期缩短至6个月,并首创"知识产权证券化登记制度",允许企业以专利组合为标的发行资产支持证券。2024年,新加坡数字经济框架协议首次将数据产权纳入法律范畴,明确企业数据使用权与收益分配规则。新加坡监管体系以"规则透明—过程可溯—结果可验"为建构原则。金融监管局的"监管沙盒3.0"制度实现三大突破:其一,采用智能合约自动执行监管规则,将合规检查响应时间降至分钟级;其二,构建"监管图谱"动态映射金融机构风险敞口;其三,推出"合规信用积分"制度,对主动披露违规的企业实施阶梯式处罚减免。在纠纷解决方面,新加坡采取"三级递进"的解纷体系,并以此构建多元化纠纷协同治理机制。基础性纠纷由社区司法中心提供的在线调解平台,利用算法自动解决纠纷;较为复杂的纠纷由国际仲裁中心与调解中心所提供的混合式纠纷解决模式解决跨境纠纷;更复杂的跨境纠纷由国际商业法庭予以处理,且允许外国律师出庭并采用跨境证据规则。新加坡通过产权保护的数字化转型、监管流程的算法化再造以及解纷资源的分级配置,共同构建了数字经济时代营商环境法治建设的新思路。

(三)法治建设与数字技术的深度融合

新加坡电子政务系统以《电子交易法》为制度基石,将数字技术发展与法治发展相结合实现治理质效提升。第一,智能合约法律效力确认。2021年《电子交易法》修订案赋予区块链智能合约与传统合同同等法律地位,并开发"智能法条解析引擎",将法律要件转化为可执行代码,提高了政府招标合同的自动化履约能力。第二,数字身份法治化。数字身份系统依据数字身份框架法运行,该系统集成了生物识别与量子加密技术,支持90%以上的政务服务在线办理,并通过法律授权实现政务数据的跨部门共享。第三,司法流程的数字化塑造。司法部门在"电子诉讼系统"中引入人工智能辅助量刑模型,缩短了商业案件的平均审理周期,并在证据规则中确立区块链存证的推定有效原则。新加坡采取"预防性立法"策略应对数字技术的更新迭代,分别从人工智能治理框架构成、数据主权制度创新、数字货币法律体系建立以及未来技术预立法等方面,回应数字发展与法治发展保持动态相对一致性。

新加坡经验揭示数字时代法治建设的双重逻辑,即技术应用需以法律确权为前提,制度创新须以数字治理为载体。通过构建"法律代码化—代码法律化"的闭环系统,实现营商规则稳定性与创新包容性的动态平衡。这种法治数字化转型的"新加坡模式",为全球数字经贸规则构建提供了制度标杆。

四、日本

日本的营商环境建设以"法治优先、行政兜底"为核心理念,根据日本经济产业省《2023年营商环境白皮书》,日本企业注册周期缩短至7—10个工作日,合同执行效率位居亚洲第三。日本营商环境法治建设以高度规范的法律体系、行政透明化改革和政企协作机制为特征,通过"官民共治"模式、精细化法规设计及数字化政务改革,逐步构建了稳定、可预期、规范化的营商环境。

(一)精细化立法与法律体系的动态完善

一方面,日本在六法全书体系中对商事法律进行了专业化制度设计。日本《六法全书》作为法典化运动的典范,通过"总分结合"的立法技术实现商事法律体系的动态优化。2022年商法典的结构性修订体现三重制度创新,其一,公司类型差异化规制。将股份公司细分为公开公司与封闭公司,前者适用严格的信息披露与独立董事制度,后者则享有简化治理结构。其二,数字化转型的制度回应。公司法实施细则明确规定电子股东会议效力规则,要求上市公司必须提供在线投票接口,并规定电子表决记录保存期限,该制度使中小企业年会成本降低50%以上。其三,章程自治空间有效扩展,允许封闭公司通过章程定制利润分配规则与股权转让限制,这一改革使日本在世界银行"合同自由度"指标排名提升。此轮修法赋予商事主体更灵活的自主经营权,凸显了商事效率价值优先的趋势。另一方面,日本采取立法先行与政策试点相结合的制度探索模式。日本通过"特区制度"实现法律适应性调整,即构建的"特区立法—全国推广"政策试点体系,有效破解了法典化体系与改革需求间的张力。例如,2014年《国家战略特区法》允许在东京、大阪等6个特区放宽外资准入限制,创设的"监管沙盒"机制包含目标锁定、规则豁免、效果评估、制度扩散四个核心环节,试点试验成功后将"负面清单"模式推广至全国。当前,日本正将此类经验向数字化转型领域延伸。2023年《数字社会形成基本法》创设"数字特区",在札幌试点无人驾驶责任规则,并计划将成功经验纳入日本《道路交通法》修订。这种"立法—试点—法典化"的制度探索模式,为其他大陆法系国家应对技术颠覆性变革提供了制度设计的新思路。

(二)司法改革与多元化纠纷解决机制

日本司法体系通过司法效率的系统性优化与替代性纠纷解决(ADR)机制的结构性创新,促进了社会矛盾的化解。据2023年日本司法年报显示,日本商事纠纷解决平均周期从2010年的18.2个月缩短至2022年的10.5个月,为全球司法现代化提供了重要参照。其中,司法效率实现了从"迟来的正义"到快速裁判的有效提升。2009年,日本实施裁判员制度即混合式参审制,在重大商事欺诈等案件中由6名市民裁判员与3名职业法官组成合议庭,将重大商事案件审理周期缩短30%。这种民众参与与司法专业化相结合的审理模式,既提高了裁判的社会认同度,又破解了长期存在的诉讼拖延难题。日本在东京和大阪设立了"知识产权高等法院",通过引入"技术调查官"制度、建立"专利无效合并审理"机制、开发"专利案例智能检索系统",大幅缩短了专利侵权案件平均审理时间。2022年全面推行在线诉讼系统,该项数字创新体现在三个方面。一是采用区块链存证技术,使得电子文书司法认定率达到100%;二是引入AI辅助裁判系统,可自动生成案件争议焦点清单与法律适用建议;三是构建全国统一的电子案卷交换平台,实现跨法院信息实时共享,企业可在线提交诉状、查阅案卷,有效降低了企业的诉讼成本。日本构建的"仲裁—调解—行政救济"多元化解纷体系,实现了司法资源与民间解纷力量的优化配置。目前日本仲裁法已将快速程序拓展至国际投资争端领域,案件受理率和审理效率均有提升。日本综合司法支援中心通过"三级分流"有效提升调解效能。一级地方调解站利用AI咨询系统,实现简单纠纷的线上化解;二级专业调解庭由退休法官与行业专家组成,共同处理复杂商事争议;三级特别调解程序采取与行政机构协同处理模式,实现消费者权益等特定类型案件的跨部门处理。日本首创"仲裁调解转换协议"制度,允许当事人在仲裁过程中随时启动调解程序,调解结果经仲裁庭确认即具强制执行力。这为大陆法系国家破解司法效率困境提供了可参照思路。

(三)中小企业保护与知识产权法治

日本在法治现代化进程中构建了中小企业保护与知识产权战略的协同发展模式,通过立法干预、优化资源配置效率,依托知识产权治理培育内生竞争力,逐渐形成了中小企业可持续发展与创新驱动的制度运行优势。1963年,日本《产业基本法》规定,政府采购中中小企业中标比例不得低于25%。2021年日本国会表决通过的《产企业竞争力强化法》修正案增设数字化转型补贴,企业购置AI管理系统可获50%费用减免,该制度通过降低技术采纳的边际成本,促进了中小企业AI渗透率和生产率的提升。日本知识产权战略以创新发展为核心理念,通过制度优化与技术赋能的协同推进,实现从保护到价值转化的治理升级。日本在知识产权战略推进计划中引入区块链版权登记系统,实现存证时间戳精度提升、跨平台哈希值同步认证、智能合约自动执行版税分配的三大突破,版权纠纷的同比增长率有所下降。日本通过保护、赋能、激励三位一体的治理范式,为其他国家破解中小企业创新困境提供了系统性解决方案,即通过法治建设,以制度协同治理模式,在全球市场竞争中构建可持续的营商环境治理优势。

五、德国

德国作为大陆法系代表性国家,营商环境法治建设以"社会市场经济"理念为根基,融合法律体系的严密性、司法效率的保障性以及社会协商机制的有效性,形成了独具特色的制度优势。根据世界银行《2020年营商环境报告》,德国综合排名全球第22位,其中"合同执行效率"与"破产程序规范性"两项指标分别位列第12位和第6位。德国联邦经济与气候保护部数据显示,2023年德国新设企业注册周期最快可缩短至3个工作日。德国通过法典化立法、专业化法庭和"社会伙伴关系"机制等法治手段,实现了市场秩序与公共利益平衡,从而构建了高效、公平且可持续的营商环境。

（一）法典化法律体系的精细化建构

德国法律规范体系通过法典的渐进式修订与制度互补性设计,构建了适应数字经济时代的精细化法律框架。德国在维持德国民法典基础性地位的同时,通过德国商法典的差异化设计实现制度功能的动态互补,形成普通私法与特别商法的协同治理格局。2021年德国民法典修订增设"数字合同"专章,新增了关于智能合约效力确认、电子签名分层规制、自动化决策救济机制的规定,推动区块链技术在商业场景的合规应用。当智能合约的代码逻辑符合数字访问法所设定的透明度标准时,基于区块链的智能合约与传统书面合同具有同等法律地位。由此,德国区块链合同纠纷同比减少,同时数字缔约成本也明显下降。德国商法典通过对不同规模企业的差异化设计,降低中小企业的制度性交易成本,同时保持对大型企业的严格约束,实现了市场效率与公平的均衡。德国积极推动经济立法与产业政策衔接,2021年,反限制竞争法修订案强化对数字平台经济的监管,要求大型企业公开算法决策逻辑,国家工业战略2030通过立法明确对半导体、氢能等战略产业的税收减免政策,确保产业政策具有法律约束力。这种法典精细化与政策法治化协同发展的双轨路径,为其他国家应对新兴技术发展与国际产业竞争提供了可行性方案。

(二)商事司法效率与专业法庭建设

德国司法体系通过专业化审判机制的重构与数字化技术赋能的协同改革,建立了全球效率领先的商事争议解决体系。德国商事司法效率的提升,得益于领域专精化与程序效率提升的双重制度创新。德国的商事法庭采取复合型裁判模式,即专业法官与行业专家共同参审制模式,前者专门负责处理法律适用问题,工商界陪审员则基于行业惯例裁量事实问题,该机制有效破除了技术性商事争议中的沟通障碍。德国慕尼黑专利法院对技术纠纷实行"24小时临时禁令"机制,权利人可在24小时内获得临时禁令,初步证明要件包括侵权可能性与紧迫性,缩短了专利案件平均审理周期。2020年,德国联邦司法部构建了全流程电子诉讼平台,初步实现了智能文书生成、区块链存证、虚拟庭审构建等功能,此外,企业可在线完成文书送达、证据提交与庭审辩论,以此降低经营主体的涉诉成本。德国破产法修订后,其破产程序进行了数字化转型,企业可通过联邦司法门户网站完成债权的数字化登记与审核,债权人可通过联邦认证系统进行远程投票,根据所开发的破产资产AI估值模型可较为精准估测资产市场价,通过数字赋能有效提升了破产案件的平均处理周期。德国的营商环境司法体系建设经验揭示了司法现代化的双重实现路径,即通过专业化裁判机制提升实体正义的实现效率,通过数字化改革优化程序正义的实现效能,为经营主体提供高质量的法治保障功能。

(三)行业自治与政企协同机制

德国的经济治理体系通过制度化分权机制,实现了行业自治、国家监督与社会协商的有机结合,达到动态治理的平衡。治理范式在赋予行业组织准立法权的同时通过法治框架限制政企之间的互动边界,从而形成一个高稳定性的社会经济秩序。德国行业自治体系以德国基本法的第9条结社自由权为基础,德国工商业联合会、手工业协会等机构有权制定行业技术标准与自律公约,且行业协会拥有准立法职能,即行业规范可通过合法程序完成法律转化。例如,德国汽车工业协会制定的"自动驾驶伦理指南"被纳入2023年道路交通法的修正案中,行业协会规范被立法采纳经历了联邦交通部技术评估、联邦议院听证、法典编入三大程序,这一历程体现了德国自治规范与法律规范有机衔接的实现机制。德国通过集体合同法确立了工会与雇主协会的平等协商地位,劳动纠纷必须通过法定调解程序解决。德国营商环境治理模式具有多主体参与特性,通过法典赋权,将行业协会、工会等社会力量纳入治理主体,与政府形成功能互补的治理体系。通过行业自治与政企协同的法治化建设,能够有效降低交易成本并提升营商环境治理韧性,为全球市场经济的多主体参与营商环境治理提供制度范本。

(四)中小企业法治保障体系

德国中小企业法治保障体系通过创新驱动发展、预防性重组机制、区域政策试验等举措,使其在全球价值链重构背景下仍实现了中小企业的可持续发展。德国中小企业促进法明确规定联邦政府每年至少拨付50亿欧元用于中小企业数字化转型补贴,中小企业享有满足前置条件的阶梯式补贴,企业购置数字化系统可获30%费用返还,引入经专业认证的AI或物联网技术可追加20%补贴,加入工业4.0集群的企业可再获额外资助或奖励。该项政策实施后,中小企业数字化渗透率有效提升。德国进行破产保护机制创新探索,在破产法中引入"预防性重组程序",允许企业在资不抵债前6个月提交重组计划,将债权人按优先等级分组,重组期间暂停债务追索行为,企业可维持经营性现金流,成功挽救上万家企业免于破产。德国实施的预防性重组机制通过法律缓冲带的设计增强了企业的抗风险能力,提升了危困中小企业的存活率,摆脱对中小企业的固化帮扶思维,通过制度赋能维持并提升中小企业的抗风险能力,使得企业在国内外市场竞争环境中保持可持续的生命力。

六、美国

美国作为普通法系的代表性国家,其法治化营商环境以判例法的灵活性、联邦与州的分权制衡体系以及创新导向的监管机制为核心特征,据美国商务部2023年数据显示,企业注册耗时最快仅需4—6天,民事诉讼案件平均立案审理周期较2010年缩短1/4。美国通过商事法律体系的动态适应、司法系统的效率改革、资本市场法治保障、知识产权保护机制以及危机应对的法治化路径等举措,构建了全球领先的商业生态系统,为我们提供了营商环境法治建设的新思路,即加强法律制度创新与市场释放活力间的良性互动,为构建具有全球竞争力的营商环境赋能。

（一）美国商事法律制度创新

美国联邦司法系统通过民事司法改革法案创设了多层级速裁程序,为美国商事诉讼效率的优化升级提供了制度创新及试点范例。例如,部分州对于标的额低于50万美元的商事案件适用联邦速裁程序,并实行强制性程序管控,立案后7日内制定并完成证据展示计划,30日内完成证据开示,60日内召开审前会议,将传统9—18个月的诉讼周期压缩至90天,2022年适用该程序案件的平均审理周期仅为63天。速裁程序通过严格的办案时间节点控制,为案件的迅速处理赢得了效率优势。美国的专利诉讼案件呈现显著的跨区集中管辖特征,例如得克萨斯州东区联邦法院依托其专利诉讼专业法庭,通过判例积累形成技术事实认定的"马歇尔标准",集中管辖全美40%的专利案件。

（二）替代性纠纷解决（ADR）机制的范式革新

美国仲裁协会通过规则创新有效提升了仲裁程序的效率价值,通过构建分级管理体系实现仲裁程序分流机制,对于争议标的在100万美元以下的案件可要求仲裁庭在6个月内作出裁决,标的额较小的案件可申请缩短裁决周期。争议标的500万美元以上案件配备专业调解员进行前置分流,实现了效率优先与程序保障的价值衡平。美国硅谷科技纠纷调解中心推行的技术中立调解模式具有典型创新意义,该机制采用技术专家与法律专家相结合的双专家模式,构建技术事实认定的沙盒实验机制。目前较大型科技企业纠纷主要通过第三方技术专家调解的方式予以解决,实践中成功调解了大量涉及人工智能算法争议的案件。这种将专业技术评估机制嵌入调解流程的做法,使得美国技术类纠纷解决周期有效缩短。

(三)知识产权保护的强法治范式

美国在应对专利治理难题上形成了行政复审与司法审查的双轨制治理体系,专利审判与上诉委员会通过多方复审程序专门受理专利有效性争议案件,该治理机制引入的动态证据提交规则和技术专家咨询制度,使复审周期从传统诉讼的32个月缩短至14个月。美国加州北区联邦法院推行的复杂专利案件管理规程采用三阶段审理模式,分为技术焦点识别期、权利要求建构期、听证预决期,将传统18—24个月的审前程序压缩至6个月,要求当事人提交不超过20页的技术白皮书,并辅以可视化证据展示系统,明显提升了该类案件的和解率。美国以《加州消费者隐私法案》为核心的监管体系构建了数字消费治理的刚性约束框架,促使科技企业大大提升了合规预算比例。美国算法问责法案(草案)提出了"影响评估+持续监测"的双轨制,实现了数字经济时代监管数据的动态溯源。

(四)危机应对的法治化路径:以"破产法"为例

在美国的法律体系中,"破产法"作为一项重要的制度性安排,在应对企业危机方面发挥着至关重要的作用。尤其是在企业重组过程中,破产法通过提供法律框架,确保企业在面临财务困境时得以实现持续经营与债务重组,从而保护企业及其利益相关者的利益。美国破产法为陷入财务困境的企业提供了在法院监督下持续运营与债务重组的机会,允许企业通过法律程序调整其债务结构,从而实现重组。法院在此过程中扮演着中立仲裁者的角色,确保所有相关方的利益得到合理平衡。为了更好地保护小微企业的利益,美国在2020年通过了小企业重组法案,为年收入低于750万美元的小型企业提供更加便捷的债务重组途径,允许此类小型企业在90天内完成债务重组,并且相较于传统的破产程序,申请费用较以往降低超过了一半。这不仅减轻了小微企业的财务负担,也为企业提供了快速解决债务问题的机会。这种特别保护机制体现了美国破产法在适应不同规模企业需求方面的灵活性与包容性,为经济社会的稳定发展提供了坚实的基础。

第二节　国外营商环境法治建设的典型经验镜鉴与启示

一、国外营商环境法治建设的典型经验镜鉴

通过对新西兰、英国、新加坡、日本、德国、美国等具有代表性国家的法治化建设情况分析可以发现，相对成熟的营商环境法治建设进程呈现出五大共性特征，分别是系统性法律框架、动态适应性调整、量化透明度导向、市场主导型治理以及国际规则兼容性。这些特征构成营商环境法治建设竞争力的核心基础，并形成可供借鉴参考的治理范式。

（一）法律规范的全周期覆盖与保持动态调整

大多数国家和地区的法治体系通常由宪法、部门法、实施细则三级构成法治框架，以此实现对企业全流程、全周期、全行业的有效规制。以德国为例，德国基本法确立了财产权保护原则，商法典规定了商事活动应遵循的基本规则，而《反限制竞争法》《破产法》等特别法则细化了经营主体的各类商事活动的行为准则。美国采用联邦与州的分权立法模式，其营商环境法治体系以《统一商法典》为核心框架，同步辅以《破产法》《小企业法》等200余部联邦与州层级的配套立法，形成覆盖企业全生命周期的制度网络。此种立法模式能够有效激发各方在设立制度规范的竞争意识，这种由联邦确定基准统一准则、各州因地制宜制度创新的规范架构，使得美国商事法律规范体系兼具稳定性、灵活性和效率性。面对技术迭代与经济波动，商事法治体系主要通过适时的制度修订来保持商事行为的可预测性。日本公司法自2005年实施以来已历经多次修订，其中2022年为适应数字经济发展新增"虚拟股东会议"条款。新加坡建立法律自动审查机制，依据该国竞争法及专利法等相关法律规范规定，每5年开展强制性评估活动，2018年评估后删减冗余条款32项，全面提升了法律的可操作性。

（二）数字化技术驱动营商环境法治效能升级

在第四次工业革命浪潮下，数字技术正重构营商环境法治建设路径。大多数

国家通过数字技术与法治建设融合发展推动营商环境升级,将算法、区块链、人工智能等新兴技术深度融入营商环境治理体系,实现法律制度实施效能的全流程跃升,减轻了经营主体的制度性交易成本,为全球法治化进程提供革新路径。

基于大数据的立法优化机制可显著提升法律制度的科学性。日本法务省开发的法律影响模拟系统,收集数据涉及企业注册、诉讼、破产等多个事项,在修订公司法时可通过预测不同条款对中小企业存活率的影响直接提高立法质量。通过建立数字化服务平台可有效打破不同治理主体间的信息壁垒。德国利用新兴技术建立了数字化反垄断平台,允许消费者上传价格操纵线索,算法自动聚类分析后生成案件线索,便于及时遏制和打击不当市场竞争行为。数字化转型已不可逆地深刻影响着营商环境法治建设路径,法治建设必须主动拥抱技术变革,在算法技术与法律制度的互动中建构兼顾公正与效率的新型营商环境治理秩序。运用新兴技术赋能营商环境法治提效升级成效显著。2023 年,新加坡制定数字政府蓝图,将区块链技术嵌入公司注册系统,企业设立耗时压缩至 15 分钟,且实现相关数据与税务、海关系统的自动对接。新西兰司法部运用智能合约技术开发"在线争议解决平台",大大降低了商事纠纷的处理成本。人工智能在法律实施中的深度应用更具突破性,2023 年日本法务省启用法律检索人工智能,可实时分析上万部法律条文之间的关联关系,有效提升了法官判决书起草效率。

(三)国际规则与本土制度有机融合

营商环境法治建设较为成熟的国家,大多主动与国际规则接轨,并将国际协定条款嵌入本国法律体系,成为国内制度治理优势。为了与《全面与进步跨太平洋伙伴关系协定》中关于电子商务条款相对接,日本在修订个人信息保护法时增设了"数据跨境流动白名单",吸引了亚马逊、微软等企业在日本投资建设区域数据中心。更具突破性的是"监管沙盒"与司法判例的协同转化机制,新加坡《数字经济伙伴关系协定》获批准后,金融管理局创设"跨境数据流动沙盒",允许企业在豁免新加坡《个人数据保护法》第 26 条限制的前提下测试数据共享模型。在全球价值链深度整合背景下,部分国家通过将国际标准内化为国内制度的创新机制,不仅提升了国内法律体系的全球兼容性与制度竞争力,更提升了国家在经贸规则博弈中的话语权。

(四)多元主体参与营商环境治理

对于营商环境的治理路径,在法律实施层面注重激发经营主体活力,发挥社会多元主体的治理优势,构建政府、企业以及社会组织协同治理的立体化网络,有效破解传统行政治理中的监管困境。行业协会深度参与规则制定与标准实施。德国《工商业协会法》明确赋予行业协会准立法权,授权其制定技术标准、职业资格认证等细则条款。新加坡在《标准、生产力与创新局法案》明确规定设立"行业标准委员会",吸纳企业代表占比超一半,2021年发布的《电子商务交易指引》通过行业协商机制删减多条冗余条款,此类制度安排不仅降低政府监管负荷,更通过专业知识嵌入提升规则实操性。2022年,英国竞争与市场管理局推出合规伙伴计划,允许行业协会制定反垄断合规标准并开展认证,参与企业若通过认证可豁免部分例行检查。2023年,英国的竞争与市场法案增设公共利益诉讼制度,允许消费者团体对垄断行为发起集体诉讼。多主体共治模式通过释放社会组织的规则供给功能、激活公众监督效能、优化公私合作路径,逐步形成营商环境的治理共同体,有效促进法律强制力向企业内生合规动力的转化。

(五)创新监管与风险防控体系建设

在全球营商环境法治化进程中,发达国家通过构建敏捷性监管框架与智能化风险防控机制,在激发市场活力与维护经济安全间实现动态平衡。新加坡率先推行"监管沙盒"制度,允许金融科技、数字医疗等创新企业在限定范围内突破现有法规测试新产品,监管机构同步建立风险评估模型与退出熔断机制,若测试企业引发系统性风险或侵害消费者权益,可立即中止试验并启动损害救济程序。此模式通过"容错空间"与"高压线"的复合设计,既释放创新潜能又守住安全底线。欧盟通过《算法责任法案》确立"预防性监管"原则,要求平台企业公开自动化决策系统的核心参数与训练数据来源,并建立人工复核干预通道。德国联邦金融监管局开发"风险雷达"系统,实时抓取企业财务数据、舆情信息与供应链动态,运用机器学习预测信用违约概率,当风险值超过阈值时自动触发分级响应并对黄色预警企业实施合规约谈,橙色预警启动定向检查,红色预警直接冻结高风险交易。日本构建全链条信用监管体系,将企业从设立到退出的全周期行为数据纳入"社会信用信息平台",依据合规记录、纳税贡献、环境表现等多项指标生成动态信用评分。评分与监管强度直接挂钩：AAA 级企业可享受三年免检、税收优惠等激励，B 级以下企业则面临高频检查与融资限制。同时，创新"监管影响评估"工具，要求政策制定前必须测算对中小企业、新兴行业的影响系数，若导致市场集中度上升超过限度或创新抑制指数超警戒值，需重新调整政策参数。英国在危机应对领域建立压力测试与规则迭代的联动机制，金融行为监管局每两年模拟极端经济情境，考察英国破产法、英国反垄断法等核心法律的应急效能。

在技术赋能层面，美国证券交易委员会开创"监管科技"新模式，部署自然语言处理系统实时解析上市公司财报、招股书等文件，通过语义分析识别财务舞弊线索，内幕交易案件主动发现率明显提升。荷兰税务与海关管理局开发的区块链发票认证系统，企业进项税票信息实时上链存储并自动交叉核验。多方协同治理机制亦成为风险防控的关键。德国《反限制竞争法》修正案引入"行业自律承诺"制度，对主动制定并执行反垄断合规计划的企业，可在案件调查中获最高 30%的罚金减免。韩国建立"监管创新伙伴计划"，遴选龙头企业与监管部门共建设计监管规则，这种公私合作模式将企业技术优势与政府的公共治理目标有机结合，形成更具适应性的监管生态。国际经验表明，现代风险防控体系需实现三个维度突破，分别是实现监管工具从单一惩戒向激励与惩戒相融合转变、风险识别从事后处置向事前预警转变、治理主体从政府主导转向多元主体共治，这些实践经验为中国构建兼具强制力与包容性的监管体系提供了重要参考。

二、国外营商环境法治建设的主要启示

通过系统梳理具有代表性国家在优化营商环境法治建设工作方面的特征，并经比较各国的制度规定和实践探索经验，可提炼出关于推进营商环境法治建设的典型经验。域外国家和地区的典型经验为我国营商环境法治建设提供了多视角的参照系，可以从制度设计、技术赋能、治理结构等层面着手，构建具有中国特色的营商环境法治保障体系。

（一）建立健全营商环境法律保障体系

在营商环境法律保障体系建设方面，要有序推进营商环境专项立法体系化，整合分散于《优化营商环境条例》《市场主体登记管理条例》《外商投资法》等 56

部法律法规中的相关条款,通过编纂营商环境专门法典构建覆盖经营主体全生命周期的法典体系。参照德国商法典的立法经验,设立"市场准入""产权保护""公平竞争""市场退出""数字营商""争议解决"等篇章,并按需要合理嵌入"法律保留条款",明确地方政府不得在税收减免、资质许可等领域增设限制性规定。同时,适时制定《营商环境法律适用解释规则》,重点解决民商法、经济法、行政法等部门法之间的规则适用冲突问题。针对新业态发展情况,及时制定法律适用的负面清单,明确禁止"法无授权即禁止"原则的滥用。司法部可通过跨部门的大数据合作,有效整合市场监管、税务、海关等部门所涉及的可公开企业数据,在数字化平台中构建"法律适用数据库"。企业在输入基本信息后,数据库将自动推送相适配的法律条款与合规指引,有效降低中小企业的咨询成本。

在强化营商环境司法保障效能方面,通过在全国重点城市的中级人民法院设立营商环境专门法庭,集中审理企业合规建设、产权纠纷等案件,提高案件的审理效率,并将生效裁判执行率、执行周期纳入地方法治建设考核,保障涉及营商环境案件及时审理、有效执行,在社会动态发展中不断完善法律制度供给,为经济高质量发展提供坚实法治保障。通过构建全流程精准适配的商事司法保障体系,重点优化涉企纠纷立案、审理与执行环节的效能衔接机制。在最高人民法院设立营商环境司法政策研究室,定期发布《商事审判指引》,统一裁判标准并建立类案强制检索制度,对涉企案件审理周期实行分级管控。可探索建立全国统一的商事纠纷电子诉讼平台,实现企业线上提交证据、区块链存证验证与异步庭审功能。强化民营企业产权司法保护,制定涉案财产保全实施细则,明确严禁超标的查封、优先适用活封活扣等原则,推广上海金融法院的"财产保全责任险"机制,有效降低企业诉讼成本。着力破解执行难问题,建立全国联网的被执行人财产线索智能分析系统,整合工商、税务、不动产等多个部门数据源,运用大数据画像技术提升财产查控精准度。同步推进司法透明度改革,开发企业版司法大数据分析平台,提供区域性涉诉风险预警报告。可借鉴世界银行 B-READY 评估体系,通过设立司法服务质量监测指标,将商事案件调解率、二审改判率等司法指标纳入法治考核范畴。

在强化技术赋能法律实施方面,适时建设区块链法治存证系统,通过推行"链上登记确权"机制,将企业登记信息、知识产权、合同履约记录等关键数据上链存证,参照爱沙尼亚模式,建立分布式账本管理系统,存证数据通过哈希加密生成唯一数字指纹,司法机关可实时核验关键数据信息。推动部署开发监管合规智能监测平台,整合企业信用、纳税、用工等重要数据,运用机器学习构建风险预警模型,对信用评分高级别的企业实行"无事不扰",对评分较低的企业自动触发重点检查。有效实施法律文书智能生成系统,通过涵盖我国法律法规数据库的集成式AI辅助工具,自动生成行政处罚决定书、裁判文书等标准化文件,提升文书制作效率和正确率。

(二)推动政府职能的法治化转型

在营商环境优化建设方面,政府职能的法治化转型需贯穿行政执法全流程,通过清单管理划清权力边界,借助数字技术提升监管效能,在商事登记智能化、信用监管精准化、政策审查自动化等领域持续突破,形成"有为政府"与"有效市场"的良性互动模式,为构建国际一流营商环境提供坚实法治保障。

第一,全面推行行政许可清单化管理,依据《中华人民共和国行政许可法》梳理我国各级政府的行政许可事项,对无法律依据的审批事项进行全面清理。2023年国务院公布的《中央层面行政许可事项清单》将审批事项压缩至725项,较2018年减少43%。探索建立清单动态调整机制,通过区块链技术确保清单不可篡改,例如浙江在"最多跑一次"改革中,行政许可事项减少至322项,企业设立平均耗时压缩至0.5天。在自贸试验区试点经验基础上,将市场准入负面清单从特别管理措施扩展至全领域,禁止地方政府以备案、登记、年检等形式变相设置审批条件。海南自贸港2023版负面清单仅保留27项限制措施,较全国版缩减54%。

第二,在行政执法的透明化监管方面,适时研发行政执法的可视化平台,整合全国各个省市的政务数据,建立覆盖行政许可、行政处罚、行政检查等可公开数据信息的实时监测系统。通过数据地图展示各部门执法运行密度,对异常高频检查地区自动触发预警。通过制度创新和市场化监管有效释放市场发展活力,建立信用分级分类监管体系并实施企业信用评分制度。通过整合纳税、社保、环保等部门的数据信息,构建动态信用评价模型,根据信用评分实施分级监管。同时,推行信用修复快速通道,制定《企业信用修复管理办法》并明确轻微违法失信行为的修复条件与流程,对完成整改的企业,视情况缩短信用公示期或使企业提前恢复信用。建立非强制性监管机制,例如,对首次轻微违法行为实行"首违不罚",通过行政指导书替代行政处罚;发布《涉企柔性执法事项清单》,明确可采取说服教育、行政建议等非强制手段的执法情形。

第三,推进数字化监管,提升服务效能。通过构建企业全息画像平台整合登记注册、纳税申报、社保缴纳等数据信息指标,运用机器学习构建企业风险预警模型。上海"一网统管"系统已形成200项企业风险标签,对高风险企业自动触发精准检查,无效执法减少65%。在工程建设、食品药品等重点领域推行AI辅助审批,系统自动核验材料合规性。建立电子证照共享体系,推进营业执照、资质证书等高频证照全量上链,实现跨部门、跨地区可信流转,将执法检查全过程记录上链,通过时间戳和哈希值固化证据链,为涉行政纠纷提供证据支撑。

(三)加速推进法治建设的数字化转型

数字化技术正在重塑法律制度与社会行为的传统互动模式。依据诺内特和塞尔兹尼克的"回应型法"理论,法律系统需保持对环境变迁的适应能力。在营商环境领域,区块链的不可逆性特征可重构信任机制,通过智能合约的执行刚性替代传统契约的履约监督成本,有效降低制度性交易成本。同时,算法驱动的监管科技实现从"事后惩戒"向"实时干预"的治理转型,契合贝克"风险社会"理论中对预防性规制的需求。大数据技术通过数据要素驱动的法治效能提升,可突破传统抽样监管的局限性。例如,杭州市建立的"企业风险预警系统",整合跨部门的多类型数据构建企业画像,使问题企业识别准确率大幅提升。"代码即法律"理论在营商法治实践中获得新诠释。在新加坡支付服务法案中,将智能合约效力纳入法律并赋予代码规则的准法律地位,建立全国统一的营商法律规范知识图谱,将散见于上百部法律法规中的涉企条款结构化处理,由此司法裁判文书援引效率提升40%。

推动数据权属地法治保障机制建设。建立企业数据资产登记制度,在符合《中华人民共和国数据安全法》的有效规范基础上,构建数据产权登记系统,实现对生产经营数据、用户行为数据等类型的分类确权管理。建立算法影响评估制度,对涉及市场准入、信用评价的关键算法实施分级管理,其中高风险算法需通过第三方认证,中低风险算法实行备案管理。实施数据分类管理制度确保数据安全与治理效能的平衡,将企业数据划分为公共数据、授权数据和私有数据,设置差异化保护规则。建立中小企业数字化帮扶制度,财政部门通过设立专项补助资金,对小微企业的数字化合规改造给予一定额度补贴,帮助小微企业减少非必要咨询费用支出。在法律规范指引下,通过新兴数字技术赋能营商环境法治建设工作的新型治理模式,并以制度设计确保"数字赋权"与"权利保障"的动态平衡,使法治建设真正成为优化营商环境的持久动能。

(四)培育多元主体协同参与的营商环境治理生态

多元主体协同参与的营商环境治理生态,本质上是营商环境治理模式从"政府主导"向"多元参与"的模式转型,这需要以制度赋权激活社会主体的治理动能,以技术赋能保障公众参与的实质效力,以规则互构提升国际兼容水平,最终使得多元主体共治模式成为提升营商环境治理质效和综合竞争力的重要支撑。

第一,通过释放社会组织治理潜能,完善社会组织法律地位与职能界定。可借鉴德国的工商业协会法,适时修订社会团体登记管理条例,在赋予全国性行业协会制定技术标准、职业资格认证的法定权限的同时,明确行业协会商会等社会组织的准公共管理职能。开发构建政府与社会组织资源协同平台,在省级层面设立社会组织能力建设基金,重点支持专业化合规培训、国际规则对接咨询等服务供给,同时推行服务外包负面清单制度,明确规定安全生产培训、企业信用评估等特殊类型服务必须向社会组织开放采购。创新社会组织绩效激励机制,建立社会组织"治理贡献度"星级评价体系,将标准制定数量、纠纷调解成功率等指标纳入评估。对连续获评五星级的社会组织可适当给予所得税减免、政府项目优先参与等政策激励。

第二,完善公众参与制度渠道,健全法定化公众参与程序机制。要求涉及市场准入、行业监管等重大决策必须召开分层级听证会。听证代表构成实行"三三制"原则,即企业代表、消费者代表、专家学者各1/3占三分之一,还需保留合理占比的中小企业代表席位。强化公众监督的法治保障,对积极参与营商环境事项监督的公民给予奖励及采取人身保护令等措施。

第三,推进协同治理机制的保障性制度建设,建立多元主体治理效能评估体系,评价内容包含规则供给贡献度、矛盾调解成功率、国际对接有效性三大类指标模型,由治理效能的量化统计反映社会组织效能。通过完善跨界治理的法治协调机制、健全跨部门联席会议制度等方式,不断提升跨区域协同治理能力。特别是在长三角生态绿色一体化发展示范区,已探索试行"联合立法"机制,有力推动上海、浙江、江苏三地协同出台统一的市场监管标准。

(五)提升法治体系的国际兼容性

第一,积极参与全球贸易规则和标准制定工作,及时掌握和精准预测未来国际规则演进方向,重点聚焦数字经济、绿色金融、人工智能治理等新兴领域,在国际组织平台主动发起条约草案,对现有国际市场规则修订或增设提出科学性草案建议。在共建"一带一路"框架内建立法治合作专项基金,优先支持中国法律服务机构在共建"一带一路"国家设立分支机构,通过法律查明、合规咨询等专项服务输出,为当事人了解和适用《国际商事合同通则》提供便利,并分享中国相关实践。

第二,建设战略型涉外法治人才库,注重涉外法治人才选拔与培养体系更新。设计梯次化人才培养体系,推动全国法学院校在基础教育阶段嵌入国际法课程,采用国内教授与国际组织官员共同参与的双导师制制度,课程设置增加国际投资仲裁、跨境数据合规等实务模块,旨在培育国际法律思维和涉外法律人才。设立国家涉外法治人才认证中心,制定涉外法律执业能力标准并设立三类认证等级,其中持初级证书可以处理跨境合同审查事项,中级可参与国际仲裁事务,高级可主导国际规则谈判工作。此外,还需畅通法官、律师赴世界贸易组织的争端解决机构、国际法院参与任职的渠道,中国籍法律人才在国际舞台的活跃度仍需提升。

第三,推动制度保障体系优化升级。探索构建国际法治数据中心,通过覆盖全球多个国家上百万部法律法规建立"全球法律大数据库",运用自然语言处理技术实现多语种实时互译,为企业提供合规风险预警,将大大降低跨境投资的法律尽调成本。同时,完善国际规则的转化与国内立法工作,积极对接国际规则和标准并做好相关调整;设立国际法治专项基金,支持国际组织任职、规则谈判、海外法律服务中心建设等工作。

第四,通过创新国际争议解决机制,打造国际商事争端解决枢纽。在最高人民法院国际商事法庭框架内构建智能化的中立争端解决枢纽,通过引入国际通行的临时仲裁规则与调解优先原则，创新跨境纠纷解决程序。具体而言，可探索将区块链存证技术与仲裁裁决执行相衔接，建立跨境电子证据司法互认机制，对符合《中华人民共和国电子签名法》要求的智能合约自动赋予司法推定效力，在深圳、上海、海南等自贸试验区先行试点适用中英双语裁决的在线异步审理模式。为突破传统仲裁的限制，应推动《仲裁法》修订，允许境外仲裁机构在自贸试验区设立业务机构并开展临时仲裁，同步制定国际仲裁证据规则，明确域外取证、专家证人作证等程序标准。此外，还需着力发展具有国际公信力的调解体系，建议以《新加坡调解公约》为蓝本制定商事调解相关法律规范，设立国家级涉外调解员资质认证制度，培育调解与仲裁相结合的混合式商事解纷模式。可借鉴迪拜国际金融中心经验，在海南自由贸易港建立"国际争议解决创新园"，集聚跨国律所、评估机构及合规服务商，配套实施跨境法律服务税收优惠政策。为增强国际规则话语权，应支持中国国际经济贸易仲裁委员会主导制定《人工智能争端解决规则》，探索算法辅助裁判机制，构建适应元宇宙、Web3.0 等新兴领域的解纷规则体系。

总之，通过剖析世界上具有代表性国家在营商环境法治建设方面的路径，可以揭示法律制度竞争力形成的核心规律，即以系统完备的法治保障体系为基础，以新兴技术创新为驱动，以多元主体参与的共治机制为重要支撑。因此，我国应在充分借鉴国外先进经验的基础上，结合自身市场经济发展和法治建设的实际，通过健全法治体系、推动数字技术赋能法治转型、创新营商环境治理模式等举措，构建具有全球竞争力的营商环境法治体系。

第五章　国内主要省市打造法治化营商环境的典型做法

近年来,全国各省市为深入学习贯彻习近平总书记"法治是最好的营商环境"的重要论述,将法治与营商环境相结合,充分发挥法治固根本、稳预期、利长远的保障作用,创新形成一批可复制、可推广、企业有感的改革新成果。

第一节　先行试点城市优化法治化营商环境的经验与做法

2021年,在《关于开展营商环境创新试点工作的意见》指导下,北京、上海、广州等6个城市成为优化营商环境的试点城市。截至2024年,试点城市在规范经营主体准入和退出机制、营商环境法律法规建设、简政放权等方面都取得了丰硕成效。有必要梳理创新试点城市关于打造法治化营商环境的典型做法,为今后进一步优化营商环境提供借鉴。

一、北京市推进法治化营商环境改革的创新之举

俗话说,"栽得梧桐树,引来金凤凰"。好的营商环境不仅可以给一座城市吸引来无数资本投资,更能对当地的GDP产生显著影响。2017年中央财经领导小组第十六次会议上强调,北京等特大城市应当发挥地域优势,要率先加大营商环境改革力度。近年来,北京市通过坚持"顶层设计+压茬推进"的改革模式,连续推出了一系列创新性强、针对性高、影响力大的改革措施,营商环境优化工作实现了从"跟跑"到"领跑"的转变,并取得了一系列制度突破和工作成效,有效发挥了营商环境建设的率先示范与引领作用。

(一)抓创制性立法,促进"制度重商"

习近平总书记在"省部级主要领导干部学习贯彻党的十八届四中全会精神全

面推进依法治国专题研讨班"上指出:"要坚持改革决策和立法决策相统一、相衔接,立法主动适应改革需要,积极发挥引导、推动、规范、保障改革的作用,做到重大改革于法有据,改革和法治同步推进,增强改革的穿透力。"北京市始终坚持在法治轨道上推进营商环境改革,不断推动相关法律政策完善,法治化营商环境优化工作已成为该市法治政府建设的亮点,并得到了中央全面依法治国办公室的肯定和认可。

一方面,涉及营商环境的地方性法规不断健全,为营商环境工作夯实了制度基础。从2013年发布的《北京市促进中小企业发展条例》开始,到"十三五"规划期间,北京市陆续推出了《北京市促进科技成果转化条例》《北京市优化营商环境条例》《北京市促进中小企业发展条例》等地方性法规。这些法规为北京市在营商环境优化方面的工作作了全面系统的规定。特别是《北京市优化营商环境条例》,是基于首都城市的战略定位而制定的。在总结当时的实践经验和成果之后,该条例进一步在商事登记和行政审批等市场准入方面进行了体制完善和机制创新,这标志着北京市在法治化营商环境建设方面已经进入了一个全新的发展阶段。

另一方面,出台配套政策文件,进一步把营商环境工作的要求规定落实落细落地。一是开展营商环境专项工作。为了更好地解决营商环境中企业面临的痛点、难点,北京市连续制定出台关于优化营商环境的行动方案、三年行动计划以及1.0到6.0营商环境改革政策等,截至目前共计推出1034项改革措施,涉及市场准入、监管执法以及对外投资等多方面、涵盖全领域。二是助力政府职能转变,提升服务效能。在"十四五"规划期间,包括《关于建立政务服务"好差评"制度提高政务服务水平的实施意见》《北京市进一步优化营商环境更好服务市场主体实施方案》《北京市培育和激发市场主体活力持续优化营商环境实施方案》等一系列关于激发经营主体积极性、转变政府职能、推动市场环境公平竞争的规范性文件出台,为助企纾困、打造一流营商环境的北京模式夯实了制度基础。北京市持续推进优化营商环境工作制度化法治化建设,发挥营商环境系列法规制度的规范作用,助力营商环境改革工作实现从量变到质变的飞跃。

(二)抓全方位保护,促进"监管护商"

北京市扎实推进监管效能整体提升,着力打造规范化、精准化的监管体系。

一是建立"风险+信用"监管体系,差异化引导企业合法经营。健全区域监管对象评价指标体系,并依据评价结果实施分类分级监管,以风险作为分类基础生成企业初始评价结果。综合考虑监管对象、行业、规模、风险源等监管特性,将涉及重大生产、运行安全的监管对象划分为Ⅰ类企业(如工业生产企业)实施重点监管,其他监管对象划分为Ⅱ类企业(如商务零售企业)实施常规监管,同时以此为基础进行A、B、C、D四级评价。[1] 最终评价结果的形式,需要以企业信用为变量进行调整。其中,将企业的主观管理意愿和风险管理水平等"经营信用"情况作为重要的评级调节指标,有助于打通高风险监管对象向上提升的通道,进而提升企业规范经营的主动性与自觉性。以评价结果为标尺,创造"奖优罚劣"监管氛围。根据监管对象评价标准,核定企业年度现场检查频次总量,对评价高的企业降低现场检查频次,实施包容审慎监管,对评价低的企业强化执法整治,切实让企业感受到评价结果的差异化效果,引导企业合法规范经营。

二是打造"综合查一次"检查机制,统筹提升执法监管效果。建立跨部门检查统筹机制,坚持"无计划不检查"原则,从检查次数集约化、检查标准统一化、检查过程规范化三方面对区内28个监管执法部门的涉企检查实行统一调度。建立检查重合企业"综合查一次"统筹协调机制,按照"时间相近、企业相同、综合查一次"的原则实现各部门检查整合,避免交叉、重复、多头检查,明确综合监管牵头部门,对涉企检查中出现的标准不一、规定打架的情况进行协调,统一检查标准、清晰监管要求。建立"查前提前公示,查中主动扫码,查后跟踪问效"检查流程规范,各监管部门在查前制定计划,并抄告企业。在查中,检查人员及时扫码记录检查情况,依法合规检查;在查后,建立检查统筹跟踪问效机制,通过微信小程序等技术手段在企业端记录检查时间、部门及内容,以政企信息共享实现双向监督,提升监管社会效果。

三是推行非现场"无感"监管手段,技术应用实现闭环监管。加大大数据、大模型AI、物联感知等非现场监管手段应用,聚焦生产、城市运行、生物、食品等重点安全领域,实施重点突破。目前已在危化品使用等关键环节落地,实现了卫生监督、市场监管、农业农村、生态环境、安全生产等多源数据共享,即时比对和AI

---

[1] 曹政:《北京改革举措入选营商十大案例》,《北京日报》2024年9月11日第3版。

筛查。使用后,相较原有"人工巡查"模式,问题发现率由10%提升到80%,检查覆盖频次由年度覆盖提升为实时核查比对,访企次数大幅降低,初步形成了"监管数据多源汇聚、问题线索智能筛查、违法行为及时处置"的闭环监管模式。目前,北京市已将非现场监管作为优化营商环境、打造"北京服务"品牌的重要举措,计划到2026年度实现非现场检查量占比超过60%,真正发挥科技赋能监管效用,实现监管"增效"而企业"无感"。[1]

四是初步构建分类分级监管环境,真正做到"有事帮扶、无事不扰"。自全面推动综合监管改革以来,涉企检查频次明显下降,初步构建了分类分级监管环境,大幅优化了企业"监管体验"。企业参与感更强,经营主体通过管理投入的"加量"获得执法监管的"减负",实现了企业经营与政府管理"双赢"。企业打扰度更低,监管入企次数整体下降,特别是非现场监管落地场景,执法靶向性大幅提升,真正做到了"有事帮扶、无事不扰"。以Ⅱ类企业为例,一体化综合监管制度实施前,A级企业检查量由平均4次下降为1次,D类企业检查量由平均4次上升为12次。

此外,还通过对各部门、各层级监管资源进行整合利用和协同联动,在餐饮、物流、养老服务等31个场景率先开展"6+4"一体化综合监管试点,监管的"广度"得以拓展。

(三)抓数字化赋能,促进"服务暖商"

一是北京市创新推动"一件事"集成服务改革,着力提高行政效能。建立业务技术双轨推进、全流程数据监测等"一件事"改革保障机制,选取企业群众生产生活典型场景,持续拓展社会保障卡等事项及服务内容,丰富"在线导办"、帮办代办等服务供给,对接"一件事"改革涉及的19个系统,实现一次下发、并联审批。在全国率先推出举办大型营业性演出、大型展览展销、大型体育赛事等3个"一件事"场景,保障线上线下提供同质化服务。目前,已推出新生儿出生、企业注销等62个场景,2024年以来月平均办理量为35万件。

二是北京市数字赋能外商投资企业登记,便利外商投资。聚焦外国人身份认

---

[1] 北京市市场监管局:《2026年本市实现非现场检查量占比超60%》,《首都建设报》2024年12月23日第2版。

证痛点环节,新增境外自然人通过"刷脸"、银行卡以及香港投资者通过简化版主体资格公证文书电子化流转等3个在线身份认证渠道;借助"e窗通"平台,优化外币账户开立、外籍员工登记、外资企业开办事项"一网通办"等3项服务功能;通过"允许港澳非自然人投资者提供简版公证文书、试点外国投资者主体资格证明文件跨区域认可、取消外国投资者公证文书认证要求",简化3类事项文书材料。目前,该市已实现外商投资企业登记全程网办、一网通办,大大减少跨境身份公证认证文书流转和邮寄时间。外商投资企业的开办时间,从2—3个月缩短至最快1天。[1]

二、上海市打造国际一流营商环境的具体举措

上海作为优化营商环境的第一批创新试点城市,以对标国际营商环境一流实践为牵引,推出综合举措,打造市场化、法治化、国际化一流营商环境。

(一)完善制度供给,健全营商环境制度体系

一是提升法规制度的适应性。为落实《优化营商环境条例》,2020年上海市出台了《上海市优化营商环境条例》。截至2024年,《上海市优化营商环境条例》已经完成第3次修改,更好地满足当前打造一流营商环境、促进经济高质量发展的需求。如《上海市优化营商环境条例》第三十一条第五款修改为本市登记的经营主体可以在登记住所以外开展经营活动,无须向市场监管部门申请办理经营主体登记备案手续。该条款的规定为跨区域经营的经营主体提供便利化措施,为上海企业加速跑提供了动力。为了不断优化和提升上海电力接入营商环境,根据国家和上海关于深化营商环境和行政审批制度改革的工作指导,《上海市进一步优化电力接入营商环境实施办法》经过修订后正式发布。该办法适用于全市低压非居用户电力接入工作,实施"三零"(零上门、零审批、零投资)服务,包括申请新装、增容等业扩服务。它明确了一系列改革措施,如流程再造、压缩时限、落实责任、加强协调等,显著减少了低压小微用户获取电力的时间和成本,将接入时间从145天大幅缩短到平均25个工作日。在此过程中,各单位也积极配合相关部门

---

[1] 曹政、杨天悦:《本市两项改革上榜国家优化营商典型经验》,《北京日报》2024年6月10日第1版。

开展了大量工作,取得一定成效,但仍存在一些问题有待改进完善。为了进一步推进改革并提高排名,上海市发展改革委对《办法》进行了两轮的修订工作,集中精力于政府审批的关键步骤,并尝试创新"告知承诺"的审批机制,以将用户的接入时间进一步减少到不超过10天,而政府审批的时间则不超过2天。

二是提升配套政策的适配度。2018年以来,上海每年出台一版优化营商环境行动方案,目前已经是第七版,从1.0到7.0,累计推出了逾千项改革举措,涵盖了市场环境、政务环境、投资环境、涉外营商环境、创新环境、监管环境和企业全生命周期服务等多个方面。尤其是2024年上海发布《上海市坚持对标改革持续打造国际一流营商环境行动方案》(即7.0版行动方案),以提升企业感受度为核心,持续激发各类经营主体活力,全方位优化社区服务,从注重提升企业办事便利度向主动赋能产业全链条发展升级,着力解决市场稳定、公平竞争等问题。其中一个非常直观的变化是条目少了——从6.0版的208项减少到7.0版的150项。条目减少的背后是全新的"用户意识",优化营商环境政策文件重在"对外",也就是面向社会和经营主体,立足于社会看得懂、企业有感受,因而只纳入社会和企业各界关心的任务事项,政府部门内部的工作则不纳入。内部工作不公开不等于不做。在优化营商环境7.0版对外发布的同时,政府内部还印发了两个附件:一是各部门的责任分工表,二是各区营商环境经验做法复制推广清单。这些内部工作因与企业和社会关联较弱而没有纳入7.0版公开文件。[1] 此外,7.0版方案进一步体现了整体性和全面性,涵盖市场环境、政府公共服务、监管执法、法治保障等各方面的优化提升要求。"五大行动"(即对标改革提升行动、企业服务提升行动、监管执法提质行动、区域标杆创新行动、营商环境协同共建行动)的内容均围绕企业发展需求,注重推动解决诉求处理的难点重点问题,小切口、具体化。

(二)提高行政监管和执法水平,支持经营主体健康发展

一是法治监管。上海市积极推进柔性执法,制定《上海市市场监管领域不予行政处罚和减轻行政处罚实施办法》,同步发布不予行政处罚清单4.0版和减轻行政处罚清单,明确市场监管领域68项不予行政处罚事项和18项减轻行政处罚

---

[1] 宰飞:《上海优化营商环境7.0版今天公布》,《解放日报》2024年2月18日第1版。

事项。截至2024年3月底,已有63万余家企业受益,累计减免罚款金额超过9.1亿元。加大公平竞争审查力度,对本市69件重大政策措施开展公平竞争审查会审,把好政策出台首道关。开展重点领域市区两级政策措施的公平竞争审查第三方评估、上海市公平竞争审查工作会审制度实施情况第三方评估等5项评估工作,有效保障政策文件的审查质量。制定发布《互联网平台企业竞争合规评价指引》《价格促销合规指南》《明码标价合规指南》等9部市场监管合规指引,为企业稳健发展提供重要保障。此外,在商业秘密保护上,上海是全国率先在地方立法中明确将商业秘密保护示范区站点建设作为常态化机制的城市,建成322个市、区两级商业秘密保护示范区站点,开展62项企业商业秘密保护服务活动。[1] 浦东新区、奉贤区更是入选第一批全国商业秘密保护创新试点地区,黄浦区入选第二批全国商业秘密保护创新试点地区。

二是信用监管。首先,采用信用风险分类管理。上海市通过优化"通用+专业"分级分类监管模式,在食品生产、特殊食品生产、食品流通企业、产品质量、媒体广告单位和化妆品等6个专业监管领域建立信用风险分类管理机制;加快推进风险预警,食品生产企业预警、特殊食品生产企业预警、企业法定代表人任职限制预警等模型上线运行,累计产生预警信息9600多条,推动监管关口前移。其次,推动跨部门联合"双随机、一公开"监管。上海市市场监督管理局牵头修订《上海市市场监管领域部门联合抽查事项清单(第二版)》,会同生态环境、公安等部门对120家检验检测机构开展联合抽查;会同市商务委印发《上海市外商投资企业年报"双随机、一公开"跨部门联合抽查工作方案》,对市商务委、市场监管局随机抽取并下派的检查对象名单,由各区商务主管部门联合区市场监管局、临港新片区市场监管局、市场监管局机场分局依法对企业年报情况实施检查,各区市场监管领域有关部门依托区联席会议机制,制定联合抽查年度计划,共组织开展餐饮服务、医疗卫生、文化旅游、生态环境、安全生产等领域联合抽查531次,检查经营主体1.1万户次,发布"双随机、一公开"监管创新案例11件。再次,"免申即享"信用修复。上海市持续优化国家企业信用信息公示系统信用修复申请专栏功能,

---

[1] 刘浩:《新设经营主体53.55万户——上海市发布2023年优化营商环境白皮书》,《中国消费者报》2024年2月5日第3版。

共将 1.8 万户企业移出经营异常名录,将 607 户监管对象移出"黑名单"。对于因未年报被标记为经营异常状态的个体工商户完成线上补报的,"免申即享"自动取消经营异常标记。同时,完善"国家企业信用信息公示系统(上海)"和"信用中国(上海)"网站行政处罚信息修复互认机制,2024 年 1 月以来累计完成"同步修复"各政府部门的行政处罚信息 618 条。最后,开展食品生产领域风险预警触发式监管。对信用风险等级较低的食品生产企业,主要采取风险预警触发监督检查的模式。明晰抽检不合格、投诉举报集中和日常监管中经常出现问题,完善以飞行检查为主的有因检查机制,推动监管由"经验判断"到"数据分析"转变,增强监管的靶向性,减少对企业正常经营的干扰。上海开展食品生产企业信用风险管理的案例,被列入市场监管总局编撰的《中国企业信用年鉴》。

三是智慧监管。首先,试点特殊食品生产企业非现场监管。上海市市场监督管理局选取本市 35 家特殊食品生产企业推广应用远程视频监控技术,统一特殊食品生产企业关键点远程非现场监管检查要求和巡查记录表,对在产的特殊食品生产企业开展线上巡查,结合食品安全信息追溯和日常监管执法等系统应用,建设特殊食品生产智能化监管系统,进一步推动特殊食品生产企业监管信息共享利用和可视化监管。其次,推进餐饮单位"互联网+明厨亮灶"建设。新增1000家"互联网+明厨亮灶"示范店,推进餐饮服务的透明化和可视化,促进餐饮服务数字化转型,提升企业食品安全管理水平。鼓励入网食品经营者实施"互联网+明厨亮灶",将视频信息上传至其加入的第三方平台。最后,升级"从农田到餐桌"的信息追溯体系。以食品包装追溯二维码的应用为抓手,推进生产过程智能化追溯体系建设,提高食品生产企业整体供应链效率,推进食品制造业提质增效。目前,全市纳入追溯目录企业已实现包装追溯二维码赋码率100%。

(三)提升法律服务能级,护航经营主体行稳致远

一是提升公共法律服务可行性和便捷度,加大对经营主体尤其是中小企业的针对性帮扶力度。上海市司法局优化公共法律服务实体平台功能,强化区公共法律服务中心为中小企业提供合规经营、劳动用工等方面法律帮助的作用,推进公共法律服务进园区,持续开展"服务实体经济 律企携手同行"专项行动。在"嘉定法宝"微信公众号上推出"企业法律服务"板块,精准回应企业需求。尤其在知识

产权保护方面,上海市知识产权局和上海市国际贸易促进委员会共同印发《关于加强海外知识产权纠纷应对机制建设的实施意见》,强化海外知识产权维权援助服务供给。同时,印发《关于进一步加强本市中小企业知识产权工作的指导意见》,支持企业加强海外知识产权布局。其中重点聚焦企业海外知识产权纠纷应对实际需求,建立"3+5+34"的服务网络,在上海市内重点园区、大型企业、电商平台设立34家维权援助工作站,为企业出海提供全方位、多层次的知识产权服务。同时,加强培育品牌专精型律所,提升商事、知识产权和涉外律师事务等高端优质法律服务能力,满足市场对高端化的需求。针对出海企业面临的知识产权共性问题,发布海外知识产权维权与纠纷应对、"一带一路"专利商标申请等实务指南,推出维权需求企业库、海外法律法规库、纠纷应对案例库等,开展知识产权公益数据库项目,支持中小企业便捷查询全球专利、商标等数据。联合专业机构利用大数据、人工智能等技术手段加强海外案件监测,加快建设涉外知识产权纠纷预警信息发布平台,指导帮助企业及时掌握和应对海外纠纷,加强风险防控。

二是提升国际商事仲裁中心建设能级,为经营主体提供一流争议解决服务。2023年12月,上海市人大常委会审议通过的《上海市推进国际商事仲裁中心建设条例》正式施行,在全国率先引入仲裁地、临时仲裁等接轨国际通行规则的仲裁制度规则。2024年6月,上海市司法局出台了《上海市涉外商事海事临时仲裁推进办法(试行)》(简称《办法》),规定了临时仲裁适用范围、选定仲裁员和仲裁规则、仲裁程序推进和保障等,这是国内首个在地方层面明确规定和认可"临时仲裁"制度的法律文件。《办法》中规定了三类可以在上海进行临时仲裁的涉外商事海事纠纷,其中第二类为"上海市浦东新区注册的企业和境内外当事人之间的"浦东专项。浦东作为全国仲裁机构集聚地,除了上仲、上国仲等本土仲裁机构,香港国际仲裁中心、新加坡国际仲裁中心等多家仲裁机构也选择落户浦东。2023年首家外国仲裁机构韩国大韩商事仲裁院上海中心在浦东登记设立,使浦东成为国际仲裁走进中国、中国仲裁走向世界的重要窗口。浦东在创新海事仲裁规则制度基础上,积极参与国际规则制定,持续完善"临时仲裁"体制机制建设,同时进一步发挥中央立法授权优势,推进海事仲裁规则制度创新,打造功能集聚、服务健全的国际海商事争议解决法律服务生态圈。

三是加快发展商事调解,为经营主体提供高效的线上线下解纷路径。推动商事司法资源下沉,上海市各区充分利用工会、街道办等基层组织,发挥调解作用。如上海嘉定区依托全区 12 个街镇公共法律服务工作站,打造一站式商事法律服务平台。探索在商事调解活动中兼容经营主体的调解服务,实现政府调解组织与地方法律服务单位之间的协作联动,打造嘉定特色商事调解品牌。在上海市总工会指导下,杨浦区总工会与区人民法院建立《"工会+法院"共同推动劳动争议诉源治理工作机制》,同时"工会+法院新就业形态纠纷调解工作室""家门口法庭——劳动争议调处工作室"两个工作室成立,为新就业形态劳动者提供便捷法律服务。其中新签订的《上海市杨浦区"工会+法院"共同推动劳动争议诉源治理工作机制》共有七项内容,将司法建议与"一函两书"有机结合、建立法援+就业联动机制作为新探索内容。在共同维护新就业形态劳动者合法权益方面,区法院在立案前接收的涉新就业形态劳动者权益案件,可通过委派调解的方式交给区总工会开展调解。对于涉新就业形态劳动者权益的群体性案件,区法院提供高效司法保障;在充分发挥"一函两书"作用方面,区法院积极支持区总工会履行劳动法律监督法定职能,根据需要出具司法建议书,配合增强工会"一函两书"落地效能;在建立法援+就业联动机制方面,区法院在处理案件中,预估到职工与用人单位有可能解除劳动合同风险的,及时告知区总工会,区总工会适时介入工会就业帮扶,降低劳动争议带来的社会影响。把"诉"的权威性与"调"的便利性有机结合,提升劳动争议解纷效能。

(四)满足多层次法治需求,助力经营主体依法合规经营

一是实施"执法即普法、服务即普法"的法律普及责任机制。建立完善法律宣传教育与行政执法监督相结合的机制。上海市已经全方位地实施了由国家机关主导的"谁执法谁普法"普法责任制,该措施的目的是将法治的宣传活动整合到国家机关的执法和司法流程中,以促进法治商业环境的建设。二是推进开展全覆盖的机关普法活动。上海市委办公厅和市政府办公厅联合发布了《关于实行国家机关"谁执法谁普法"普法责任制的实施意见》。该文件要求所有国家机关根据自己部门和单位的工作特性、工作焦点以及执法和司法任务的实际情况,明确普法的任务和宣传的相关法律、法规和规章,以及普法的目标群体和责任单位,并通过普法责任清单的形式向公众公开。同时还提出,要通过建立法律学习档案、

定期组织培训等方式加强对执法者的教育指导，提高执法人员依法办事能力。除此之外，区级政府有责任广泛宣传和实施新修订的《行政执法过程中精准普法工作规范》的区级标准，以促进全过程的实时普法、精准普法和以案普法，从而引导各经营实体更加尊重法律、学习法律、遵守法律和应用法律。

二是组织各市、区两级行政机关制定针对药品、生态环境保护等重点领域的生产经营重点监管事项指引，让更多领域、行业的经营主体受益，持续提升营商环境建设水平。例如在安全生产领域，上海金山区针对工贸小微企业产业涉及面广、安全隐患多，以及生产安全管理普遍存在"不会管、管不好"等困境，区应急管理局编制了《工贸小微企业安全管理重点事项指引》。该指引综合法律、法规、规章、标准等相关规定，结合本区安全生产工作实际，列举了工贸小微企业在安全管理过程中需要重点关注的事项，旨在为企业提供操作性强的指导，提升其发现和解决安全管理问题的能力。在生态环境保护领域，上海临港新片区管委会、市司法局、市生态环境局联合推出《临港新片区经营主体生态环境领域依法生产经营指引（固定污染源类）》。该指引采用企业视角，以时间为线索，对企业在"项目筹备阶段""项目建设阶段""项目竣工阶段""项目运营阶段"的法律义务、工作要点、合法判断标准、常见问题等进行详细讲解，涵盖了环评、建设、验收、排污许可、水、气、声、固废、土壤等各方面环保工作，着力将法律要求转化为企业"一看就懂、拿来就用"的指引，助力企业高效落实法律要求、依法生产经营。

三是推行"一份信用报告替代一摞证明"政策，开展"减证便民"行动。推行经营主体以专用信用报告替代有无违法记录证明，实现"一份信用报告替代一摞证明"。明确此类证明实质是企业"有无违法记录证明"，并明确界定违法记录的概念。除保密等个别特殊领域外，将全市41个执法领域全部纳入替代范围。其应用"多场景"，率先提出金融、商务、政务三大类主要应用场景，企业可以自主选择开具报告的领域和时间范围。同时可以全程"线上办"，实现线上一键申请，记录情况一纸证明。首创"合规码"，上线"合规一码通"。企业通过"随申办"亮码，索证单位扫码实时查看报告。

三、广东省优化法治化营商环境的创新举措

近年来，广东省围绕打造国际一流营商环境，坚持统筹推进法治建设，以法治

力量"硬功夫"提升市场经营"软环境",推动全省经济持续稳健增长。

(一)改善政务环境,提升政务服务效率

一是推进政务服务标准化建设,提高智慧政府服务效率。广东省迭代升级政府服务平台,根据不同事项设置不同栏目。推进主题式改革服务,推动高效办成一件事。深化粤省事、粤商通、粤省心、粤政易等"粤系列"平台应用,简化办理流程并持续推进数字政府建设,并推广电子凭证应用,建设"无证明城市"。搭建线上全国一体化政务平台、标准化政务服务事项清单,促进数据共享,实现政务信息系统整合共享,并与线下服务点对接。建立企业信用修复"一口受理、一次办成"机制,不断加强部门间沟通协调,针对行政处罚、经营异常名录和严重失信主体名单3类信息修复,梳理优化不同信用平台间的修复标准、文书和流程。通过信用广东平台统一整合归集全省3类信用修复数据,依托省"一网共享"平台、国家数据共享交换平台、国家企业信用信息公示系统(广东)等平台实现数据跨部门、跨层级共享互认。同时,制定并在线上线下渠道公布失信信息修复指引"一张图",明确申请条件、材料、流程、时限等内容,[1]并依托行政服务大厅、政务服务中心等载体为企业群众提供咨询受理、帮办代办,提升企业群众办事的便利度、满意度。二是优化服务流程。通过规范政务服务窗口设置实现政务服务事项"一窗通办",依托全国一体化政务服务平台实现政务服务"跨域通办"。构建跨部门联动机制,加大办事环节和流程再造力度。从群众和企业视角出发,坚持"一套材料、一次提交",精简办事环节、办事程序和申报材料。优化线上线下服务模式,推动在政务服务中心设置综合办事窗口或专区,逐步实现线下"一窗受理";加强系统集成,统一办事入口,积极推动线上"一网通办"(借款合同面签除外),不断压减办理时长和办事成本。

(二)加强制度供给,助力营商环境持续优化

广东在完善营商环境建设的立法方面走在前列,不仅针对自主创新、商事登记和市场监管等核心领域和关键环节制定了专门的法规,还从宏观角度出发,逐

---

[1] 王国明:《国务院办公厅通报优化营商环境专项督查发现的典型经验做法》,《中国市场监管报》2024年5月30日第1版。

步推进了一系列的立法工作,构建了一个旨在优化营商环境的"法治拼图"。

一是持续增强省级综合法律法规供给,不断加大执法力度和改革步伐。为了进一步优化营商环境,广东省决定从加大立法供给的角度出发,从过去的"单兵推进"模式转向了系统集成模式,以促进营商环境的立法更加系统化和制度化。另一方面在后端"严管"着力解决制约营商环境提升的突出问题和难点,不断强化监管措施,营造公平竞争、高效透明的法治环境。在广东的立法过程中,一方面实施了"宽进"政策,强调"松绑",以激发各种市场参与者更多的创新活力。为了最大程度地为企业的科技创新提供一个优质和便捷的商业环境,广东省在2012年发布了《广东省自主创新促进条例》等一系列具有创新性和突破性的专项法规。这些法规改变了过去"物重人轻"的科研投资模式,并更有效地保护了劳动者的研究成果,增强了科研工作者的工作热情;在广东经济转型发展和产业结构调整升级背景下,加快推进政府职能转变、创新社会管理方式,并将两者紧密结合,是当前地方政府的一个工作重点。从另一个角度来看,我们需要加强后端的"规范",为市场的行为设定明确的"尺度"。在地方立法方面,广东率先迈出市场化改革步伐。2016年7月,《广东省市场监管条例》经过审查并获得通过,它成为全国第一个在市场监管领域具有地方特色的综合性法规。其中,《条例》对市场准入门槛进行严格管控,进一步降低准入成本,提升企业竞争力和创新活力,鼓励企业自主创新。《条例》涵盖了行政审批、商业登记以及负面清单管理等多个方面的改革措施,目的是逐步放松市场参与者的入场条件。此外,《条例》也明确了"谁授权谁进行监管、谁负责谁进行监管"的原则,并详细列出了在有无行政许可的各种情况下,市场监管的责任方,以确保市场监管的有效实施。紧接着,广东省将焦点集中在商业环境的关键方面进行立法,并加速推动和密集发布相关的法律规定。

二是突出地方特色,因地制宜制定补充规定。除了广东省出台省级地方性法规和政策文件为优化营商环境保驾护航之外,各市也纷纷制定相应的地市级法规文件,为打造一流营商环境添砖加瓦。例如,广州市紧紧抓住了关键的少数力量,首次在本届市委任期内实施了各区、各部门党政主要负责人述法全覆盖制度,这大大增强了法治建设第一责任人的责任感,为优化法治营商环境打下了坚实基础。同时通过立法先行先试推动地方改革创新,形成了一系列具有广东特色的做法与经验。广州不仅发布了《广州市优化营商环境条例》，还进一步加强了配套制度的建设。广州市是全国首个制定《广州市青年创新创业促进条例》和《广州市公平竞争集中审查工作方案》的城市，目的是吸引更多来自内地、港澳台和其他国家的青年才俊，以支持创新驱动的发展策略，并构建一个完整的地方营商环境制度框架。深圳市连续发布了三份《工作方案》，以促进市场化、法治化、国际化营商环境的快速优化。一是进一步深化"放管服"改革。《深圳市优化法治化营商环境工作方案（2023—2025年）》提出了20项具体措施，这些措施涵盖营商环境制度框架的完善、监管执法的规范化和文明化、司法程序的严格公正高效以及公共法律服务体系的健全。这些措施旨在依法平等地保护各种市场参与者的合法权益，并通过高质量的法治来确保高质量的发展。其中，作为完善营商环境制度框架的重要举措之一，"健全行政审批服务事项清单管理制度"被列为重点任务。除此之外，佛山和汕头等地也陆续出台了与当地营商环境优化相关的法律和政策文件，以促进广东省营商环境建设立法形成一个类似"雁阵格局"的新模式。

第二节 后起之秀省份法治化营商环境建设的经验与做法

近年来，在借鉴北京、上海等首批营商环境试点城市的先进经验基础上，其他省份特别是中部省份深入贯彻落实党中央、国务院关于优化营商环境的决策部署，将完善法律制度作为优化营商环境的根本保障，积极探索法治化营商环境建设的有效路径，取得了显著成效。

一、以立法固基，探索法治化营商环境新路径的河南模式

一个良好的商业环境和健全的社会信誉体系，在激发市场参与者的活跃性和规范市场秩序方面具有至关重要的作用。作为我国经济大省之一，河南一直致力于打造"诚信河南"品牌，不断加大对营商环境相关政策的支持力度。近几年，河南省在推动营商环境法治化建设的过程中，实施了一系列创新性措施，目的是创建一个稳定、公正、透明且可预测的法治营商环境。目前，全省已形成以《河南省优化营商环境条例》为核心的法规体系，并制定实施了一大批地方规范性文件和

地方性规章。这一系列措施覆盖了立法、执法、司法、法律服务以及与外国相关的法治等多个领域,为河南省的经济和社会进步提供了坚实的法律支撑。

(一)立法先行,为营商环境提供坚实的制度保障

在优化法治化营商环境方面,河南省立足"一个统抓、五大职能"工作定位,牢固树立"大司法行政"理念,出台了一系列重要法规和政策文件。一是制定专项方案。河南省司法厅牵头制定了《河南省营商环境综合配套改革法治化专项方案》,明确了立法、执法、司法、法律服务、政务诚信、政务服务"六大行动",以及25项具体任务。这一方案为营商环境的法治化建设提供了清晰的路径和指引。紧扣企业需求,持续深化改革。河南省一年一个节点推动政策迭代升级,累计推出1000多项改革举措,专题部署营商环境综合配套改革,构建了优化营商环境的"四梁八柱"。[1] 二是完善法规体系。为推动自由贸易试验区和航空港经济综合实验区的发展,河南省出台了《中国(河南)自由贸易试验区条例》和《郑州航空港经济综合实验区条例》,为试(实)验区赋权、松绑,激发各方主体的发展活力。同时,还出台了《河南省保障税收服务发展条例》和《河南省专精特新企业培育支持办法》,为中央和河南重大战略的实施提供了法治保障。三是强化公平竞争。河南省着力维护公平公正的市场环境,强化"合公"审查,确保法规规章符合公平竞争要求。出台了《河南省中小微企业发展促进条例》,规定市场准入负面清单以外的行业、领域、业务,中小微企业均可依法平等进入,不得变相设定准入障碍。[2] 为维护营商主体合法权益,2021年省政府成立省营商环境投诉举报中心,开通投诉举报窗口,搭建网上投诉举报平台,让企业"有处可诉、有诉必解"。为进一步强化营商环境监管力度,2024年河南省人民政府办公厅印发《河南省营商环境投诉举报案件调查处理办法》,明确投诉举报的渠道、调查受理流程、工作运行机制等,为企业发展提供优良的营商环境基础。

(二)严格执法,营造公正透明的法治环境

在执法方面,河南省采取了多项措施,确保行政执法的公正性、透明性和规范

---

[1] 丁新伟:《为优化营商环境保驾护航》,《河南日报》2024年11月25日第5版。

[2] 赵婕、赵红旗:《河南多措并举护航法治化营商环境建设》,《法治日报》2024年7月5日第3版。

性。一是创新推行四张清单制度,进一步规范行政执法处罚权。在营商环境执法过程,从不予处罚、从轻处罚、减轻处罚以及不予实施行政强制四个方面制定事项清单,最大限度地为企业营造执法有度、包容有序的营商环境。截至2023年6月,河南省累计实施不予处罚案件约29万件、从轻处罚案件约6.6万件、减轻处罚案件约2.2万件、不予实施行政强制案件约4000件,减免罚款逾2.5亿元,切实减轻了企业负担,有效提升了行政执法的认同感和社会公信力。二是创新执行方法,提升服务效能。为了营造一个法治化的营商环境,必须将经营实体的"体感"视为关键的评估标准。为了落实和优化营商环境,减少对企业不必要的干扰,河南省深入实施"双随机、一公开"监管机制,强化事中事后监管。"双随机、一公开"的监管模式代表了市场监管思想和方法的重大革新,它不仅是深化"放管服"改革和加速政府职能转型的内在需求,同时也是减轻企业经济负担和优化营商环境的核心措施。河南省开展了大规模的执法行动,通过强化事中事后监管,有效降低了行政成本,提高了办事效率,取得了显著成效。省市场监督管理局致力于解决涉及企业的检查事项繁多、检查频率高、检查方式不规范以及重复检查等一系列问题。与此同时,政府应进一步强化信用监管,依法健全信用监管体系,积极落实信用承诺制度,推进信用分级分类管理,加大对企业信用行为的约束力度。这些措施有效缓解了企业的经济压力,提升了行政执法的高效性和公平性。在政府主导下,各部门积极配合,形成合力,共同为经营主体营造良好的法治环境,推动了政府职能转变。此外,河南省正在全方位实施行政执法监督制度,努力拓展社会各界参与执法监督的途径,通过建立行政执法监督的基层联系点和聘请行政执法监督员等措施,鼓励企业作为社会各界力量积极参与执法监督工作。[1] 为解决企业与监管部门之间信息不对称问题,建立以政府信息公开制度为基础,包括政务服务大厅在内的全覆盖政务服务平台,实现对重点行业领域和重要场所进行动态监管。此项措施不仅提高了行政执法的透明性和公众信赖度,还推动了执法活动的标准化和公平性,同时也增强了监管的有效性,进一步促进了商业环境的持续改进。

---

[1] 董景娅:《12项措施改进行政执法 营造优质法治化营商环境》,《河南法制报》2022年8月16日第2版。

(三)公正司法,提升企业的司法获得感

为营造公平透明营商环境,河南省在司法领域出台多项提升执法效能、维护司法公正的举措。

一是优化诉讼服务,降低企业成本。河南省人民法院为打造集约高效、便企利企的诉讼服务体系,对涉企民商事纠纷案件采取绿标签制度,开设涉企案件绿色通道。法院对案件的类型、适用程序、审限、是否涉及保全、鉴定进行了标注,对被加贴"绿标签"的案件,单独设定了各环节的办理时限,符合条件的原则上应在1个工作日内完成录入工作,1个工作日内流转至业务庭室。"绿标签"的加贴可以提醒立案、审理、执行、流转等环节的承办人关注时限要求,确保案件高效办理、快速流转,进一步提升营商环境案件的办案质效。通过对涉案企业开设绿色通道,不仅提醒立审执各个环节加快办理涉企纠纷案件,并通过更具体的、更细微的行动,落实优化营商举措,提升企业司法获得感。此外,河南省人民法院系统坚持将多元化纠纷解决机制纳入优化法治化营商环境的整体布局中加以谋划和推进,依托基层矛盾纠纷多元化解中心,设立法院诉讼服务中心,将诉前调解、登记立案、司法确认等各项功能有机整合,全面实现一站式服务。信访、司法、公安、检察等相关部门协同入驻,合力参与矛盾纠纷的多元化解,构建起联动高效、协作有力的解纷工作格局。近年来,河南省司法系统持续深化"以公正裁判护商、以高效司法安商、以人文关怀暖商"的高质量司法理念。诉前调解作为推动矛盾实质性化解的"精兵利器",不仅有效缩短了诉讼周期,更在源头上化解纠纷、修复关系,助力将对立转化为共识,实现案结事了、事心双解的良好社会效果。

二是加强产权保护,激发市场活力。人民法院服务保障创新驱动发展战略,最直接、最具体的就是加强知识产权司法保护。为加强知识产权保护,河南省2024年出台《河南省专利促进和保护条例》,全方位为保护知识产权提供法律支撑。此外,地方法院积极构建协同保护机制,扩大知识产权保护合力。新乡知识产权维权保护中心与新乡仲裁委签订知识产权公益仲裁战略合作框架协议,成立新乡市知识产权纠纷调解委员会;洛阳市中级人民法院和洛阳市市场监督管理局与中级人民法院共建洛阳市知识产权纠纷快速处理中心,知识产权案件办理周期压缩50%;中国郑州(创意产业)知识产权快速维权中心参与办理的案件被国家

知识产权局评为典型案例。漯河(国家级)知识产权快速维权中心成功入选国家知识产权局第三批知识产权纠纷快速处理试点,并成立漯河市知识产权纠纷人民调解委员会。同时,"知识产权巡回审判点"实现市、县、乡三级全覆盖。

(四)优化法律服务,为企业提供便捷高效的法律服务

注重整合和优化法律资源,为企业提供便捷高效的法律服务。一是积极为企业开展"法治体检"服务。河南省总工会会同河南省人社厅、河南省司法厅等部门组建了一支由专业律师、法律志愿者组成的"法治体检团队"。针对劳动争议多发的中小微企业,采取主动措施,全方位"把脉问诊",帮助企业经营者找出法律风险的漏点,打通依法维权的堵点,从源头上防范和化解法律风险隐患。针对"体检"发现的问题,由劳动法律监督员、劳动保障监察员组成督导组,深入企业开展"回头看"活动,逐项督促企业整改落实,对未整改的企业,发出《工会劳动法律监督建议书》,确保"治疗见效",实现"药到病除"。二是提升涉外法律服务能力。河南省结合实际情况,起草《加快发展涉外法律服务业行动方案(2024—2026年)》,提升涉外法律服务能力。支持国(境)外律师事务所来豫设立代表机构,推动河南律师事务所与香港、澳门律师事务所在豫开展联营。同时,引进外省涉外领域知名律所在河南省设立分支机构,提升涉外法律服务的便利度、可及性。[1]这些措施为河南省企业"走出去"提供了有力的法律支持。此外,河南省政府积极推进仲裁惠企工程,通过减免相关费用,切实减轻企业负担,有效提升仲裁效率。

二、以改革破局,推动法治化营商环境新突破的四川模式

四川省坚持将优化营商环境摆在突出位置,在出台一系列政策措施的同时,开展突出问题专项治理,推动要素环境、政务环境、市场环境、法治环境等全面优化,为企业发展提供更加完善的制度保障,从根本上帮助企业解决急难愁盼问题。

(一)营造高效的要素环境,降低生产经营成本

四川省政协十三届三次会议强调,优化营商要素环境需要抓住"钱"这个源

---

[1] 赵婕、赵红旗:《河南多措并举护航法治化营商环境建设》,《法治日报》2024年7月5日第3版。

头活水,推动综合融资成本持续降低;做好"地"的供给保障,推动土地资源高效集约利用;提供"能"的优质供应,多措并举降低用能成本;强化"人"的关键作用,提升劳动力供给质量;统筹落实降低物流、环评、税收等方面要素成本的政策举措,全方位为企业降本增效。[1] 在降低融资成本上,2024年四川省以《关于以控制成本为核心优化营商环境的意见》综合性文件为指导,以《关于深入实施财政金融互动政策推动实体经济发展的实施意见》《关于推动经济持续回升向好的若干政策措施》《四川省2025年加力扩围支持大规模设备更新和消费品以旧换新政策措施》等政策文件为辅,鼓励银行业金融机构提高直接服务能力,减少贷款中间环节,降低中小企业融资中的中介费用。在新一轮财政金融互动政策中,明确支持融资担保增量降费的相关政策,通过业务奖补、风险补偿、保费补贴补助等方式,推动融资担保机构以服务实体经济为宗旨,持续加大融资担保机构尤其是政府性融资担保机构对小微、"三农"的支持力度,不断健全融资服务配套体系,着力缓解企业融资难、融资贵问题。在降低用工成本上,四川省政府为了促进就业和减轻企业负担推出就业补贴政策。企业每招聘一名符合条件的劳动者,可以获得1000元的招工成本补贴。这项补贴通过"免申即享"的方式发放,即不需要企业主动申请,而是由各地公共就业服务机构根据参保系统信息直接向企业发放。为进一步加强重点产业链人力资源开发利用、助企用工引才降本增效,2025年四川省人社厅印发了《关于加强人力资源支持重点产业链建圈强链的十条措施》,具体从完善人力资源需求监测机制、加大企业用工招聘服务力度、匹配人力资源服务供给等10个方面入手,将人力资源管理与区域经济战略深度融合,通过跨区域、跨部门协作机制,打破行业壁垒和市场分割,形成促进人力资源顺畅流动、高效配置的合力。截至2024年底,四川省人社系统紧扣省委、省政府"建圈强链"战略部署,重点突出企业用工服务、人才引育支撑及社会保障等方面,为7747家企业解决用工88.8万人次;实施阶段性降低社保费率等政策,为企业减负超120亿元。

---

[1] 付真卿、张立东:《持续打造市场化法治化国际化营商环境 更好为推动四川高质量发展提供有力支撑》,《四川日报》2025年1月22日第1版。

(二)营造优质的政务环境,降低制度性交易成本

优化政务服务是发展所需、民心所向、时代所趋。四川省政府以政务服务提升为目标,出台系列优化政府服务规章制度,简化企业发展所需流程,优化营商环境,促进经济高质量发展。

一是完善政务服务水平提升的顶层设计。从2022年开始,四川省政府每年印发一系列关于提升政务服务水平的政策文件,如2022年四川省政府印发了《关于加快推进政务服务标准化规范化便利化的实施意见》、2023年印发《四川省深化"放管服"改革优化营商环境2023年工作要点》、2024年印发《2024年四川省优化政务服务提升行政效能工作要点》、2025年出台《2025年四川省优化政务服务提升行政效能工作要点》。以政府服务水平综合性文件为指导,四川省政府还印发了《2025年全省政务服务和公共资源交易服务工作安排》《四川省惠企政策"直达快享"应用场景建设工作推进方案》等相关辅助文件,确保以推动政务服务在规范化基础上全力实现"高效办成一件事",并确保惠企政策落地见效等各项工作目标的落实。

二是推出政务服务+互联网工作模式,提升服务效率。四川全面开启智慧政务建设新征程,以数字政府项目建设为支撑,推动政务服务效能跃升。依托全省统一的数字政府底座,建设共性支撑平台和三级智慧协同平台,优化完善核心业务系统,打造"川易办""川商通""川政通"三大服务端和天府系列重点应用,重构覆盖省市县乡四级的数字政府体系。同时,提升政务数据治理能力,建设政务服务数据资源主题库和专题库,构建政务服务知识图谱,推动数据按需汇聚和跨部门、跨层级共享。通过强化制度标准保障和安全防护能力,为政府数字化转型筑牢根基。深化公共资源交易数字化改革,建成全省公共资源交易"一张网"。通过建设服务、交易、监管平台,重构"天府交易通",实现公共资源交易的全流程电子化和智能化。完善远程异地评标调度系统功能,推动跨省远程异地评标,优化全省公共资源交易统一认证,实现川渝移动CA(招标投标数字证书)互认,逐步推进全国互认。通过深化交易数据治理应用,建立交易数据统计指标体系,强化数据安全保护,为公共资源交易提供更高效、更透明的服务环境。

(三)营造公平的法治环境,维护企业合法权益

一是优化法治服务,加强企业权益保护。为推动各类经营主体平等使用生产

要素、公平参与市场竞争、同等受到法律保护,四川省从完善制度规范和实务规范两个层面创新工作举措。在制度规范层面,四川省以地方法律和政府规章为支撑,协同构建了法治化营商环境的制度体系。早在2021年四川省就出台了《四川省优化营商环境条例》地方性法规。该部综合性法规从营造建立亲清政商关系、完善社会信用体系、深化行政审批制度改革、提高法律法规的透明度、强化法治保障等方面着手,全面优化市场环境,切实提升企业对营商环境的满意度。2024年四川政法系统启动"全省政法系统营造法治化营商环境提升年"活动,共制定24项重点任务52条具体举措,明确提出要持续优化市场法治环境、执法司法环境、政法公共法律环境,提升企业对法治化营商环境的满意度和安全感。四川省司法厅以解决经营主体反映突出的法治问题为目标,出台司法行政优化法治化营商环境"十项举措",具体包含建立合法性审查与公平竞争审查联动机制、开展优化营商环境问题法治督察、打造园区(开发区)公共法律服务工作站等内容。此外,为进一步发挥行政执法协调监督职能作用,四川省司法厅出台了《四川省行政裁量权基准管理规定》,大力开展监督检查和行政裁量权规范专项培训,全面规范涉企行政检查、行政处罚,精准落实行政处罚法轻微不罚、首违免罚制度,切实解决个别执法人员执法不规范、行政处罚畸轻畸重等问题。在实务操作层面,为推动天府中央法务区高质量发展,四川省大力培育司法鉴定、法律科技等重点产业,打造共享司法管理平台,加强重点领域专业化审判机制和审判能力建设,探索法律人才协同培养模式,引进商事争端解决服务机构,探索建设"法律超市",为各类经营主体提供"一站式"服务。对涉企地方性法规、政府规章、行政规范性文件等进行清理。健全产权执法司法保护、行政违法行为监督工作机制。清理纠正超期羁押和久押不决案件,健全涉产权冤错案件有效防范和常态化纠正机制。提升四川省政府外来企业投诉中心、商会投诉服务工作站、商会人民调解组织等依法化解涉企纠纷能力。探索建立企业合法权益补偿救济机制。健全防范和化解拖欠中小企业账款长效机制。加大涉企违规收费整治力度。[1]

二是规范监管执法。四川省通过实施清单化管理、深化一体化协同、强化规

---

[1]《中共四川省委 四川省人民政府关于以控制成本为核心优化营商环境的意见》,《四川日报》2024年5月10日第1-6版。

范化建设、严格全程化监督等方式推动综合行政执法改革,健全公正文明的执法体制。在实施清单化管理方面,四川省推广"综合查一次"联合执法,对行政检查事项按照"一件事"集成和清单化管理;建立行政执法事项清单动态调整机制,根据法律法规的立改废释、机构职能的调整,动态调整行政执法事项目录清单并向社会公示;建立行政执法事项常态化清理机制,对违法设定的执法事项依法依程序收回。对虽有法定依据但近5年未发生、极少发生且经过评估没有实施必要的、交叉重复的行政执法事项进行全面清理。全面推进"一目录五清单"精准高效监管执法,目录式规范行政检查事项,清单化明确不予处罚、免予处罚、减轻处罚、从轻处罚和从重处罚的情形,全面规范自由裁量权。在深化一体化协同方面,四川省加强对行政执法改革的法治协调和指挥调度,切实增强行政执法的系统性和协调性。四川省司法厅大力推进跨领域跨部门联合执法,努力实现违法线索、执法标准、处理结果互联、互通、互认,减少"多头执法""重复执法";加强行业主管部门与综合执法部门的衔接,进一步明确职责范围,完善审批、监管、处罚等衔接机制,形成监管合力;[1]实施"综合查一次"联合执法检查,督促指导各级行政执法部门制定涉企执法检查目录,对能够合并的检查事项进行整合优化,广泛开展非现场监测、不接触执法、信息化监管,最大限度减少行政执法对经营主体正常经营活动的干扰;探索建立涉企行政执法案件经济影响评估机制,加大行政复议监督力度,依法降低行政执法对企业的负面影响。

三是优化涉企案件办理,提高破产案件办理质效。一方面,四川省工商联会同省司法厅、应急管理厅等部门联合出台《四川省民营企业合规建设指引》(以下简称《指引》)。作为首部面向企业的合规管理指引性文件,《指引》通过引导企业完善治理结构、健全管理制度、强化法律风险防范机制,帮助企业及时发现并化解经营中的违法违规问题,推动企业实现依法合规经营,行稳致远。另一方面,深化案件繁简分流,依法引导当事人选择适用小额诉讼程序。优化多元纠纷化解机制,规范涉企纠纷调解前置程序,推动四川省诉前调解成功率达到80%以上;建立省、市、县三级破产工作府院联动机制。设立破产财产解封处置平台,提升处置效

---

[1]《水利部 司法部关于提升水行政执法质量和效能的指导意见》,《中华人民共和国水利部公报》2024年第1期。

率和回收率。做好信用修复"一件事"。推动金融机构认可破产重整企业"大事记""信息主体声明",畅通重整企业融资渠道。实现破产企业相关信息线上"一网通查"、线下"一站式"查询。[1]

三、以创新为引领,打造法治化营商环境新标杆的湖北模式

近几年,湖北省积极落实"法治是最好的营商环境"的重要论述,提出以降低企业成本为核心,通过创新推出涉企案件经济影响评估、企业合规试点、"一站式"多元解纷机制等一批便民利企的"小切口"改革举措,推动全省营商环境大提升。

(一)以经济影响评估为抓手,着力提升案件办理新质效

首创涉企案件经济影响评估制度。湖北省人民法院系统将涉案企业从立案、诉讼、执行各个环节可能产生的影响进行事先评估,根据评估结果制定预防方案,争取将涉案企业造成的各方负面影响降至最低。该制度推行以来,涉企案件平均审理时长逐年缩短、超审限问题得到有效控制、执行工作核心指标全面提升。同时,湖北省人民法院连续三年将涉企案件经济影响评估制度纳入重点工作,要求各级人民法院作为"一把手"工程推进,出台实施方案、考核办法和评分细则,对全省13个市(州)中级人民法院、4个直属法院开展17场拉练检查,对落实不力的法院院长通报约谈、督促整改。为了能够降低企业成本,法院明确七类应当实施评估的涉企案件,细化各阶段的评估要素及处置措施,为办案人员提供指引。严控重复开庭、发回重审、指令再审,加大提级执行力度,防止程序空转导致"案结事不了",切实降低企业诉讼成本。加强联动提效能。对有重大影响、群体性涉企案件,实行双报告机制,在报告上级法院时一并通报当地政府,为府院联动化解矛盾奠定基础。对涉案企业家采取拘留、逮捕等强制措施的,要求受案法院与检察机关共同进行评估。

(二)以涉企合规改革为依托,着力完善企业合规修复新机制

全面准确贯彻宽严相济刑事政策,将企业合规案件办理融入经济社会发展大

---

[1] 《中共四川省委 四川省人民政府关于以控制成本为核心优化营商环境的意见》,《四川日报》2024年5月10日第1-6版。

局,督促涉案企业作出合规承诺,促其依法经营。2023年以来,湖北省人民检察院共办理企业合规案件231件,涉及企业235家、相关责任人293人。特别是谷城县办理的全省首例审判阶段合规案件被评为法院优秀营商环境案件,入选最高检《企业合规改革动态》。同年,湖北省人民检察院制定了《关于湖北省检察机关在办理涉案企业合规案件中规范办案行为、防控办案风险的十条措施》(下称《十条措施》)。《十条措施》是在立足湖北试点改革实践、广泛征求基层各方意见的基础上,以问题为导向,全面总结梳理涉案企业合规案件办理中的风险点,并据此形成了一点对一策、"点对点"强化、健全机制等具体举措。如,针对某些涉嫌个人犯罪的企业管理人员,企图"搭乘"企业合规程序谋求脱罪而四处奔走、干扰检察办案的现象,《十条措施》明确规定,"把好入口关,准确把握合规案件适用范围""企业人员实施的与生产经营活动无关的犯罪案件,不得纳入企业合规程序"。同时,建立涉案企业合规程序审查把关机制,从程序上防范权力寻租,保障改革落实不偏航、不走样。此外,为更精准对经营主体适用激励措施,坚持以"真合规从宽、假合规从严"为原则,对办案全流程进行实质审查,对合规整改完成效果好的,依法作出相对不起诉决定或者提出宽缓量刑建议;对于合规整改不到位的,及时中止合规程序,依法追诉。2023年对整改合格的129家企业、109名责任人依法作出不起诉决定,19名责任人被从轻判处缓刑或免予刑事处罚,3家整改不实的企业被依法起诉。为强化案件监督管理,湖北省人民检察院与湖北省工商业联合会制定出台了《企业常见合规风险及合规建设指引》,总结企业常见犯罪行为类型,准确对企业进行风险提示,更好地提升企业的法治意识和企业现代化治理水平,确保涉案企业"真合规""真整改",筑牢案件办理公正廉洁底线。

(三)以复议体制改革为载体,着力构建多元解纷新模式

为营造良好的营商环境,湖北省政府充分发挥行政职能优势,全力夯实行政复议应诉"一链三环"责任链,并探索"复议+"多元化解行政争议新模式。一是坚持复议+诉源治理,化解争议于未然。湖北省坚持健全社会治理体系,打造社会治理综合指挥中心。特别是武汉市汉阳区将区综治中心、区矛盾纠纷多元化解中心、区行政复议服务中心、区公共法律服务中心等六大中心齐聚"平安大楼",各类解纷资源有效聚合、一体运行,有效提升政府服务效率,缩短企业业务成本。二

是坚持复议+多元调解,化解争议于始然。湖北省坚持将复议调解相结合贯穿行政复议始终,与人民调解、行政调解、司法调解相结合。湖北省人民法院系统将审前研判凡适宜调解的,一律实行"调解前置";审中双方自愿协商的,一律开通"调解通道",及时转入调解程序;审后同意继续和解的,一律推行"调解跟踪",促成最终化解。湖北省人民法院系统通过沟通协商找到双方都能接受的解决方案,不仅有利于维护企业的声誉和形象,还能够增强企业间的信任和合作,充分展示了诉前调解在优化营商环境方面的积极作用。同时,法院系统为涉企纠纷解决铺设"绿色通道",达到让诉讼双方当事人省心、省时、省费用的"一快三省"效果,以实际行动为企业高质量发展保驾护航。三是坚持复议+监督问效,化解争议于已然。湖北省纪委选取部分重点企业作为营商环境监测点,并聘请企业主要负责人为监督员,在监测点放置营商环境作风评价二维码,搭建"服务直通车",实现"码上监督""码上反馈",使经营主体诉求直通直达,倒逼部门切实履责,形成"政务服务+监督"新模式。同时,湖北省纪委监委积极建立健全损害营商环境问题线索快速移送机制,优先受理、快速处置、限时办结,全力清除发展环境"绊脚石",释放出通过有力有效监督助推营商环境持续优化的强烈信号。此外,湖北省政府全面重塑政府行权流程,府院联动连续十年发布行政审判白皮书,深入分析案件类型特点,实现"办理一案、指导一片、规范一类"的治理质效,为营造风清气朗的营商环境提供法治力量。

四、以数字赋能,助推法治化营商环境新提升的辽宁模式

近年来,辽宁省沈阳市从经营主体和人民群众需求出发,坚持问题导向,着力解决"办事难、办事慢、办事繁"问题,相继开展"一网通办""一件事一次办""只提交一次材料"等递进式改革,统筹运用数字化理念和智能化手段,以"业务数据化""数据业务化""服务智能化""管理制度化"为路径,彻底重塑政府职能配置、业务运行流程、线上服务形态和运行保障机制,全面推动"高效办成一件事"。

(一)以"数据血缘"为核心,构建新型治理模式

从"数据关系"出发,构建完整政务服务图谱,指导职能配置、数据共享有序开展。一是彻底捋清政务服务底数。以"数据关系"替代"行权事项"作为业务梳

理单元,创建"五级梳理法",按照"事项——情形——材料——字段——数源"五个步骤对政务服务事项进行最小颗粒度拆解,完成省、市两级2851个事项梳理,形成"标准事项清单""标准材料目录"等2.6万余个标准化成果。二是全面重塑政府行权职能。辽宁省沈阳市政府首次运用数字化手段,推动政府职能优化再造,针对部门职能交叉、事项类型不准等问题,分类施策,以"腾、合、放、转、调"方式,优化调整5类780项政府职能,审批效率提升24.2%。三是强化政务数据共享。沈阳市对2706项申请材料进行划分,按照申请人自备、政府部门核发、第三方机构出具三类,分类设定证照共享、文件协同、信息核验等多种数据归集和共享途径,累计推动2449项申请材料和信息实现"只提交一次"或免于提交。

(二)以"数字赋能"为手段,优化再造运行流程

充分发挥一体化政务服务平台枢纽作用,夯实数字政府底层能力支撑。一是全面整合服务入口。按照"三融五跨"理念,以一体化政务服务平台为核心,辽宁省积极与其他省、市共建业务系统,推动建立网格化服务中心,方便企业相关事项办理,形成四级贯通的线上服务体系,一体化政务服务平台用户总量达到770万,总访问量超3亿人次。二是完善全程数字化能力支撑。聚焦办理环节和特殊环节,推动全程在线数字化运行,建设表单中心、标签中心、接件中心等7个能力中心,在全省积极推广电子证件、电子签章等电子业务,以数据流动代替群众跑腿。例如,截至2023年10月,沈阳市累计发放电子证照3945万册,累计上线电子表单808张,电子化支撑能力实现政务服务部门全覆盖。[1] 三是推动全面落实政务服务"好差评"制度。健全完善在线评、扫码评、短信评、回访评等评价渠道,形成多元化、全覆盖的评价体系,依托12345工单分转机制,推进差评有效整改,累计归集"好差评"数据7652万余条,好评率达到99.9%,差评按期整改率达到100%,实现以评促改、以评促优。[2]

(三)以"数智兼备"为标准,迭代提升服务水平

将数据共享和智慧协同能力落实于服务场景,围绕企业、个人、建设项目三类

---

[1] 吴妍焱:《让"数据流动"代替"群众跑腿"》,《沈阳日报》2023年10月24日第1版。
[2] 同上。

主体,开展个性化、智能化集成服务。一是便利群众办事。辽宁省沈阳市在国家"一件事"清单的基础上主动创新,优化上线"办犬证""安充电桩"等32件"一件事",结合个人事项流程短、频率高的特点,推动"教育缴费""公积金提取""商品房不动产转移登记"等一批"关键小事"登录移动端,收效良好。二是优化准入准营。聚焦企业所需,政府全力推行证照联办,上线"开美发店""开电影院"等55件照后经营"涉企一件事",有效降低准入门槛。采用省市联建模式,推出企业开办专属服务页面,并上线经营主体"一件事一次办""一网通办"服务场景,实现多部门服务"一次办结"。三是助力项目服务。推动工程建设项目审批全流程分四个阶段数字化报建,推行"方案联合审定""施工图联合审查""多测合一"等技术审查环节数字化、集成式服务,上线7个工程建设项目"一件事"主题场景,有效推动工程建设项目总体审批时限压缩至35个工作日。[1]

(四)以"制度创新"为保障,推动改革持续深化

强化制度创新,破解集成办、跨域办、秒批秒办等服务模式推广的体制机制障碍,持续完善数字化应用标准,提升数据要素赋能水平。一是制度引领。辽宁省政府将改革中探索出的方法论落实为制度性成果,出台"一体化政务服务平台运营管理办法""业务协同管理办法""用户体验官管理办法"等7项管理制度,推动改革规范化运行。二是标准运行。聚焦政务服务数字化的关键节点,制定"事项颗粒化梳理""电子材料归集""调度任务执行"等技术标准,确保各系统、各业务标准化衔接,避免产生新的系统壁垒。三是试点创新。辽宁省坚持"一盘棋"理念,连续三年开展"揭榜挂帅"工作,围绕"一网通办""跨域通办""一件事一次办"等重点改革方向,激发各地区各部门自主创新活力,遴选优秀案例在全省范围内推广,营造主动革新、广泛创新的良好氛围。

---

[1] 吴妍焱:《让"数据流动"代替"群众跑腿"》,《沈阳日报》2023年10月24日第1版。

第六章 营商环境法治化的完善路径

法治,犹如阳光雨露,滋养着营商环境的茁壮成长;又如磐石基座,构筑起市场经济稳健发展的坚实底盘。习近平总书记指出:"法治是最好的营商环境。"这一重要论述,深刻揭示了法治在优化营商环境中的决定性作用,为我们推进营商环境法治化建设提供了根本遵循和行动指南。党的二十大报告更是将"坚持全面依法治国,推进法治中国建设"摆在突出位置,并强调"营造市场化、法治化、国际化一流营商环境",这对新时代营商环境建设具有明确的指导意义,也为实现强国复兴伟业奠定了坚实的法治基础。

构建完备的营商环境法治体系,绝非一日之功,亦非一蹴而就,它是一项系统性、长期性、战略性的宏大工程。这需要我们深刻把握营商环境法治化的内在规律,紧紧围绕经营主体需求,坚持问题导向、目标导向、结果导向相统一,从产权保护、公平竞争、市场准入等关键领域入手,着力健全制度框架,完善体制机制,提升治理能力,以良法善治护航经济高质量发展,激发经营主体蓬勃活力,为构建高水平社会主义市场经济体制、推进中国式现代化奠定坚实的法治基础。下文将紧扣"夯实制度基础"这一主题,聚焦营商环境法律体系构建的核心要义,深入剖析完善产权保护制度、健全公平竞争制度、优化市场准入制度的路径方法,力求为推进营商环境法治化建设提供更为系统、更为深入、更富实践价值的思考和建议。

第一节 夯实制度基础:构建完备的营商环境法律体系

一、完善产权保护制度,筑牢市场经济的基石

产权制度是市场经济的灵魂,是激发经营主体创新创业活力的引擎,是维系社会公平正义的基石。习近平总书记多次强调要"加强产权激励,依法平等保护

各类产权",深刻阐明了产权保护在社会主义市场经济体制中的基础性、战略性地位。完善产权保护制度,不仅是优化营商环境法治化的首要任务,更是建设高标准市场体系、推动高质量发展的内在要求。我们必须深刻认识产权保护的极端重要性,以更高的站位、更宽的视野、更实的举措,加快构建产权明晰、权责明确、保护严格、流转顺畅的现代产权制度体系,为中国经济巨轮乘风破浪、行稳致远,提供最坚实的法治保障。

（一）产权保护是营商环境法治化的核心内容

营商环境的优劣,产权保护是试金石;市场经济的繁荣,产权保护是压舱石。可以说,产权保护的法治化水平,直接决定着营商环境的竞争力、吸引力、辐射力。从历史维度审视,产权保护的演进史,就是一部市场经济的发展史。改革开放初期,我们打破计划经济体制下产权主体模糊、产权保护缺位的僵化格局,确立公有制为主体、多种所有制经济共同发展的基本经济制度,极大地解放和发展了社会生产力。党的十八大以来,我们更是将产权保护提升到前所未有的战略高度,强调要"完善产权保护制度,依法有效保护各种所有制经济组织和公民的财产权",为各类经营主体吃下"定心丸"、注入"强心剂"。历史充分证明,产权保护的每一次进步,都推动着中国经济社会的巨大发展。

从现实维度考量,各类经营主体对产权保护的期盼日益强烈,产权保护的实现程度,直接影响着经营主体的投资意愿、创新活力和发展信心。企业家是经济发展的宝贵财富,是社会创造力的重要源泉。只有为企业家提供坚实的产权保护,才能让他们安心经营、放心投资、大胆创新,才能最大限度地激发和释放他们的企业家精神,汇聚起推动经济高质量发展的磅礴力量。反之,如果产权保护不到位,产权边界不清,产权权益易受侵犯,就会挫伤经营主体的积极性,甚至引发社会矛盾,阻碍经济健康发展。当前,新一轮科技革命和产业变革深入发展,知识产权、数据产权等新型产权形态不断涌现,对产权保护提出了新的挑战和更高要求。我们必须与时俱进,不断完善产权保护制度,以适应新形势、新任务、新挑战的需要。

从未来维度展望,构建高水平社会主义市场经济体制,建设更高水平开放型经济新体制,都离不开高水平的产权保护。在构建新发展格局、推动高质量发展的时代背景下,产权保护不仅关乎微观主体的利益,更关乎国家治理体系和治理能力现代化,关乎中国式现代化的宏伟目标。面对日趋激烈的国际竞争,只有打造国际一流的营商环境,才能吸引全球高端要素资源,提升国家核心竞争力。而国际一流营商环境的重要标志之一,就是拥有国际一流的产权保护制度。因此,我们要把产权保护放到更加突出的位置,以更大力度、更精准的举措,推进产权保护制度的完善和落实,为实现中华民族伟大复兴的中国梦,构筑起坚不可摧的产权法治屏障。

产权保护之所以是营商环境法治化的核心内容,其内在逻辑清晰而深刻:其一,产权保护是激励创新的原动力。尊重产权、保护产权,是鼓励创新最有效的激励机制。当创新成果能够得到法律的有效保护,创新收益能够得到合理的分配时,经营主体才会更有动力投入研发、勇于探索,才能不断涌现新技术、新产品、新业态、新模式,推动经济发展方式的转变和经济结构的优化升级。其二,产权保护是优化资源配置的关键机制。明晰的产权界定和有效的产权保护,能够降低交易成本,促进各类要素资源的自由流动和优化配置。通过产权交易、产权融资等市场化手段,土地、资本、技术、数据等要素资源可以从低效领域流向高效领域,实现资源配置效率的最大化,为经济发展注入源源不断的活力。其三,产权保护是稳定市场预期的定海神针。稳定的产权预期是良好营商环境的基石。当经营主体对自身的产权安全充满信心,对未来的产权收益拥有稳定预期时,才会敢于进行长期投资和战略布局,才能有效克服短期行为和投机倾向,为经济长期稳定发展奠定坚实的基础。正因如此,我们必须牢牢抓住产权保护这个"牛鼻子",将其作为营商环境法治化的核心内容,持之以恒、久久为功,抓紧抓实抓好。

(二)健全以公平为核心原则的产权保护法律体系

构建完备的营商环境法律体系,产权保护是牵一发而动全身的关键环节。要坚持以公平为核心原则,加快健全产权保护法律体系,为各类经营主体提供更加全面、更加有效、更加公平的法治保障。这需要我们以系统思维、整体观念,从多个维度协同发力,统筹推进产权保护法律体系的完善和升级。

首先,要夯实物权法律制度的根基。物权是市场经济的基础性权利,是产权制度的核心组成部分。要根据时代发展的新要求、社会变化的新情况,及时修订完善物权法,进一步明晰各类物权的权属、内容、边界,完善不动产登记制度,健全土地承包经营权、宅基地使用权、房屋所有权等重要财产的产权制度,为各类经营主体依法行使物权提供更加明确、更加具体的法律依据。尤其要关注新型物权类型,如数据财产权、碳排放权、环境权益等,加强前瞻性研究和制度探索,适时将符合条件的权益类型纳入物权法的保护范围,拓展物权法律制度的调整空间,回应社会发展的新需求。

其次,要织密知识产权法律制度的法网。知识产权是创新驱动发展的战略支撑,是提升国家核心竞争力的关键所在。要深入实施知识产权强国战略,坚持"严保护、大保护、快保护、同保护"的理念,全面加强知识产权保护,加快修订著作权法、专利法、商标法等知识产权法律,提高知识产权侵权违法成本,加大惩罚性赔偿力度,构建更加严格、更加有效的知识产权保护体系。要针对新技术、新业态、新模式发展带来的知识产权保护新挑战,加强前瞻性研究和制度设计,完善商业秘密保护制度,加强对人工智能、大数据、基因技术、生物医药等新兴领域知识产权的保护,有效遏制侵权行为,激发创新活力,为科技自立自强提供更加有力的法治保障。

再次,要完善公司法律制度的框架。公司是市场经济中最活跃、最主要的微观主体,公司法律制度是规范公司行为、调整公司关系、保护公司利益的重要法律制度。要与时俱进地完善公司法及其配套法规,健全现代企业制度,完善公司法人治理结构,强化股东权利保护,特别是要加强对中小股东权益的保护,规范公司内部权力运行,提升公司治理水平和治理效能。要针对不同类型公司,如国有控股公司、民营企业、外商投资企业等,完善差异化的公司法律制度,满足不同类型公司的发展需求,促进各类公司规范健康发展。要加强对公司控制权、股权激励、公司并购重组等方面的法律规制,防止资本无序扩张,维护市场公平竞争秩序,防范金融风险,守住风险底线。

此外,要强化涉产权司法解释和指导性案例的支撑。法律的生命力在于实施,法律的权威也在于实施。要加强对产权法律的司法解释工作,及时出台操作性强、针对性强的司法解释,明确法律适用标准,统一裁判尺度,增强产权法律的可操作性和可预期性,避免司法实践中的偏差和歧义。要充分发挥指导性案例的引领作用,通过发布一批典型性、代表性的涉产权保护案例,明确裁判规则,指导司法实践,提升产权司法保护的质量和效率,增强司法公信力,提升全社会对产权保护法治化水平的认同感和满意度。要健全案例指导机制,完善案例筛选、发布、适用等环节的制度规范,确保指导性案例能够真正发挥"指引方向、规范行为"的作用,为产权保护司法实践提供更加明确、更加权威的参考。

要强调的是,健全以公平为核心原则的产权保护法律体系,并非一蹴而就、一劳永逸之事,而是一个持续迭代、不断完善的动态过程。要紧跟时代步伐,回应实践需求,坚持问题导向,不断总结新经验、解决新问题、完善新制度,确保产权保护法律体系始终能够适应经济社会发展的新形势、新要求,为各类经营主体提供更加坚实、更加可靠的法治保障,为营造稳定公平透明可预期的营商环境,构筑更加牢固的制度基石。

(三)强化各类产权平等保护

平等是社会主义市场经济的鲜明底色,也是优化营商环境法治化的核心要义。习近平总书记深刻指出,要"毫不动摇巩固和发展公有制经济,毫不动摇鼓励、支持、引导非公有制经济发展",强调"两个毫不动摇"是我们党坚持和发展中国特色社会主义的重要方针。落实到产权保护领域,就是要坚持各种所有制经济产权平等保护,确保国有、民营、外资等各种所有制经济产权,都得到同等法律地位的对待、同等法律效力的保护,消除隐性壁垒,破除所有制歧视,真正实现权利公平、机会公平、规则公平,营造公平竞争、竞相发展的良好市场环境。

要深化所有制改革,夯实平等保护的制度基础。所有制改革是经济体制改革的关键环节,产权制度是所有制的核心内容。要坚持和完善基本经济制度,健全归属清晰、权责明确、保护严格、流转顺畅的现代产权制度,明晰产权主体,界定产权内容,规范产权交易,为平等保护各类产权奠定坚实的制度基础。要持续深化国有企业改革,完善中国特色现代企业制度,健全混合所有制经济,推动国有资本布局优化和结构调整,增强国有经济竞争力、创新力、控制力、影响力、抗风险能力,充分发挥国有经济在国民经济中的主导作用。同时,要坚持"鼓励、支持、引导"的方针,健全支持民营经济发展的产权制度,依法保护民营企业和民营企业家的产权和合法权益,激发民营经济的生机和活力,促进民营经济高质量发展。对于外商投资企业,要严格落实外商投资法及其实施条例,健全外商投资准入前国民待遇加负面清单管理制度,保障外商投资企业依法平等参与市场竞争,共享中国发展机遇。通过深化所有制改革,不断完善产权制度,为各种所有制经济产权平等保护,构建起更加成熟、更加定型的制度框架。

要清理隐性壁垒,营造公平竞争的市场环境。市场经济的本质是竞争经济,公平竞争是市场机制有效运行的重要保障。要深入开展公平竞争审查,全面清理和废除妨碍统一市场和公平竞争的各种带有歧视性、排他性的规定和做法,打破地方保护和行业垄断,消除所有制歧视和隐性壁垒,确保各类经营主体在市场准入、要素获取、资质许可、经营运行、政府采购、招标投标、标准制定等方面,都能够享受平等待遇,拥有平等的权利和机会。要加强对行政机关和具有公共管理职能的组织制定涉及经营主体经济活动的规章、规范性文件和其他政策措施的公平竞争审查,从源头上防止出台排除、限制竞争的政策措施,确保各项政策措施符合公平竞争要求,维护公平竞争秩序。要畅通民营企业和外商投资企业平等参与市场竞争的渠道,支持民营企业和外商投资企业参与国家重大战略、重大工程、重大项目建设,鼓励民营企业和外商投资企业积极参与构建新发展格局,充分发挥各类经营主体在推动经济社会发展中的积极作用,形成各类经营主体优势互补、竞相发展的生动局面。

要强化反垄断和反不正当竞争执法,维护公平竞争秩序。公平竞争是市场经济的生命线,也是产权平等保护的重要体现。要加大反垄断和反不正当竞争执法力度,依法查处各类垄断和不正当竞争行为,维护市场公平竞争秩序,为各类经营主体创造公平公正的市场环境。要加强对重点行业和重点领域的反垄断监管,特别是要关注平台经济、数字经济等新业态新模式领域的垄断行为,防止资本无序扩张,有效预防和制止排除、限制竞争行为,维护市场公平竞争。要完善反不正当竞争法律制度,明确不正当竞争行为的类型和认定标准,加大对不正当竞争行为的惩治力度,提高违法成本,震慑违法行为,维护市场竞争秩序。要健全反垄断和反不正当竞争的协同监管机制,加强部门联动,形成监管合力,提升监管效能,构建统一开放、竞争有序的市场体系。

要强调的是,强化各类产权平等保护,既要体现在顶层设计的制度安排上,更要落实在具体的执行层面和司法实践中。要切实解决一些地方和部门在政策执行和司法实践中存在的"玻璃门""弹簧门""旋转门"等隐性壁垒问题,坚决纠正对不同所有制主体在市场准入、要素获取、政策支持等方面存在的歧视性做法，真正让各类经营主体感受到公平就在身边，权益得到有效保障，从而提振发展信心，激发创新活力，为经济高质量发展注入强劲动力。

（四）健全涉产权冤错案件有效防范和纠正机制

涉产权冤错案件，是法治营商环境建设的"痛点"，严重损害企业家合法权益，破坏营商环境，侵蚀社会公平正义的根基，对经济社会发展造成难以估量的负面影响。党中央高度重视涉产权冤错案件的防范和纠正工作，在《关于完善产权保护制度依法保护产权的意见》中提出"两个一批"，即要"坚持有错必纠，抓紧甄别纠正一批社会反映强烈的产权纠纷申诉案件，剖析一批侵害产权的案例"，彰显了党中央依法保护产权、维护公平正义的坚定决心。健全涉产权冤错案件有效防范和纠正机制，是提升司法公信力、保护企业家合法权益、维护社会公平正义的必然要求，也是优化营商环境法治化的重要内容。

要健全产权保护司法政策，明晰执法司法标准。司法是维护社会公平正义的最后一道防线，司法政策和执法司法标准的明晰化、规范化，是防范涉产权冤错案件发生的关键环节。要坚持依法平等保护各种所有制经济产权的原则，将平等保护的理念贯穿于立法、执法、司法、守法各个环节，确保各类经营主体诉讼地位平等、法律适用平等、法律责任平等。要完善涉产权案件办理的司法政策，明确涉产权案件的罪名认定、量刑标准、证据规则、程序要求等，严格区分经济纠纷与经济犯罪的界限，防止刑事手段过度介入经济纠纷，防止将经济纠纷当作犯罪处理。要坚持罪刑法定、疑罪从无、证据裁判等原则，坚决防止把经济领域中的创新创业行为，简单认定为违法犯罪，切实保护企业家人身和财产安全。要加强对涉产权案件办理的监督指导，完善案件评查、质量考核等机制，确保涉产权案件办理的公正性和规范性，从源头上减少冤错案件的发生。

要畅通申诉渠道，完善冤错案件甄别纠正机制。完善的申诉渠道和有效的甄别纠正机制，是及时发现和纠正涉产权冤错案件、维护当事人合法权益的重要保障。要畅通涉产权申诉渠道，降低申诉门槛，简化申诉程序，为企业家和企业提供便捷高效的申诉救济途径。要完善涉产权申诉的受理、审查、办理机制，确保涉产权申诉能够得到及时受理和公正处理。要建立健全涉产权冤错案件的甄别纠正工作机制,明确甄别纠正的标准、程序、责任,对于确属冤错的案件,要坚决依法纠正,及时启动再审程序,改判纠正错误裁判,恢复企业和企业家的名誉,赔偿损失,并追究相关责任人员的责任。要坚持"有错必纠""错必纠正"的原则,以零容忍的态度对待涉产权冤错案件,发现一起、纠正一起,决不姑息、决不手软,彰显司法机关维护公平正义的坚定立场和鲜明态度。

要加强社会监督,提升司法公信力。阳光是最好的防腐剂,公开是最好的监督器。要加强对涉产权案件办理的社会监督,扩大社会公众对涉产权案件办理的知情权、参与权、监督权。要推行阳光司法,推进审判公开、检务公开、警务公开,依法公开涉产权案件的审判流程、裁判文书、执行信息等,接受社会监督。要充分发挥律师、专家学者、社会组织、新闻媒体等各方面的监督作用,形成全方位、多层次的社会监督体系,倒逼司法机关规范执法、公正司法,提升涉产权案件办理的质量和效率,提升司法公信力。要通过公正高效的涉产权案件办理,树立司法权威,营造公平正义的法治环境,让企业家和社会公众对法治充满信心,对公平正义充满希望。

健全涉产权冤错案件有效防范和纠正机制,是一项长期性、系统性工程,需要持续发力、久久为功。要不断总结经验,完善制度机制,提升执法司法能力,努力让人民群众在每一个司法案件中感受到公平正义,让企业家安心经营、放心投资、专心创业,为构建一流营商环境、推动经济高质量发展,提供更加坚实的法治保障。

二、健全公平竞争制度,维护统一开放市场

公平竞争,犹如阳光空气,是市场经济健康肌体的内在要求,是激发市场活力、提高资源配置效率的强大引擎,也是维护社会公平正义、增进人民福祉的重要保障。习近平总书记在2025年2月17日的民营企业座谈会上,针对当前民营企业反映比较集中的一些问题深刻指出,"要坚决破除依法平等使用生产要素、公平参与市场竞争的各种障碍"。我们必须深刻认识公平竞争制度在优化营商环境中的战略地位,以更大力度、更实举措,加快构建统一开放、竞争有序的市场体系,为各类经营主体在公平公正的环境中逐梦圆梦铺平道路、保驾护航。

(一)公平竞争是市场经济的本质要求

市场经济,顾名思义,其核心在于"市场",精髓在于"竞争"。公平竞争并非市场经济的附属品,而是其内在基因和灵魂。从理论层面而言,公平竞争是市场机制有效运行的先决条件。市场机制的核心功能在于通过价格信号引导资源配置,实现资源优化和效率提升。然而,如果市场竞争失序,出现垄断、不正当竞争等行为,就会扭曲价格信号,错配资源,损害市场效率,最终导致市场失灵。公平竞争正是为市场机制的有效运行提供制度保障,确保价格信号能够真实反映市场供求关系,引导资源流向最具效率的领域,实现帕累托最优。

从实践层面而言,公平竞争是激发经营主体活力的关键动能。公平竞争的市场环境,能够为各类经营主体提供平等的机会,激励企业通过创新、提高效率、优化服务等方式提升自身竞争力,实现优胜劣汰,促进产业升级和经济高质量发展。反之,如果竞争不公平,存在市场壁垒、行业垄断、不正当竞争等现象,就会抑制经营主体的创新动力,阻碍要素资源的自由流动,降低市场效率,最终损害经济发展的内生动力。改革开放以来,中国经济之所以能取得举世瞩目的成就,市场化改革功不可没,而市场化改革的核心,正是逐步建立和完善公平竞争的市场机制,释放了巨大的市场活力和社会创造力。

从战略层面而言,公平竞争是构建新发展格局、实现高质量发展的必然选择。构建以国内大循环为主体、国内国际双循环相互促进的新发展格局,要求建立强大统一市场,畅通国内经济大循环,促进国内国际市场联通。而要建立强大统一市场,就必须打破区域壁垒、行业垄断,清除各种市场分割和地方保护主义,营造公平竞争的市场环境,促进商品要素在更大范围、更广领域自由流动,实现资源优化配置。高质量发展,内涵丰富,其中一个重要方面就是发展方式的转变和经济结构的优化升级。而要实现高质量发展,就必须依靠创新驱动,提高全要素生产率。公平竞争的市场环境能够激励企业加大研发投入,推动科技创新,促进产业结构优化升级,为高质量发展提供有力支撑。

因此,必须深刻认识到,公平竞争不是可有可无的选择,而是市场经济的本质属性,是优化营商环境的基石,是推动高质量发展的内在要求,必须始终坚持把维护公平竞争作为一项长期性、战略性任务,抓紧抓实抓好,不断完善公平竞争制度,营造公平竞争的市场环境,激发经营主体活力,提升资源配置效率,为构建高水平社会主义市场经济体制、建成社会主义现代化强国,奠定坚实的制度基础。

(二)完善反垄断和反不正当竞争法律制度

法律制度,乃国之重器,亦是维护和规范市场经济秩序的根本保障。在社会主义市场经济体制不断健全和完善的进程中,公平竞争是激发经营主体活力、优化资源配置效率、推动高质量发展的内在要求。反垄断和反不正当竞争法律制度,犹如维护公平竞争的两柄利剑,肩负着规制市场垄断行为、打击各类不正当竞争行为、营造统一开放、竞争有序市场环境的重大使命。因此,完善反垄断和反不正当竞争法律制度,不仅是健全公平竞争制度体系的核心要义,更是构筑社会主义市场经济体制法治基石的关键环节,对于全面深化改革、建设高标准市场体系、推动高质量发展具有至关重要的战略意义。

从历史维度和战略高度审视,健全反垄断和反不正当竞争法律制度,是完善社会主义市场经济体制的必然要求。改革开放以来,中国经济实现了举世瞩目的快速发展,市场化程度不断提高。但与此同时,市场经济发展中也暴露出一些深层次矛盾和问题,垄断行为和不正当竞争行为屡禁不止,严重破坏了市场公平竞争秩序,阻碍了创新驱动发展战略的实施,损害了消费者权益和社会公共利益。党的十八大以来,以习近平同志为核心的党中央高度重视维护市场公平竞争,将健全公平竞争制度纳入到完善社会主义市场经济体制、推进国家治理体系和治理能力现代化的战略布局之中。党的十九大报告明确提出,要"强化竞争政策的基础性地位",党的二十大报告进一步强调要"完善产权保护、市场准入、公平竞争、社会信用等市场经济基础制度"。这些重要论述深刻揭示了公平竞争制度在社会主义市场经济体制中的基础性作用,也为完善反垄断和反不正当竞争法律制度指明了方向和路径。

从现实挑战和发展需求出发,完善反垄断和反不正当竞争法律制度,是应对复杂市场竞争环境、激发市场活力的迫切需要。当前,中国经济正处于转型升级的关键时期,新产业、新业态、新模式蓬勃发展,平台经济、数字经济等新兴领域快速崛起,市场竞争格局日趋复杂多变。与此同时,垄断行为和不正当竞争行为也呈现出新的特点和趋势,例如:平台经济领域利用数据、算法、规则等形成新型垄断,网络不正当竞争行为手段更加隐蔽、形式更加多样,传统行业垄断壁垒依然存在,地方保护和区域封锁现象依然没有完全消除。这些新老问题交织叠加,对反垄断和反不正当竞争法律制度提出了新的挑战和更高要求。亟须加快完善反垄断和反不正当竞争法律制度体系,构建更加完备、更加有效、更加精准的法律规制框架,为维护各类经营主体的公平竞争、激发各类要素的市场活力、促进创新驱动发展提供坚实的法治保障,为中国经济高质量发展注入强劲动力。

围绕构建更加完备、更加有效、更加精准的反垄断和反不正当竞争法律规制框架,必须坚持问题导向、系统思维、协同发力,从立法、执法、司法等多个层面协同推进,着力提升法律制度的系统性、科学性、有效性。

1.着力完善反垄断法律制度,构筑规制市场垄断行为的坚固法网

反垄断法是维护市场公平竞争秩序、预防和制止垄断行为发生的基础性法律,是社会主义市场经济法律体系的"核心法"之一。随着经济社会发展和市场竞争格局的深刻变化,现行的反垄断法在规制新型垄断行为、提升执法效能等方面还存在一些不足和短板,亟须与时俱进,进行修订和完善,以适应新形势新挑战,增强法律的时代性、有效性和可操作性。具体而言,需要从以下几个方面着力:

(1)进一步明确垄断行为的类型和认定标准,增强法律规制的精准性和靶向性

反垄断法主要规制垄断协议、滥用市场支配地位和经营者集中三种垄断行为。要结合平台经济、数字经济等新业态新模式的发展特点,进一步细化和明确垄断行为的构成要件和违法情形。例如,针对平台经济领域利用数据、算法、规则实施的垄断行为,要明确界定相关市场范围、市场支配地位认定标准以及滥用市场支配地位的具体表现形式。对于经营者集中,要进一步完善申报标准和审查程序,特别是要针对"掐尖并购""数据垄断"等新型并购行为,研究制定专门的规制规则。通过细化和明确垄断行为的认定标准,提高法律规制的确定性和可预期性,为经营主体合规经营提供清晰的指引,也为反垄断执法提供明确的法律依据。

(2)完善经营者集中审查制度,强化对重点行业和新兴领域的反垄断监管

经营者集中审查是预防和制止市场垄断的重要关口。要进一步健全和优化经营者集中审查制度,提升审查效率和透明度,降低企业制度性交易成本。要加

强对重点行业和关键领域的经营者集中的常态化监管,例如能源、通信、金融、交通运输等关系国计民生的重要行业,以及平台经济、数字经济、人工智能、生物医药等战略性新兴产业,要进行重点审查,防范经营者过度集中带来的市场垄断风险。特别是要密切关注平台经济领域的"超级平台"企业,加强对其并购行为的规制,防止其利用资本优势进行无序扩张,形成"赢者通吃"的市场格局,扼杀创新,损害消费者利益。

(3)加大对垄断行为的处罚力度,提高违法成本,形成有效震慑

法律的生命力在于实施,法律的权威也在于实施。要加大对垄断行为的惩处力度,提高违法成本,让违法者付出沉重代价,才能有效遏制垄断行为的发生。要根据垄断行为的性质、情节和社会危害程度,综合运用责令停止违法行为、没收违法所得、罚款、责令拆分、吊销营业执照等多种处罚手段,形成多层次、立体化的惩戒体系。对于情节严重、性质恶劣的垄断行为,要依法从重处罚,并可以探索引入惩罚性赔偿制度,提高违法成本,增强法律的震慑力。

(4)健全反垄断执法体制机制,提升反垄断监管能力和水平

要进一步健全反垄断执法体制机制,理顺执法职责,优化执法流程,提高执法效率。要加强反垄断执法队伍建设,充实执法力量,提升执法人员的专业素养和执法能力。要充分发挥专家咨询委员会、行业协会等第三方机构的作用,提升反垄断执法的专业性和科学性。要加强反垄断国际合作,积极参与全球反垄断治理,为构建开放型世界经济贡献中国智慧和中国方案。要推进反垄断执法信息的公开透明,接受社会监督,提升反垄断执法的公信力。

2.聚力健全反不正当竞争法律制度,织密打击不正当竞争行为的法治之网

反不正当竞争法是维护市场公平竞争秩序的重要法律,与反垄断法共同构成维护公平竞争的"制度双翼"。不正当竞争行为种类繁多、形式多样,且不断推陈出新,严重扰乱市场秩序,侵蚀公平竞争的市场环境,损害经营者和消费者的合法权益,必须持续完善反不正当竞争法律制度,织密打击不正当竞争行为的法治之网。具体而言,需要重点关注以下几个方面:

(1)丰富和拓展不正当竞争行为的具体类型,增强法律规制的适应性和灵活性

要紧跟市场发展实践的步伐,及时修订和完善反不正当竞争法,密切关注市

场竞争领域出现的新情况新问题,及时将新型不正当竞争行为纳入法律规制范围。例如,针对大数据杀熟、算法歧视、流量劫持、恶意不兼容、商业诋毁等新型不正当竞争行为,要明确界定行为的构成要件和违法情形,增强法律规制的针对性和有效性。要充分发挥反不正当竞争法的"兜底条款"作用,对于法律没有明确列举,但违背诚实信用原则和商业道德,扰乱市场竞争秩序,损害其他经营者和消费者合法权益的行为,也要依法进行规制。

(2)突出规制网络不正当竞争行为,净化网络市场竞争环境

互联网已成为市场竞争的主战场,网络不正当竞争行为日益猖獗,严重危害网络市场秩序和消费者权益。要聚焦互联网领域的突出乱象,针对刷单炒信、虚假宣传、流量劫持、恶意不兼容、强制搭售、侵犯用户数据等网络不正当竞争行为,健全法律规制规则,加大执法力度,净化网络市场竞争环境。要明确平台企业的反不正当竞争义务,压实平台责任,构建平台自治、行业自律、政府监管、社会监督的多元共治格局,共同维护网络市场公平竞争秩序。

(3)持续强化商业秘密保护,营造鼓励创新创业的良好法治环境

商业秘密是企业重要的知识产权,是企业核心竞争力的重要体现。加强商业秘密保护,对于激励企业创新投入、维护公平竞争秩序、提升国家创新能力具有重要意义。要健全商业秘密保护制度体系,完善商业秘密的定义、构成要件和保护范围,明确侵犯商业秘密行为的类型和法律责任,加大对侵犯商业秘密行为的惩治力度,提高违法成本,形成有效震慑。要加强商业秘密保护的宣传教育,提升企业商业秘密保护意识和能力,营造尊重知识、崇尚创新、保护产权的良好法治环境,为各类经营主体安心创新创业提供坚实保障。

(4)全面加大对不正当竞争行为的惩处力度,让违法者付出沉重代价

要加大对不正当竞争行为的惩处力度,综合运用责令停止违法行为、没收违法所得、罚款、吊销营业执照等多种处罚手段,形成多层次、立体化的惩戒体系。要进一步完善不正当竞争行为的损害赔偿制度,降低受害者的维权门槛,提高违法者的侵权成本,充分发挥法律的惩罚和预防功能。对于恶意严重、社会影响恶劣的不正当竞争行为,要依法从重处罚,并探索引入惩罚性赔偿制度和失信联合惩戒机制,让违法者付出沉重代价,真正形成"不敢违、不能违、不想违"的市场竞争氛围。

(5)健全反不正当竞争的协同监管机制,提升监管效能

不正当竞争行为往往涉及多个部门职责交叉,监管难度大。要健全反不正当竞争的协同监管机制,强化市场监管、网信、工信、公安、海关等部门的联动协作,促进信息共享、线索移送、联合执法,形成监管合力,提升监管效能。要充分发挥行业协会、商会等社会组织的作用,加强行业自律和自治,形成政府监管、社会监督、行业自律的多元共治格局,共同打击不正当竞争行为,营造公平竞争的市场环境。

3.强化反垄断法与反不正当竞争法的制度衔接和协调联动,构建维护公平竞争的严密法网

反垄断法和反不正当竞争法在维护市场公平竞争秩序方面,功能互补、相辅相成、相互支撑,共同构成维护公平竞争的有机法律整体。反垄断法侧重于规制具有市场支配地位经营者的垄断行为,着力维护市场结构层面的公平竞争;反不正当竞争法则侧重于规制各类经营主体实施的具体不正当竞争行为,着力维护市场行为层面的公平竞争。二者目标一致,协同发力,共同维护健康有序、充满活力的市场竞争格局。因此,必须强化反垄断法与反不正当竞争法的制度衔接和协调联动,在立法、执法、司法等各个层面,都要注重二者的有效协同,避免法律规制的冲突和空白,形成规制合力,提升规制效能。

(1)在立法层面,加强法律体系的统筹协调和有效衔接

要系统梳理反垄断法和反不正当竞争法,明确二者的规制边界和重点,厘清垄断行为与不正当竞争行为的界限,针对实践中不断涌现的新型竞争行为,及时明确法律适用规则,实现法律规制的无缝衔接和有效覆盖,避免出现法律盲区和制度冲突。在法律修订和完善过程中,要注重两部法律之间的内在逻辑和体系协调,确保法律体系的内在一致性和整体有效性。

(2)在执法层面,加强执法机构的协同联动和信息共享

要加强反垄断执法机构与反不正当竞争执法机构的沟通协调和协作联动,建立常态化信息共享、案情会商、联合执法等机制,在案件线索移送、调查取证协作、法律适用研讨、执法信息发布等方面加强协同配合,形成执法合力,提高执法效能。要探索建立跨部门、跨区域的执法协作机制,打破部门壁垒和区域分割,提升执法的整体性和协同性,有效应对跨区域、跨行业的复杂竞争行为。

(3)在司法层面,加强司法审判的有效衔接和裁判标准的统一

要加强反垄断和反不正当竞争案件的司法审判工作,充分发挥司法裁判对市场行为的规范和指引作用,提升司法公信力。要加强对反垄断和反不正当竞争法律适用的研究,统一法律适用标准,明确裁判规则,避免出现法律适用上的偏差和冲突。要加强案例指导,发布典型案例,发挥案例的示范和指导作用,统一裁判尺度,增强司法裁判的可预期性。要积极探索反垄断和反不正当竞争民事诉讼与行政执法的有效衔接机制,畅通救济渠道,降低维权成本,切实保护经营者和消费者的合法权益。

(4)在纠纷解决层面,健全多元化纠纷解决机制,提升纠纷解决效率

要积极探索建立反垄断和反不正当竞争纠纷解决多元化机制,充分发挥仲裁、调解等多元化纠纷解决方式的作用,为经营主体提供更加便捷高效、低成本的纠纷解决途径,提升维权效率,化解矛盾纠纷。要加强诉讼与仲裁、调解的衔接配合,建立诉讼与仲裁、调解的对接平台,形成优势互补、有机衔接的纠纷解决体系,为维护公平竞争提供更加多元化、高效率的纠纷解决渠道。

综上所述,完善反垄断和反不正当竞争法律制度,是一项系统工程和长期任务,关乎社会主义市场经济体制的完善和高质量发展的全局。必须坚持以习近平新时代中国特色社会主义思想为指导,从战略高度和全局视野,深刻认识完善反垄断和反不正当竞争法律制度的重大意义,坚持问题导向、系统思维、协同发力,不断完善法律体系,健全执法机制,强化司法保障,提升监管效能,构建系统完备、科学规范、运行高效的公平竞争法律制度体系,为构建高水平社会主义市场经济体制,建设统一开放、竞争有序、高效规范、公平竞争的市场,提供坚实有力的法治支撑,为中国经济行稳致远、实现高质量发展奠定坚实的制度基础。而更深层次的意义在于,法律的生命力在于实施,制度的权威也在于执行。因此,完善反垄断和反不正当竞争法律制度,绝非仅仅是法律条文的修订和完善,更为关键和根本的是要确保制度的有效落实和严格执行。要坚持有法可依、有法必依、执法必严、违法必究,健全法律实施和监督机制,确保反垄断和反不正当竞争法各项规定落到实处、见到实效,切实发挥维护公平竞争、激发市场活力的重要作用,为中国式现代化的宏伟蓝图贡献法治力量。

(三)破除区域壁垒和行业垄断,畅通要素流动,激发市场活力

构建高水平社会主义市场经济体制,核心在于充分发挥市场在资源配置中的决定性作用,更好发挥政府作用。而要素的自由流动是市场机制有效运行的基石。然而,当前我国市场体系建设中,区域壁垒和行业垄断问题依然存在,成为畅通国内大循环、建设全国统一大市场的掣肘,也严重制约了各类经营主体公平参与竞争、平等获得要素资源的权利,亟须通过法治手段加以破除。

长期以来,一些地方为了追求局部利益和短期发展,通过设置不合理的行政许可、资质认定、备案登记等,制度以及采取歧视性补贴、差异化收费等政策,人为抬高外地企业进入本地市场的门槛,限制商品、服务、资金、技术、数据等要素跨区域自由流动。例如,有的地方出台"土政策",对外地企业的产品和服务设置隐性壁垒,变相保护本地落后产能;有的地方在政府采购、招投标等环节,设置不合理的地域限制,使得本地企业享受特殊照顾,外地企业难以公平参与竞争;还有的地方利用行政审批、监管执法等手段,限制外地企业在本地投资设厂、开展经营活动,甚至强迫外地企业将总部迁至本地。

行业垄断同样是阻碍市场公平竞争、制约市场活力的顽疾。一些行业,特别是公用事业、自然垄断行业等,由于历史原因或政策惯性,存在行政性垄断或市场支配地位滥用等问题。例如,在一些地方,供水、供电、供气等公用事业领域,仍然存在市场准入壁垒,民营企业难以进入,缺乏有效竞争,导致服务质量不高、收费不合理;在一些新兴行业,如互联网平台经济、数字经济等领域,一些头部企业凭借其市场支配地位,实施"二选一"、大数据杀熟等不正当竞争行为,损害消费者权益,扼杀创新活力。

区域壁垒和行业垄断的存在,不仅割裂了全国统一大市场,阻碍了要素资源的优化配置,也加剧了市场分割和地方保护主义,损害了市场公平竞争秩序,影响了经济高质量发展。其危害主要体现在以下几个方面。

一是阻碍商品和要素自由流动。区域壁垒被人为设置成"关卡",阻碍商品、服务、资本、技术、人才等要素跨区域流动,降低了要素配置效率,增加了企业交易成本,制约了区域经济协调发展和一体化进程。例如,商品流通受阻,导致区域间市场价格差异加大,消费者难以享受到最优性价比的商品和服务;人才流动受限,

不利于发挥人才的区域集聚效应和规模效应,阻碍了创新要素的自由流动和优化配置。

二是妨碍公平竞争和优胜劣汰。区域壁垒和行业垄断人为制造不公平竞争环境,使得本地企业或垄断企业获得超额利润,而外地企业或新兴企业则面临不公平待遇,难以公平参与市场竞争。长期下去,会导致市场优胜劣汰机制失灵,阻碍技术进步和产业升级,降低整个经济的效率和活力。

三是损害消费者权益和市场效率。区域壁垒和行业垄断的存在,减少了市场供给,抬高了商品和服务价格,限制了消费者选择权,损害了消费者利益。同时,市场竞争不足,也会导致企业缺乏创新动力,降低服务质量,最终损害市场效率和竞争力。

四是影响全国统一大市场建设和高水平对外开放。构建全国统一大市场是畅通国内大循环、推动高质量发展的战略支撑。区域壁垒和行业垄断与全国统一大市场建设目标背道而驰,阻碍了统一开放、竞争有序的市场体系建设。同时,区域壁垒和行业垄断也与高水平对外开放的要求不符,不利于营造内外资企业一视同仁、公平竞争的市场环境,影响了我国对外开放的形象和吸引力。

针对上述问题,《国务院关于在市场体系建设中建立公平竞争审查制度的意见》明确提出,要"清理废除妨碍全国统一市场和公平竞争的规定和做法",促进要素自由流动。具体而言,破除区域壁垒,畅通要素流通,可从以下五个方面着手。

第一,全面清理各类妨碍公平竞争、割裂统一市场的制度措施。各地区各部门要对照国家有关法律法规和政策规定,对现有的涉及市场主体经济活动的规章、规范性文件和其他政策措施进行全面清理,重点清理违反公平竞争原则、设置歧视性或隐性壁垒、限制外地商品和服务进入本地市场、限制本地企业到外地投资经营等妨碍统一市场和公平竞争的制度措施。要建立清理工作台账,明确责任分工和完成时限,确保清理工作取得实效。

第二,健全公平竞争审查制度,加强源头治理。要严格落实公平竞争审查制度,将审查范围覆盖到所有涉及市场主体经济活动的政策措施,包括规章、规范性文件、其他政策性文件以及"一事一议"形式的具体政策措施。[1] 要完善公平竞争审查标准,细化审查规则和程序,提高审查的科学性和规范性。要加强对政策制定机关的指导和培训,提高政策制定者的公平竞争意识和审查能力。

第三,强化反垄断和反不正当竞争执法,维护市场公平竞争秩序。要加大反垄断和反不正当竞争执法力度,依法查处垄断协议、滥用市场支配地位、行政垄断等行为,坚决纠正限制竞争、排除竞争的做法。要聚焦重点领域和突出问题,如公用事业、平台经济、数字经济等领域,开展专项执法行动,严厉打击垄断和不正当竞争行为,维护市场公平竞争秩序。

第四,打破行业垄断,有序放宽市场准入。要深化重点领域改革,打破行业垄断,有序放宽市场准入,引导更多社会资本进入基础设施、公用事业、能源、交通、电信、教育、医疗等领域,引入竞争机制,提高供给质量和服务水平。要推动自然垄断行业改革,实现政企分开、网运分离、主辅分离,打破区域分割和行业壁垒,构建统一开放、竞争有序的市场体系。

第五,推动要素市场化配置改革,促进要素自由流动。要深化土地、劳动力、资本、技术、数据等要素市场化配置改革,破除阻碍要素自由流动的体制机制障碍,畅通要素流动渠道。要完善要素市场交易平台,促进要素市场化定价,提高要素配置效率。要加快建设高标准市场体系,健全产权保护、市场准入、公平竞争等基础制度,为要素自由流动营造良好的制度环境。

三、优化市场准入制度,激发经营主体活力

(一)市场准入制度对降低制度性交易成本、激发经营主体活力至关重要

市场准入制度是市场经济运行的基石,犹如连接经营主体与市场活动的"闸门",其制度设计的科学性和合理性,直接关乎市场效率、资源配置以及经济发展的质量。高质量的市场准入制度,不仅仅是一纸许可,更是构建统一开放、竞争有序市场,降低制度性交易成本、激发经营主体活力的关键性制度安排。制度性交易成本是指经营主体在参与市场活动中,因制度安排而产生的各种费用和耗费。

---

[1] 邓伟:《关税减免制度的现状、问题与完善——基于公平竞争审查的视角》,《广西社会科学》2023年第6期。

低效的市场准入制度,会人为增加制度性交易成本,阻碍经营主体发展。而优化的市场准入制度,则能有效降低这些成本,释放市场活力。制度性交易成本的降低,体现在多个维度,影响深远。

一是信息成本的显著降低。信息成本指的是经营主体为获取市场准入相关信息所付出的成本,包括政策信息的搜集、解读、咨询等方面的费用和时间耗费。不透明、不清晰的市场准入规则,信息发布滞后,政策解读不到位,都将显著增加企业的信息成本。例如,企业需要花费大量时间和精力去理解烦琐的审批流程,咨询不同部门,甚至聘请专业机构进行政策解读,这些都是沉重的信息成本负担。优化的市场准入制度,则致力于提升政策透明度和可预期性。通过建立统一的信息发布平台,及时公开市场准入政策、办事指南、审批流程等信息,利用信息化手段提供在线咨询和办理服务,能够极大地降低企业的信息搜寻成本,让企业"少跑腿、好办事",将更多精力投入到生产经营中。例如,一些地方政府推出的"政策计算器""政策地图"等创新应用,利用大数据技术精准推送政策信息,进一步降低了企业的信息获取门槛。

二是时间成本的有效压缩。时间成本是指经营主体为获得市场准入许可而耗费的时间成本,包括等待审批的时间、多次往返审批部门的时间、准备材料的时间等。审批环节过多、流程复杂、效率低下,都会造成企业时间成本的大幅增加,甚至可能错失市场良机,延误投资计划。时间就是金钱,对于经营主体而言,时间成本是至关重要的制度性交易成本。特别是在市场竞争激烈的环境下,审批时间的延长,可能意味着企业丧失了抢占市场先机的机会,甚至被竞争对手超越。深化"放管服"改革的核心内容之一,就是精简审批流程,压缩审批时限,大幅降低企业的时间成本。例如,推行并联审批、容缺受理、告知承诺制等改革举措,将多个审批环节合并办理,减少审批前置条件,允许企业先行开展部分经营活动,大幅缩短了审批时间,提高了市场准入效率。一些地方政府还推出了"一日办结""秒批"等创新服务,将审批时间压缩到极致,极大地提升了经营主体的获得感。

三是合规成本的持续降低。合规成本是指经营主体为符合市场准入标准和监管要求而付出的成本,包括为满足环保、安全、质量等方面的要求而进行的投入,以及为应对监管检查、接受行政处罚等可能产生的费用。不统一、不规范的市场准入标准,地方保护主义和部门壁垒,重复检查、多头执法,都可能增加企业的合规成本,特别是对于跨区域、跨行业经营的企业而言,合规成本可能更加高昂。建设全国统一大市场,打破地方保护和行业壁垒,规范监管执法行为,是降低合规成本的关键。通过制定统一的市场准入标准,清理和废除妨碍公平竞争的规定和做法,推动跨区域、跨部门监管协同,减少重复检查和随意执法,能够有效降低企业的制度性合规成本,营造公平竞争的市场环境。例如,一些地方政府探索推行"综合监管""联合执法",整合监管资源,减少对企业的多头检查,降低了企业应对监管的负担。

四是机会成本的显著减少。机会成本是指因为市场准入限制而导致的市场机会丧失的成本,包括潜在的投资机会、创新机会、发展机会等。过高的准入门槛、不合理的行业管制,都会限制经营主体的进入,阻碍新产业、新业态、新模式的发展,造成创新活力受限,经济发展动能不足。打破市场垄断,放宽市场准入,鼓励各类经营主体平等参与市场竞争,是减少机会成本,激发创新活力的重要途径。例如,放宽对民营资本进入特定领域的限制,降低新兴产业的市场准入门槛,鼓励外商投资新兴产业和高新技术产业,都能够释放市场潜力,创造更多发展机会。又如,在一些新兴领域,如数字经济、人工智能、生物医药等,可以实行包容审慎监管,给予经营主体更大的创新空间,在发展中规范,在规范中发展,避免因过早、过严的监管扼杀新兴产业的活力。

五是寻租成本的有效遏制。寻租成本是指经营主体为获得不正当的市场准入优势,通过非市场手段,例如行贿、关系寻租等,所付出的成本。不透明、不规范的市场准入制度,权力寻租空间较大,容易滋生腐败行为,增加企业的寻租成本,破坏公平竞争的市场秩序。深化审批制度改革,推进行政审批标准化、规范化、公开化,压缩权力寻租空间,是遏制寻租成本、营造廉洁高效政务环境的关键。例如,推行"阳光审批""电子政务",将审批过程置于阳光之下,接受社会监督,能够有效减少权力寻租的机会。又如,加强对审批权力运行的监督制约,严厉打击审批领域的腐败行为,能够营造风清气正的营商环境。

有效的市场准入制度是激发经营主体活力的核心动力源。经营主体活力是经济发展的内生动力,经营主体越活跃,市场经济就越繁荣,创新创造的源泉就越充沛。优化的市场准入制度,能够从多方面激发经营主体活力:

其一,促进新设经营主体大量涌现,厚植经营主体发展沃土。降低准入门槛,简化准入流程,能够大幅降低创业成本,提高创业成功率,吸引更多社会资本投入创业创新。特别是对于中小微企业和个体工商户而言,简便快捷的准入制度是其生存发展的必要条件。数量庞大、充满活力的中小微企业,是吸纳就业、促进创新、活跃经济的重要力量。优化的市场准入制度,能够为他们提供更加宽松的发展环境,鼓励大众创业、万众创新,形成蓬勃发展的经营主体增量。例如,近年来,中国持续推进商事制度改革,大幅简化企业登记注册流程,推行全程电子化登记、压缩企业开办时间,极大地激发了经营主体的创业热情,新设经营主体数量持续增长,为经济发展注入了新的活力。据统计,商事制度改革以来,全国新设经营主体数量大幅增长,创业创新活力竞相迸发。

其二,提升现有经营主体创新能力,激发经营主体内生动力。充分的市场竞争环境是激发企业创新活力的重要外部条件,而优化的市场准入制度,能够营造更加公平公正的市场竞争环境。公平竞争的市场环境,能够倒逼现有经营主体不断提升创新能力,改进产品和服务质量,以适应市场需求和赢得竞争优势。经营主体为了在激烈的竞争中生存和发展,必须不断进行技术创新、产品创新、管理创新、模式创新,才能保持市场竞争力,实现可持续发展。优化的市场准入制度,通过打破行业垄断和市场壁垒,鼓励公平竞争,为各类经营主体提供平等的发展机会,从而激发经营主体的创新动力。例如,在一些创新活跃的领域,如互联网、高科技等,往往是市场准入程度较高、竞争较为充分的领域,这些领域也涌现出了大量的创新成果和创新企业。

其三,优化资源配置效率,提升市场运行效率。市场准入制度不仅影响经营主体的数量和活力,也关系到市场资源的配置效率。通过公平、公正的市场准入机制,能够引导资源流向效率更高的领域和企业,实现资源优化配置,提升整体经济运行效率。例如,在市场准入方面,对于新兴产业和高技术产业,可以适当放宽准入条件,引导资源向这些代表未来发展方向的产业倾斜;对于落后产能和僵尸企业,则要健全退出机制,推动资源从低效领域流向高效领域。优化的市场准入制度,能够促进要素资源的自由流动和优化配置,提高资源利用效率,从而提升整体经济运行效率和质量。例如,通过要素市场化配置改革,破除要素流动的体制机制障碍,配合优化的市场准入制度,可以更好地发挥市场在资源配置中的决定性作用,提高资源配置效率。

其四,增强市场韧性和抗风险能力,提升市场长期发展潜力。活跃的经营主体和优化的市场结构,能够增强市场应对外部冲击和风险挑战的能力,提升市场经济的韧性和可持续发展能力。经营主体多元化,能够分散市场风险;市场竞争充分,能够促进优胜劣汰,提升市场整体竞争力;市场结构优化,能够增强经济结构的稳定性和抗风险能力。优化的市场准入制度,有利于形成多元化、高效率、可持续的市场结构,提升市场整体的韧性和抗风险能力,为经济长期稳定发展奠定坚实基础。例如,在面对外部冲击时,经营主体活力充沛、结构优化的市场,往往能够更快地适应变化,恢复增长,展现出更强的韧性。

综上所述,持续优化市场准入制度,意义重大,影响深远。这不仅是构建高标准市场体系、激发经营主体活力的重要保障,更是推动高质量发展,建设现代化经济强国的关键举措。当前,中国经济正处于转型升级的关键时期,更加需要通过深化改革,优化市场准入制度,释放市场潜力,激发市场活力,为经济高质量发展注入强大动力。

(二)持续深化"放管服"改革,优化市场准入环境

深化"放管服"改革,即简政放权、放管结合、优化服务,是持续优化市场准入环境、激发经营主体活力的关键性改革举措。这场改革的核心要义,在于最大限度减少政府对市场资源的直接配置,最大限度减少政府对市场活动的直接干预,更好发挥政府作用,营造市场化、法治化、国际化营商环境。"放管服"改革,是一项系统工程,涵盖"放"的力度、"管"的水平、"服"的质量,三者相辅相成,缺一不可。

进一步精简行政审批事项,是"放"的关键所在,也是"放管服"改革的"先手棋"和"牛鼻子"。过多的行政审批事项,容易形成审批壁垒,束缚经营主体的手脚,降低市场运行效率。要坚持"能取消的坚决取消、能下放的充分下放"原则,持续清理和大力度精简行政审批事项。"坚决取消",意味着对于那些不符合市场经济发展规律、不适应政府职能转变、不必要的审批事项,要果断取消,彻底退出历史舞台,不再成为经营主体进入的障碍。"充分下放",意味着对于那些确需保留的审批事项,也要尽可能下放到基层政府或者经营主体能够自我管理的环节,减少审批层级,提高审批效率。精简行政审批事项,要坚持清单化管理和动态

调整相结合。要建立并公开行政审批事项清单,明确列出保留的审批事项,清单之外一律不得实施行政审批。同时,要根据经济社会发展变化,定期评估和动态调整审批事项清单,及时取消不必要的审批事项,确保清单的科学性和有效性。

精简行政审批事项,需要重点关注以下几个方面。

一是削减不必要的许可审批。对于那些可以通过市场机制有效调节、可以通过事中事后监管有效规范的事项,要尽可能取消审批,改为备案或者告知承诺制。特别是对于与企业生产经营活动关联性不强、市场竞争机制能够有效发挥作用的许可审批,例如一些产品目录性质的审批、行业协会资格认定等,可以考虑取消。对于确需保留的许可审批,也要尽可能减少审批环节和前置条件,例如将部分许可审批改为备案制,或者将需要多个部门审批的事项改为一个部门牵头、协同审批。

二是简化审批流程,提高审批效率。要推行并联审批、网上审批,压缩审批时限,提高审批效率。并联审批,是指将多个审批环节合并办理,由一个部门牵头协调,其他部门协同配合,同步审批,避免企业多头跑、重复跑。网上审批,是指将审批事项在线办理,实现申报材料网上提交、审批结果网上查询,让企业足不出户即可完成审批,提高审批效率。要大力推广电子政务和政务服务"一网通办",实现更多审批事项"网上办、掌上办、一次办",切实提升企业办事便利度。要制定和公开各类行政审批事项的办事指南,明确审批条件、审批流程、审批时限、申报材料等信息,提高审批透明度和可预期性,方便企业办事。

三是规范中介服务,打破中介垄断,规范中介收费。在一些审批环节中,存在着中介服务机构垄断经营、收费过高、服务质量参差不齐等问题,增加了企业的制度性交易成本。要打破中介服务垄断,引入竞争机制,允许符合条件的各类中介服务机构参与市场竞争,提高中介服务质量,降低中介服务费用。要规范中介服务行为,建立健全中介服务机构信用评价体系,对中介服务机构进行监管和约束,防止中介服务乱收费、服务质量差等问题。要推动政府部门与中介服务机构脱钩,防止政府部门利用行政权力干预中介服务市场,营造公平竞争的中介服务市场环境。

推行告知承诺制,是"管"方式的创新,是"放管服"改革的重要一招,也是提升监管效能的关键举措。对于部分风险可控、能够通过事中事后监管的事项,可以推行告知承诺制,即政府部门制定公布明确的市场准入条件,申请人承诺符合相关条件,并提交必要的材料,政府部门即可当场办理相关手续,事后进行监管。告知承诺制的核心理念,在于信任和责任并重,简化事前审批,强化事中事后监管,激发经营主体自治活力。它体现了政府职能从事前审批向事中事后监管的转变,是优化营商环境、提升政府治理能力的重要探索。

告知承诺制并非适用于所有审批事项,其适用范围要严格限定在风险可控、事中事后监管能够到位、申请人信用状况较好的领域。一般来说,适用于告知承诺制的事项,应具备以下特征:一是审批条件明确、客观,易于核查;二是审批风险可控,不会对公共安全和社会稳定造成重大影响;三是事中事后监管措施完善,能够有效防范和纠正违规行为;四是申请人信用记录良好,具有较高的诚信度。对于涉及公共安全、人身健康、环境保护等重大风险的审批事项,以及需要进行现场核查、技术评审等复杂审批的事项,则不宜推行告知承诺制。

告知承诺制的核心在于强化经营主体的信用责任。申请人一旦作出承诺,就必须严格履行承诺内容,并对其承诺的真实性和有效性承担法律责任。如果申请人承诺不实,或者违反承诺内容,将面临相应的法律后果和信用惩戒。为了确保告知承诺制的有效运行,必须建立健全信用监管机制,对承诺不实的经营主体进行严厉惩戒,使其付出失信代价,从而倒逼经营主体诚信守诺。信用监管机制应包括以下几个方面:一是建立经营主体信用记录,将承诺履行情况纳入信用记录;二是公开经营主体承诺信息和信用状况,接受社会监督;三是实施失信联合惩戒,对失信经营主体在市场准入、资质认定、享受优惠政策等方面进行限制;四是加大对虚假承诺的处罚力度,依法追究经营主体的法律责任。通过构建全方位、多层次的信用监管体系,让失信者寸步难行,才能真正发挥告知承诺制的约束作用。

推行告知承诺制,并非"一放了之",而是对政府监管提出了更高要求。关键在于加强事中事后监管,创新监管方式,运用大数据、信用监管等现代监管手段,提升监管效能,防止出现监管真空和监管失位。事中监管要重点关注经营主体是否按照承诺内容开展经营活动,是否符合相关标准和规范。事后监管要重点关注经营主体是否持续符合准入条件,是否存在违法违规行为。事中事后监管要坚持"双随机、一公开"原则,即随机抽取检查对象,随机选派执法检查人员,抽查情况及查处结果及时向社会公开,提高监管的公平性和透明度,减少对经营主体正常经营活动的干扰。要创新监管,提升监管的精准性和有效性。例如,可以运用大数据分析技术,对经营主体的经营行为进行监测预警,及时发现风险隐患;可以推行信用风险分类监管,根据经营主体的信用状况,采取差异化的监管措施,对信用好的经营主体减少检查频次,对信用差的经营主体加大监管力度;积极探索"互联网+监管"模式,利用信息化手段提升监管效率和智能化水平。通过不断创新监管方式,提升监管效能,才能为告知承诺制的有效运行保驾护航。

降低准入门槛,是"服"务的提升方向,也是"放管服"改革的重要目标。降低准入门槛,不仅仅是减少审批事项、简化审批流程,更要体现在制度的包容性和便利性上,体现政府服务经营主体、服务经济发展的理念转变。降低准入门槛,要从多个维度发力,为各类经营主体营造更加宽松、便利的市场准入环境。

要进一步放宽经营主体登记条件,简化登记手续,推行住所登记改革,降低创业门槛。经营主体登记是市场准入的第一道关口,登记条件的宽松程度,直接影响着经营主体的设立和发展。要进一步放宽经营主体名称登记、经营范围登记、住所登记等方面的限制,简化登记手续,推行全程电子化登记,压缩企业开办时间,降低创业成本,激发全社会创业创新活力。特别要重视住所登记改革,针对不同行业、不同业态的经营主体,探索更加灵活多样的住所登记方式,例如允许"一址多照""集群注册""工位注册"等,解决创业初期面临的住所难题,降低创业门槛。要优化经营主体注销登记程序,建立简易注销登记制度,为符合条件的企业提供便捷高效的注销途径,降低企业退出成本,畅通经营主体"进退有序"的通道。

要打破行业垄断和市场壁垒,清理各种显性和隐性准入障碍,营造公平竞争的市场环境,鼓励各类经营主体平等参与市场竞争。行业垄断和市场壁垒,是阻碍经营主体公平竞争、激发市场活力的重要障碍。要打破行政性垄断,放宽对民营资本和外资进入特定领域的限制,例如在能源、电信、交通、金融等领域,要进一步放开竞争性业务,引入多元经营主体,提高市场竞争程度。要清理和废除各方面设置的各种显性和隐性市场准入壁垒,例如,地方保护主义、行业保护主义、所有制歧视、资质壁垒、重复审批、变相审批等,打破部门垄断和利益固化藩篱,确保各类经营主体在市场准入、要素获取、经营运行、政府采购、招标投标等方面享受平等待遇,营造公平竞争、统一开放的市场环境。要加强反垄断和反不正当竞争执法,依法查处各种垄断行为和不正当竞争行为,维护市场公平竞争秩序。要定期清理和评估现行规章制度,及时废除或者修订与公平竞争原则相冲突的规定和做法,不断完善公平竞争制度体系。

要加强政策宣讲和咨询服务,提高政策透明度,为经营主体提供便捷高效的政策咨询和办事服务,切实提升服务水平,营造更加宽松、便利的市场准入环境。政策的透明度和可及性,直接影响着经营主体对政策的理解和运用。要加大政策公开力度,利用政府网站、政务新媒体、新闻发布会等多种渠道,及时发布市场准入政策信息,解读相关法律法规,确保政策执行的一致性和公平性。要建立健全政策咨询服务体系,为经营主体提供多渠道、便捷化的政策咨询服务。可以设立统一的政策咨询热线、在线咨询平台,提供政策解答、办事指导、业务咨询等服务。可以组织政策宣讲会、政策培训班、政策解读活动等,帮助经营主体更好地理解和掌握政策。要针对不同类型、不同规模的经营主体,提供精准化的政策咨询服务,例如,为中小微企业提供创业辅导、政策扶持等方面的咨询服务,为外资企业提供投资政策、营商环境等方面的咨询服务。要优化政务服务大厅功能,整合相关部门服务窗口,提供"一站式""集成式"服务,让经营主体"只进一扇门,办成所有事"。

要坚持包容审慎监管,为新产业、新业态、新模式的发展营造宽松的市场准入环境。当前,新一轮科技革命和产业变革持续深入,新产业、新业态、新模式层出不穷,成为经济发展的新动能。对于这些新兴领域,传统的监管模式可能存在滞后性和不适应性,甚至可能阻碍其发展。要坚持包容审慎监管原则,给予新兴产业更大的发展空间,在发展中规范,在规范中发展。所谓包容审慎监管,核心在于"包容"和"审慎"的平衡。包容是指对新产业新业态新模式要采取更加宽容的态度,允许试错,鼓励创新,避免"一上来就管死";审慎是指要坚持底线思维,加强风险研判,划定监管红线,防止出现系统性风险。要根据新产业新业态新模式的特点,创新监管方式,例如可以探索"沙盒监管""监管宽容期"等创新监管模式,允许企业在一定范围内、一定时间内先行先试,再根据实际情况完善监管规则。要加强事中事后监管,运用大数据、区块链、人工智能等技术手段,提升监管的智能化、精准化水平,实现对新兴产业的有效监管。要避免对新兴产业进行过度监管和重复监管,防止扼杀创新活力。要为新兴产业的健康发展营造良好的制度环境。

通过持续深化"放管服"改革,在"放"上下功夫,在"管"上求创新,在"服"上提质量,不断优化市场准入环境,才能真正激发经营主体活力,释放经济发展潜力,为中国经济高质量发展提供有力支撑。可以预见,随着"放管服"改革的深入推进,中国的市场准入环境将更加开放、更加透明、更加便利,各类经营主体将迎来更加广阔的发展空间,中国经济的活力和竞争力将得到进一步提升。

(三)完善外商投资准入制度,扩大高水平对外开放

完善外商投资准入制度,是新时代中国扩大高水平对外开放、构建开放型经济新体制的关键举措,也是积极利用外资、促进国内国际双循环的重要组成部分。外商投资不仅带来资金,更重要的是带来先进技术、管理经验、人才以及国际化的市场网络,对于推动中国产业升级、提升创新能力、促进经济高质量发展具有重要意义。落实准入前国民待遇加负面清单管理制度,是完善外商投资准入制度的核心内容,也是制度型开放的重要标志。这标志着中国对外开放进入了一个全新的阶段,从过去的"选择性开放"走向"全面制度型开放"。

准入前国民待遇和负面清单管理制度,是国际上通行的外商投资管理模式,也是高水平开放的重要体现。准入前国民待遇意味着在投资准入阶段,给予外国投资者及其投资不低于本国投资者及其投资的待遇。简单来说,就是在投资准入环节,对外资和内资企业一视同仁,外国投资者在中国境内投资,与中国投资者享有同等的市场准入待遇,除非在负面清单中列明的限制或禁止领域。负面清单管理制度意味着对外商投资实行"法无禁止即可为",政府以清单方式列出禁止或限制外商投资的领域,清单之外的领域则完全对外开放,允许外商自由投资。负面清单以外的领域,按照内外资一致原则管理。这两项制度的核心要义在于大幅减少政府对外资准入的行政干预,提高外资政策的透明度和可预期性,营造更加公平、公正、开放、透明的投资环境,增强外商投资信心。

落实准入前国民待遇加负面清单管理制度,是中国对外开放政策的重大进步和制度突破,具有里程碑式的意义。它体现了中国主动对标国际高标准经贸规则,深化改革开放的决心和魄力,也展现了中国打造市场化、法治化、国际化营商环境的坚定决心。这一制度的实施,对外商投资产生了积极而深远的影响。

一是极大地提升了外资政策的透明度和可预期性。负面清单以清单形式明确列出外商投资的限制和禁止领域，清单之外一律开放，政策一目了然，透明度大幅提高，减少了政策模糊性和随意性，增强了外商投资的政策可预期性，降低了投资风险。外商投资者可以清晰地了解哪些领域可以投资，哪些领域受到限制，避免了过去政策不确定性带来的困扰。

二是显著扩大了外商投资准入领域，释放了巨大的市场开放红利。负面清单制度实施以来，中国持续缩减负面清单，不断扩大外商投资准入领域。特别是在服务业领域，开放力度更大、领域更广，例如金融、保险、证券、电信、教育、医疗、文化等服务业领域，对外资准入限制大幅减少，外资企业可以更加便利地进入中国市场，分享中国经济发展红利。服务业的开放，不仅能够满足国内消费者日益增长的高品质服务需求，也能够促进中国服务业升级和发展，提升服务业的国际竞争力。制造业领域，持续放宽外资准入限制，尤其是在高端制造、智能制造、绿色制造等领域，鼓励外商投资，引进先进技术和管理经验，推动中国制造业向价值链高端攀升。

三是有效提升了外商投资的质量和结构，引导外资投向更符合中国发展战略的领域。负面清单管理制度的实施，并不意味着对外资"来者不拒"，而是更加注重吸引高质量外资，引导外资投向先进制造业、高新技术、节能环保、现代服务业等领域，推动产业结构优化升级。中国不再仅仅追求外资的数量，更看重外资的质量和效益，希望通过吸引高水平外资，提升自主创新能力，推动经济高质量发展。负面清单的调整，也体现了中国产业政策的导向，例如鼓励外资投向中西部地区，支持外资参与国家重大发展战略，如"一带一路"建设、区域协调发展战略等，引导外资更好地服务于中国经济社会发展大局。

要持续缩减负面清单，扩大外商投资准入领域，这是中国对外开放永不停步的鲜明体现。负面清单不是一成不变的，而是根据中国发展需要和开放水平的提升，不断进行动态调整和优化。未来，负面清单的缩减将继续朝着更短、更精的方向发展，开放的大门将越开越大。针对服务业，特别是金融、医疗、教育、电信等重点领域，要进一步放宽外资股比限制、经营范围限制等，鼓励外资以独资、控股等方式进入，允许外资设立更多的外资金融机构、外资医院、外资学校等，满足国内多元化的市场需求。针对制造业，要继续放宽汽车、飞机、船舶等领域的外资准入限制,鼓励外商投资高端装备制造、智能制造、绿色制造等领域,引进先进技术和管理经验,提升中国制造业的国际竞争力。对于农业、能源、矿产资源等领域,也要在保障国家安全的前提下,稳妥有序扩大对外开放,吸引外资参与资源开发和产业升级。负面清单的缩减,要与自贸试验区、自由贸易港等开放平台的建设相结合,发挥开放平台的先行先试作用,率先在这些区域试点更大力度的开放举措,形成可复制可推广的经验,再逐步在全国范围内推广。例如,自贸试验区在服务业开放、投资便利化、贸易自由化等方面先行先试,取得了显著成效,为全国范围内的制度创新和开放升级提供了重要借鉴。海南自由贸易港,更是对标国际最高标准经贸规则,实施更高水平的开放政策,打造中国对外开放的新高地。

要落实好新版外商投资法律法规,保障外商投资企业国民待遇,强化对外商投资的合法权益保护,营造稳定、公平、透明、可预期的营商环境,增强外商投资信心和吸引力。法律法规是营商环境的基石,完善的法律法规体系是保障外商投资合法权益、稳定外商投资预期的重要前提。要全面贯彻落实《外商投资法》及配套法规,确保外资企业在中国境内依法平等参与市场竞争,享受与内资企业同等的待遇。要健全外商投资权益保护机制,强化知识产权保护,严厉打击侵犯知识产权行为,为外商投资企业提供更加有力的知识产权保护。要完善外商投资企业投诉协调机制,建立健全多渠道、便捷高效的投诉渠道,及时回应和解决外商投资企业在华经营中遇到的实际问题,维护外商投资企业的合法权益。要加强与外资企业的常态化沟通交流,了解外资企业的诉求和关切,及时回应外资企业的合理建议,增进政府与外资企业之间的互信和合作。要坚持契约精神,维护政府诚信,严格履行与外资企业签订的各类合同和协议,不得随意改变政策承诺,营造稳定可靠的政策环境。要对标国际高标准经贸规则,持续优化营商环境,提升服务效率,降低制度性交易成本,打造更加市场化、法治化、国际化的营商环境,使中国真正成为外商投资的热土、兴业的乐园、发展的沃土,让外商投资者"愿意来、留得住、发展好"。

营造更加开放透明的投资环境,是吸引外资的关键所在,也是提升国家竞争力的重要支撑。开放透明的投资环境,不仅能够吸引外资,也能够促进国内企业的发展,提升整体经济的活力和竞争力。打造开放透明的投资环境,需要政府、市场、社会等各方面的共同努力,需要政府职能的深刻转变,需要市场机制的充分发挥,需要社会各界的广泛参与。

要持续提高政策透明度,让外资政策更加公开透明、可预期。要及时发布外商投资政策信息,包括法律法规、部门规章、地方性政策等,利用政府网站、政务新媒体、新闻发布会等多种渠道向社会公开,方便外商投资者及时了解政策信息。要加强政策解读,对重要的外商投资政策进行深入解读,清晰阐释政策意图、政策内容和实施方式,确保政策沟通准确有效。要建立政策咨询窗口,提供多语种、专业化的政策咨询服务,解答外商投资者在投资过程中遇到的政策疑问。要加强政策评估,定期评估外商投资政策的实施效果,听取外商投资企业的意见建议,及时完善和优化政策。

要不断优化政务服务,提升服务效率和质量,为外商投资企业提供更加便捷高效的政务服务。要建立健全外商投资服务体系,整合相关部门的服务资源,设立外商投资"一站式"服务平台,实现外商投资项目审批、核准、备案等事项的"一口受理、并联办理、限时办结",提高审批效率,压缩审批时间。要推行网上政务服务,实现更多涉外政务服务事项"网上办、掌上办、一次办",让外商投资者足不出户即可完成相关手续,提高办事便利度。要推行"7×24 小时"政务服务,提供全天候、不打烊的政务服务,满足外商投资者随时随地的办事需求。要加强政务服务队伍建设,提升政务服务人员的专业素质和服务能力,打造一支高素质、专业化的涉外政务服务队伍。要创新政务服务模式,例如可以探索"远程视频服务""智能客服"等新型服务方式,利用现代信息技术提升政务服务水平。要建立健全政务服务评价和监督机制,接受外商投资者对政务服务的评价和监督,不断改进和提升政务服务质量。要以更优质的政务服务,打造更具吸引力的投资环境,让外商投资者感受到中国的营商环境是高效、便捷、贴心的。

要切实加强知识产权保护,为外商投资企业创新发展保驾护航。知识产权是创新驱动发展的根本性保障,也是外商投资企业最为关注的营商环境要素之一。要严格执行知识产权法律法规,加大知识产权保护力度,提高侵权违法成本,让侵权者付出沉重代价。要完善知识产权执法体系,加强知识产权行政执法和司法保护,提高执法效能,缩短维权周期,降低维权成本。要加强知识产权跨部门、跨区域协作,形成知识产权保护合力,共同打击侵犯知识产权行为。要积极开展知识产权国际合作,加强与国际社会的沟通交流,参与全球知识产权治理体系建设,提升中国知识产权保护的国际形象。要营造尊重知识、鼓励创新的良好社会氛围，提升全社会的知识产权保护意识，形成知识产权创造、运用、保护、管理和服务全链条的良性循环。通过持续加强知识产权保护，为外商投资企业提供更加安全、可靠的创新环境，激发外商投资企业在华创新活力，促进中国自主创新能力的提升。

要着力构建公平竞争的市场环境，保障各类经营主体平等参与市场竞争，实现各类所有制经济共同发展。公平竞争是市场经济的基石，也是外商投资企业健康发展的必要条件。要打破各种形式的所有制歧视，确保外资企业与内资企业在市场准入、经营许可、要素获取、标准制定、政府采购、招标投标等方面享受平等待遇，实现公平竞争。要清理和废除各种妨碍公平竞争的政策措施，例如地方保护主义、行业垄断、指定交易、排斥外地企业等，打破市场壁垒，营造统一开放、竞争有序的市场环境。要加强反垄断和反不正当竞争执法，依法查处垄断行为和不正当竞争行为，维护市场公平竞争秩序，保护各类经营主体的合法权益。要完善公平竞争审查制度，对新出台的政策措施进行公平竞争审查，防止出台排除、限制竞争的政策措施，从源头上维护市场公平竞争。要加强社会信用体系建设，构建以信用为基础的新型监管机制，对守信企业给予激励，对失信企业进行惩戒，营造诚实守信的市场环境，提升市场运行效率，降低交易成本。通过营造公平竞争的市场环境，激发各类经营主体的活力和创造力，实现各种所有制经济优势互补、共同发展，为中国经济持续健康发展注入新的动力。

通过不断完善外商投资准入制度，营造更加开放透明的投资环境，中国将持续成为外商投资的热土，为构建更高水平开放型经济新体制注入强劲动力。可以预见，随着中国对外开放的大门越开越大，营商环境持续优化，外商投资在中国将迎来更加广阔的发展前景，为中国经济高质量发展作出更大贡献，也为世界经济复苏和增长注入更多正能量。

（四）健全经营主体退出机制，促进优胜劣汰

健全经营主体退出机制，是完善社会主义市场经济体制的重要组成部分，也是促进要素资源优化配置、提升经济运行效率的关键制度安排。市场经济是一个动态循环的系统，有进入就有退出，有新生就有淘汰，这是市场"新陈代谢"的自然规律。有效的经营主体退出机制,如同市场的"净化器",能够及时淘汰落后产能、僵尸企业,释放沉淀的要素资源,优化市场结构,提高资源配置效率,促进经济转型升级,增强市场活力和竞争力。如果经营主体"有进无退""生多死少",就会导致资源错配、低效资源长期占用,僵尸企业挤占市场空间,阻碍新兴产业发展,最终损害经济的整体效率和活力。因此,健全经营主体退出机制,与优化市场准入制度同等重要,是构建高标准市场体系、激发经营主体活力的"一体两面"。

完善企业破产制度,是健全经营主体退出机制的核心内容,也是畅通经营主体退出渠道的关键制度保障。企业破产制度,是市场经济条件下解决企业债务危机、实现经营主体有序退出的重要法律机制。通过破产程序,可以公平清理债权债务关系,合理分配破产财产,最大限度保护债权人、债务人以及其他利益相关者的合法权益,最终实现经营主体的有序退出和资源的优化配置。然而,必须清醒地看到,目前我国的企业破产制度仍然存在一些不容忽视的问题和短板,这些问题和短板严重制约了企业破产制度功能的有效发挥。例如,破产法律法规体系仍然不够完善,导致法律适用不够清晰,实践操作缺乏明确指引;破产程序启动仍然存在不少障碍,使得本应进入破产程序的企业难以顺利启动程序;破产案件审理周期仍然较长、破产成本仍然偏高,加重了企业负担,也降低了破产制度的吸引力;管理人制度仍然不够健全,影响了破产程序的专业性和效率;债权人保护方面仍然存在薄弱环节,导致债权人合法权益有时难以得到充分保障。这些问题导致企业破产制度在实践中经常遭遇梗阻,难以充分发挥其应有的功能,一些本应通过破产程序实现市场退出的"僵尸企业"长期"退不出""退不好",持续占用宝贵的市场资源,不仅严重影响了市场效率,更阻碍了经济结构的优化升级。因此,要深刻认识完善企业破产制度的极端重要性和紧迫性,将其作为健全经营主体退出机制的重中之重,下大力气破解企业破产难题,真正使破产制度成为经营主体平稳、有序退出的有效通道,为构建高标准市场体系、推动经济高质量发展提供坚实制度保障。

完善企业破产制度,需要从以下几个方面着力。

一是进一步完善破产法律法规体系,提升破产法律制度的系统性和可操作性。要加快修订企业破产法,完善破产程序,细化破产规则,明确破产各方主体的权利义务,解决破产实践中遇到的法律适用难题,提高破产法律的可操作性和执行力。要针对不同类型企业的特点,完善分类破产制度,例如针对中小微企业、金融机构、上市公司等特殊类型企业,可以制定专门规定或者简化程序,提高破产效率。要加强破产法律制度与其他法律制度的衔接协调,例如与公司法、担保法、税法、劳动法等法律制度的衔接,解决破产程序与其他法律程序之间的冲突和矛盾,形成完善的破产法律制度体系。

二是优化破产程序,提高破产审判效率,缩短破产周期,降低破产成本。破产程序冗长、效率低下、成本过高,是制约企业破产制度功能发挥的重要因素。要优化破产程序,简化破产流程,压缩破产审理时间,提高破产审判效率。可以推行简易破产程序,对于符合条件的企业,例如债务规模较小、资产状况清晰、债权债务关系简单的企业,可以适用简易程序,缩短破产周期,降低破产成本。要充分运用信息化手段,建设智慧破产平台,实现破产案件网上立案、信息披露、债权申报、会议召开等功能,提高破产程序的透明度和便捷性。要加强破产审判队伍建设,提高破产法官的专业能力和职业素养,优化破产审判资源配置,为提高破产审判效率提供有力保障。要清理和规范破产费用,降低破产成本,减轻企业破产负担,提高企业破产意愿和破产制度的吸引力。

三是健全管理人制度,提升管理人队伍的专业化水平和职业操守。管理人是破产程序中的核心主体,承担着破产财产管理、债务清理、企业重整等重要职责,管理人的能力和水平直接关系到破产程序的质量和效率。要完善管理人选任机制,建立公开、公平、公正的管理人选任平台,提高管理人选任的透明度和公信力。要明确管理人的资格条件和职责,建立健全管理人考核评价和监督机制,加强对管理人的履职监督,规范管理人的执业行为,防止管理人滥用职权、损害债权人利益。要加强管理人培训,提升管理人队伍的专业化水平,培养一批高素质、专业化的破产管理人队伍,为破产程序的顺利进行提供人才保障。要探索建立管理人协会等行业自律组织,加强行业自律管理,促进行业健康发展。

四是加强债权人保护,保障债权人的合法权益。债权人是破产程序的重要参与者,其合法权益的保护直接关系到市场经济的信用基础和营商环境。要完善债权人会议制度,保障债权人的知情权、参与权和表决权,充分发挥债权人会议在破产程序中的作用。要强化对债权人权益的司法保护,依法保护债权人的债权,防止债务人恶意逃废债。要完善破产财产分配制度,提高破产财产分配的公平性和效率,保障各类债权人依法公平受偿。要建立健全债权人救济机制,对于债权人在破产程序中受到不公正待遇或者合法权益受到侵害的,要提供有效的救济渠道,维护债权人的合法权益。

五是加强府院联动,构建破产工作协同机制。企业破产工作涉及面广、社会影响大,需要政府和法院加强协作,形成工作合力。要建立健全政府与法院的破产工作协调机制,明确政府和法院在破产工作中的职责分工,加强信息共享和沟通协调,共同解决破产工作中的难点问题。要发挥政府在破产工作中的积极作用,为破产企业提供必要的政策支持和公共服务,例如在职工安置、社会保障、税收优惠等方面提供支持,帮助破产企业平稳退出,维护社会稳定。要加强破产宣传引导,营造良好的破产舆论环境,提高社会各界对破产制度的认识和理解,为破产制度的有效实施创造良好的社会条件。

第二节 提升执法效能:打造规范高效的营商环境

行政执法,作为政府履行经济调节、市场监管、社会管理、公共服务职能的重要手段,直接面对经营主体,其一举一动、一言一行都深刻影响着营商环境的"温度"和"湿度"。提升行政执法效能,不仅是优化营商环境的关键一环,更是推动高质量发展、建设社会主义现代化强国的时代之需、发展之要。

放眼当下,我国营商环境建设取得显著成就,经营主体活力竞相迸发,经济社会发展呈现蓬勃生机。然而,我们也要清醒地认识到,营商环境的优化永无止境,一些"痛点""堵点"依然存在,行政执法领域仍面临不少挑战。少数地方和部门执法理念滞后、执法行为不规范、监管方式简单粗放、服务意识不强等问题,如同营商环境中的"淤点""堵点",制约着经营主体的手脚,影响着经济发展的脉络。

面对新形势新任务,我们必须坚持以习近平法治思想为指引,深刻认识优化营商环境的重大意义,聚焦经营主体期盼,直面行政执法领域存在的突出问题,以提升执法效能为突破口,以规范促公正、以创新提效能、以服务优环境,努力打造经营主体更加舒心、安心、放心的营商环境,为中国经济巨轮乘风破浪、行稳致远注入更加澎湃的动力。

一、规范行政执法：扎紧制度笼子，守护公平正义

法治,是营商环境最坚实的"硬核"支撑,也是经营主体最稳定的预期。规范行政执法行为,犹如给经营主体穿上"防护衣",为其发展壮大提供法律的"安全阀"。只有将行政执法权力关进制度的笼子里,才能有效防止权力任性,铲除滋生腐败的土壤,构筑公平竞争的市场秩序,让法治阳光雨露惠及所有经营主体。

(一)行政执法是营商环境法治化的"先手棋"

营商环境的法治化,并非空中楼阁,而是由一个个具体的执法行为、一个个鲜活的执法个案、一个个规范的执法环节累积而成。行政执法,作为政府与经营主体直接互动的"最前线",是构建法治化营商环境的"先手棋",其规范与否、公正与否,直接决定着营商环境的法治成色。

公平竞争,是市场经济的"生命线",也是营商环境的"定盘星"。维护公平竞争的市场秩序,需要运用法治思维和法治方式,而行政执法正是维护市场公平竞争的"利剑"。规范的行政执法,能够有效打击不正当竞争行为,纠正市场失灵,维护市场秩序,确保各类经营主体在规则面前一律平等、权利面前一律平等、机会面前一律平等,真正实现"同一起跑线、同一赛道"。

反之,如果行政执法"任性妄为",搞选择性执法、随意性执法,甚至以权谋私、权钱交易,就会破坏市场公平竞争秩序,扰乱市场运行规律,损害经营主体合法权益,最终导致"劣币驱逐良币",破坏营商环境的"肌体健康"。更为严重的是,不规范的行政执法,会侵蚀政府公信力,损害法治权威,动摇经营主体对法治的信心,最终损害经济社会发展的根基。

因此,必须深刻认识到,规范行政执法,不仅仅是提升政府治理能力和治理水平的内在要求,更是优化营商环境、激发市场活力的"当务之急"。必须把规范行政执法摆在更加突出的位置,以更加坚决的态度、更加有力的措施,推进执法规范化建设,让法治成为营商环境的鲜明底色,为经济高质量发展保驾护航。

(二)"三项制度"：规范执法的"金规铁律"

行政执法"三项制度"——行政执法公示制度、执法全过程记录制度、重大执法决定法制审核制度,是党中央、国务院为规范行政执法行为、提升执法效能、优

化营商环境量身定制的"制度利器",是推进依法行政、建设法治政府的"重要支撑"。全面推行行政执法"三项制度",犹如为行政执法权力套上"紧箍咒"、划出"硬杠杠",构建起规范行政执法的"四梁八柱",有效提升行政执法的规范化、标准化、精细化水平。

行政执法公示制度,是提升执法透明度的"阳光工程"。要坚持"公开是常态、不公开是例外"原则,将行政执法主体、权限、依据、程序、结果等信息,通过政府网站、政务新媒体、办事大厅公示栏等多种渠道,及时主动向社会公开,确保执法信息"看得见、查得到、易获取"。通过阳光执法,让权力在阳光下运行,打破执法"暗箱操作",有效预防"选择性执法""关系执法"等不正之风,倒逼执法机关规范执法行为,提升执法公信力。同时,也要不断拓展公示的范围和深度,创新公示的方式和手段,利用大数据、云计算等技术,构建更加智能、便捷、高效的执法信息公开平台,让经营主体和社会公众能够更加方便快捷地获取所需的执法信息,真正实现执法信息的"透明化""可视化""可追溯化"。

执法全过程记录制度,是规范执法行为的"留痕机制"。要通过文字记录、音像记录等方式,对行政执法的启动、调查取证、审查决定、送达执行等全过程进行"原汁原味"记录,实现执法过程的"全程留痕、可回溯倒查"。执法全过程记录,犹如给执法行为安装"电子眼",让执法人员时刻感受到"镜头"的监督,强化其依法履职意识,有效防止执法的随意性和选择性,确保执法行为的合法性、规范性、公正性。要不断完善执法全过程记录的具体规范,明确记录的内容、方式、保存要求等,确保记录的完整性、客观性和真实性,为事后监督和责任追究提供"铁证如山"的依据。同时,还要注重将执法全过程记录信息应用于执法监督、案卷评查、绩效考核、责任追究等方面,充分发挥其"监督""预警""纠错"功能,形成执法行为的"闭环管理"。

重大执法决定法制审核制度,是保障执法质量的"防火墙"。要对涉及重大公共利益、可能造成重大影响的行政执法决定,在作出决定前进行严格的法制审核,确保执法决定的合法性、合理性、适当性。法制审核,犹如给重大执法决定进行"体检",由专业的法制审核机构对执法主体的合法性、执法权限的合理性、执法程序的规范性、证据的充分性、法律适用的准确性等方面进行全面"把脉问诊",有效防止违法或者不当的行政执法决定,避免给经营主体造成不必要的损失。要充分发挥法制审核机构的专业把关作用,配齐配强法制审核人员,建立健全法制审核工作机制,确保法制审核"不走过场""不搞形式主义",真正发挥其"过滤网"和"安全阀"的作用,为重大执法决定"保驾护航"。

全面推行行政执法"三项制度",不是"一阵风",更不是"花架子",而是规范行政执法、提升执法效能、优化营商环境的"长久之计""固本之策"。必须以钉钉子精神抓好"三项制度"落实,将其融入行政执法工作的全流程、各环节,不断提升行政执法的制度化、规范化、科学化水平,为打造法治化营商环境奠定坚实基础。

(三)严格规范公正文明执法:提升执法温度,彰显法治关怀

法律的生命力在于实施,法律的权威也在于实施。行政执法的"最后一公里",直接决定着法律法规能否真正落地生根,营商环境能否得到实质性改善。严格规范公正文明执法,是行政执法的灵魂,是衡量执法水平的"标尺",也是提升营商环境"软实力"的"关键密码"。只有做到严格执法、规范执法、公正执法、文明执法,才能让经营主体感受到法律的公平正义,感受到执法的温度和关怀,真正赢得经营主体的信任和尊重,营造更加和谐的营商环境。

严格执法,是维护法治权威的"硬要求"。要坚持法律面前人人平等,对各类经营主体一视同仁、平等对待,不搞"选择性执法""运动式执法",坚决杜绝"厚此薄彼""内外有别",让所有经营主体都感受到法律的公平公正。要严格依照法律法规的规定,准确理解和适用法律,做到"法定职责必须为、法无授权不可为",确保执法行为于法有据、合法合规,决不允许以言代法、以权压法、徇私枉法。

规范执法,是提升执法效能的"必由之路"。要严格遵守法定程序,规范执法行为,细化执法流程,明确执法标准,减少自由裁量权,防止执法随意性和主观性,确保执法行为公开透明、公平公正。要不断优化执法流程,提高执法效率,缩短执法时长,减少对经营主体正常生产经营活动的干扰,最大限度降低执法成本,让经营主体"少跑腿""好办事""不添堵"。

公正执法,是维护社会公平正义的"最后一道防线"。要坚持以事实为依据、以法律为准绳,客观公正地处理每一个案件,确保处理结果公平合理,经得起法律和历史的检验,努力让人民群众在每一个执法案件中感受到公平正义。要强化证

据意识,注重收集和固定证据,确保证据的真实性、合法性和关联性。要完善案件审理制度,加强对案件的事实认定、证据采信、法律适用等方面的审查,确保案件处理的公正性、准确性。要健全行政复议和行政诉讼制度,畅通救济渠道,保障经营主体的合法权益,对确有错误的执法决定要及时纠正,"有错必纠,有责必问",维护法律的权威和公信力。公正执法,不仅体现在结果的公正,更体现在程序的公正。要严格遵守法定程序,确保执法过程公开透明、程序正当,防止"暗箱操作""人为干预",让公平正义在每一个执法环节都得到彰显。

文明执法,是提升执法温度的"重要体现"。要坚持以人为本、服务为先的理念,尊重经营主体的人格尊严和合法权益,做到理性平和、文明礼貌、热情服务。要改进执法方式,推行柔性执法,注重教育引导,倡导"首违不罚""轻微违法免罚"等包容审慎监管措施,避免简单粗暴、"一刀切"式执法,努力实现法律效果和社会效果的统一。要加强执法普法宣传,寓执法于服务之中,帮助经营主体了解法律法规,提升守法意识,从源头上减少违法行为的发生。要加强执法人员的业务培训和职业道德教育,提升执法人员的法律素养和文明执法意识,打造一支政治过硬、业务精湛、作风优良的行政执法队伍,真正做到"规范执法不缺温度,严格执法不失人情",让经营主体感受到执法的"力度"和"温度"的和谐统一。

严格规范公正文明执法,是提升执法效能的关键所在,是优化营商环境的必然要求,也是检验执法水平的"试金石"。要将严格规范公正文明执法的理念贯穿于行政执法全过程各环节,内化于心、外化于行,不断提升行政执法的质量和水平,为经营主体提供更加优质高效的执法服务,营造更加公平公正、和谐友好的营商环境。只有执法既有力度又有温度,才能真正赢得经营主体的理解、尊重和支持,才能汇聚起优化营商环境、推动高质量发展的强大合力。

(四)完善执法监督机制:织密监督之网,永葆清正廉洁

权力是人民赋予的,必须用来为人民服务,接受人民监督。行政执法权,关系经营主体切身利益,更要置于严密的监督之下。加强对行政执法行为的监督,是防止权力滥用、确保公正执法的关键环节,也是优化营商环境、提升政府公信力的重要保障。只有建立健全内外结合、多方参与的行政执法监督机制,才能有效约束执法权力,规范执法行为,提升执法公信力,确保行政执法权力始终在法治轨道

上运行,永葆清正廉洁的政治本色。

要强化内部监督,筑牢廉政风险"防火墙"。要充分发挥行政机关内部纪检监察机构、法治机构的作用,构建"事前预防、事中监控、事后追责"的全流程内部监督体系,对行政执法的各个环节进行常态化、全方位监督检查,及时发现和纠正违法或者不当的执法行为,防范廉政风险。要完善内部监督制度,明确监督范围、内容、程序和方式,细化监督责任,落实监督措施,确保内部监督的有效性、权威性。要强化内部问责,对违反执法纪律、滥用职权、徇私舞弊的执法人员,坚持"零容忍",依纪依法严肃查处,绝不姑息迁就,形成强有力的震慑,用制度的"笼子"扎紧权力的"腰带",用纪律的戒尺敲响廉政的"警钟"。

要拓展外部监督,架起社情民意"连心桥"。要畅通社会监督渠道,充分发挥人大监督、政协监督、司法监督、审计监督、舆论监督、群众监督等多元监督主体的作用,构建全方位、立体化的外部监督体系,形成监督合力。要建立健全举报投诉制度,公开举报投诉渠道,方便经营主体和社会公众对行政执法行为进行监督和举报,及时回应社会关切,积极回应经营主体诉求。要认真对待和及时处理举报投诉,对反映的问题要及时调查核实,依法依规处理,并将处理结果及时反馈举报人,做到"件件有着落,事事有回音",用实际行动取信于民。要邀请人大代表、政协委员、专家学者、新闻媒体、经营主体代表等参与行政执法监督,通过座谈会、听证会、执法体检等多种形式,听取社会各界的意见和建议,主动接受社会监督,不断改进和完善行政执法工作,让行政执法权力在阳光下运行、在监督中规范、在约束下提升。

要创新监督方式,插上科技赋能"翅膀"。要运用大数据、云计算、区块链、人工智能等现代信息技术,建设行政执法监督平台,实现对执法行为的全程在线监督、实时预警、智能分析,提升监督的科技化、智能化水平,提高监督的效率和有效性。要加强对重点领域、重点环节、重点岗位的监督,紧盯权力运行的关键环节和廉政风险易发领域,加强日常监督和专项检查,防微杜渐,抓早抓小,把问题解决在萌芽状态。要强化监督结果的运用,将监督结果作为考核评价执法机关和执法人员的重要依据,并将监督结果及时向社会公开,增强监督的公开性和公信力,让科技成为监督的"千里眼""顺风耳",为公正执法、廉洁执法保驾护航。

完善行政执法监督机制,强化对执法行为的约束,是健全行政权力运行制约机制和监督体系的重要组成部分,也是提升执法效能、优化营商环境的重要制度保障。要坚持以监督促规范,以监督促公正,不断完善行政执法监督体系,织密织牢监督之网,让行政执法权力始终在制度的笼子里规范运行,确保行政执法队伍永葆清正廉洁的政治本色,为经营主体营造风清气正、公平公正的营商环境。

二、创新监管方式:精准靶向施策,提升治理效能

监管是市场经济的内在要求,也是政府的重要职责。有效的监管,能够规范市场秩序,维护公平竞争,保障市场健康发展。然而,长期以来,传统监管方式存在手段单一、效率不高、精准性不足等问题,难以适应新经济新业态快速发展的新形势,也容易给经营主体带来不必要的干扰和负担,成为优化营商环境的瓶颈。必须解放思想,大胆创新,转变监管理念,创新监管方式,提升监管的精准性和有效性,实现"既要'管得住',更要'活得好'",为新经济新业态发展营造更加宽松包容、规范有序的环境。

(一)传统监管方式的"短板":面对新业态,力有不逮

长期以来,传统监管方式主要依靠"人海战术""运动式执法""现场检查"等模式,存在着"粗放式""碎片化""滞后性"等问题,难以适应新经济新业态"迭代快""变化多""跨界融合"的特点,也难以满足经营主体对"精准监管""柔性监管""协同监管"的新需求。

传统监管方式容易陷入"眉毛胡子一把抓"的困境,监管资源分散,监管重点不突出,监管效能不高。面对海量的经营主体和复杂的市场行为,传统的"人盯人""地毯式"监管模式,不仅人力成本高昂,而且效率低下,难以实现"全覆盖、无死角"监管,往往"按下葫芦浮起瓢",顾此失彼,疲于应付。

传统监管方式缺乏"数字化""智能化"手段,信息不对称,监管盲区多,难以实现"早发现、早预警、早处置"。监管信息采集主要依靠人工填报、纸质流转,"信息孤岛"现象普遍存在,难以形成监管合力,导致监管"信息梗阻""反应迟缓",不能及时发现和处置风险隐患,往往等到问题"积重难返"才"亡羊补牢",监管的"前瞻性""预防性"功能大打折扣。

传统监管方式刚性有余、柔性不足,容易给经营主体带来不必要的干扰和负

担,甚至"一棍子打死",扼杀创新活力。一些地方和部门"重审批轻监管""以罚代管",监管方式简单粗暴,动辄停业整顿、吊销执照,缺乏"精准滴灌""柔性引导",导致监管与服务脱节,监管与发展"错位",既没有达到有效监管的目的,又严重影响了经营主体的正常经营活动,甚至阻碍了新经济新业态的健康发展。

因此,必须深刻认识到传统监管方式的局限性,主动适应新形势新要求,加快转变监管理念,创新监管方式,积极探索"互联网+监管""信用分级分类监管""包容审慎监管"等新型监管模式,切实提升监管的精准性、有效性、协同性,为打造规范高效的营商环境注入新的活力。

(二)"互联网+监管":数字赋能,提升监管智慧化水平

"互联网+监管",是运用互联网、大数据、云计算、人工智能等现代信息技术,创新监管理念、优化监管流程、提升监管效能的关键一着儿,也是推进监管体系和监管能力现代化的必由之路。推行"互联网+监管",犹如给传统监管插上"数字翅膀",使其更加"耳聪目明""反应灵敏""精准高效",有效解决传统监管方式存在的"痛点""堵点",为打造智慧监管、精准监管、协同监管、柔性监管的新格局提供有力支撑。

运用大数据技术,实现"精准监管"。通过汇聚整合各类监管数据,构建"监管大数据平台",对海量监管数据进行深度挖掘、智能分析、关联碰撞,精准画像经营主体,动态监测市场风险,及时发现违法违规线索,实现从"大海捞针"式的"撒网式监管"向"按图索骥"式的"精准靶向监管"转变,避免"误伤"守法企业,提高监管的精准性和有效性。同时,还可以利用大数据分析研判监管规律,预测风险趋势,为科学决策、精准施策提供数据支撑,实现监管的"智能化""科学化"。

运用云计算技术,实现"协同监管"。打破部门壁垒、地域分割、层级限制,构建"统一平台、数据共享、业务协同"的"云监管"模式,实现监管信息的"互联互通、实时共享",监管业务的"协同联动、高效运转",形成"横向协同、纵向联动、跨部门联合、穿透式监管"的新格局,解决"多头监管""重复检查""监管盲区"等问题,提升监管的协同性和整体性。同时,还可以利用云计算平台的强大计算能力和存储能力,支撑海量监管数据的处理和分析,为"大数据监管""智慧监管"提供"基础设施"保障。

运用人工智能技术,实现"智能监管"。引入人工智能技术,研发智能监管系统,实现监管业务的"自动化""智能化"处理。例如,利用图像识别技术、自然语言处理技术,自动识别违法违规线索,自动生成监管报告,自动推送预警信息,减少人工干预,提高监管效率。利用机器学习技术,不断优化监管模型,提升风险识别和预警的准确性,实现监管的"自学习""自进化"。利用智能客服系统,为经营主体提供7×24小时的在线咨询和办事指导,提升监管服务的智能化水平。

运用移动互联网技术,实现"掌上监管"。开发移动监管APP、微信小程序等"掌上监管"工具,将监管事项"搬"到手机上,实现"移动执法""移动办公""移动服务",方便执法人员随时随地开展监管工作,提升监管的灵活性和便捷性。同时,也可以利用移动互联网技术,畅通与经营主体的沟通渠道,及时接收经营主体诉求,快速响应经营主体关切,提升监管服务的"移动化""便捷化"水平。

推行"互联网+监管",不是简单的技术叠加,而是监管理念、监管方式、监管模式的深刻变革。要坚持"以人为本、服务至上"的理念,将"互联网+监管"与"放管服"改革、优化营商环境有机结合起来,以技术创新提升监管效能,以智慧监管优化营商环境,真正实现"让数据多跑路,让企业少跑腿",让监管更"聪明",让服务更"贴心",让营商环境更"舒心"。

(三)信用分级分类监管:精准施策,减少无谓干扰

信用是市场经济的"基石",也是营商环境的"重要标尺"。建立以信用为基础的新型监管机制,实行信用分级分类监管,是优化营商环境、提升监管效能的重要抓手,也是构建"守信激励、失信惩戒"社会信用体系的关键环节。实行信用分级分类监管,犹如给经营主体建立"信用画像",根据信用等级"量身定制"差异化监管措施,对守信企业"无事不扰",让其"轻装上阵、加速发展",对失信企业"利剑高悬",让其"寸步难行、付出代价",真正实现"让守信者一路畅通,让失信者寸步难行",营造"褒扬诚信、惩戒失信"的良好市场环境。

要建立科学合理的信用评价体系,为"信用分级"提供依据。要根据不同行业、不同领域、不同经营主体的特点,制定科学合理的信用评价指标体系,全面、客观、公正地评价经营主体的信用状况。要充分运用大数据技术,整合市场监管、公共信用、行业协会等各方面信用信息,构建"全方位、多维度"的信用评价模型,提

升信用评价的"精准度"和"公信力"。要建立信用评价结果动态调整机制,根据经营主体信用状况的变化,及时调整信用等级,实现信用评价的"动态更新"和"实时反映"。

要根据信用等级,实施差异化监管措施,实现"分类监管"。对信用等级高的企业,要实行"低干扰、无感式"监管,合理降低抽查比例和频次,减少现场检查,推行"远程监管""非现场监管"等方式,让企业有更多时间和精力专注于生产经营和创新发展,真正做到"无事不扰",让守信者"处处受益、事事顺心"。对信用等级低的企业,要实行"严监管、强约束"措施,适当提高抽查比例和频次,加大现场检查力度,加强重点监管和联合惩戒,让失信者"寸步难行、付出代价",倒逼企业诚信守法经营。对新设立的经营主体,可以实行"信用修复"机制,给予一定的"信用观察期"和"容错纠错"空间,鼓励其提升信用水平,尽快进入"守信激励"的轨道。

要将信用分级分类监管与"双随机、一公开"监管、"互联网+监管"等新型监管方式有机结合,形成监管合力,提升监管效能。在"双随机、一公开"监管中,要根据经营主体的信用等级,合理确定抽查对象和检查比例,提高监管的"靶向性"和"精准性"。在"互联网+监管"平台中,要整合信用信息,实现信用信息"一网查询""一网共享""一网应用",为信用分级分类监管提供"数据支撑"和"技术保障"。要加强部门协同联动,打破"信息孤岛",实现信用信息跨部门、跨领域、跨地区的互联互通和共享共用,构建"联合激励、联合惩戒"的大格局,提升信用监管的协同性和整体性。

实行信用分级分类监管,不是一劳永逸的,需要不断完善、持续优化、久久为功。要加强制度建设,健全完善信用评价、信用公示、信用修复、信用激励、信用惩戒等配套制度,构建"全链条、全方位"的信用监管制度体系。要加强宣传引导,营造"知信、用信、守信"的社会氛围,提升经营主体的信用意识和诚信水平。要加强监督评估,定期评估信用分级分类监管的实施效果,及时发现问题、解决问题、改进工作,确保信用分级分类监管真正落地见效,成为优化营商环境、激发市场活力的"助推器",成为构建诚信社会、法治社会的"重要基石"。

(四)包容审慎监管:呵护创新幼苗,激发发展活力

新经济新业态是推动经济高质量发展的新动能、新引擎。但新业态在发展初

期,往往面临着"看不清""管不准""管不好"的困境,监管的"缺位""错位""越位"都可能扼杀创新幼苗,阻碍新业态健康发展。包容审慎监管,是适应新经济新业态发展特点的创新之举,也是优化营商环境、激发市场活力的重要保障。包容审慎监管,不是"放任自流""无所作为",更不是"降低标准""放松要求",而是在坚守安全底线、风险可控的前提下,为新业态发展留足"探索空间""容错空间""发展空间",以最大的诚意和最大的耐心呵护创新幼苗,既要"鼓励创新",又要"规范发展",实现监管与发展的良性互动、互促共进。

要坚持底线思维,划定安全红线,明确监管底线。包容审慎监管,绝不是"无底线的包容",必须坚守"安全底线""质量底线""公平竞争底线",对涉及公共安全、人民群众生命健康安全、生态环境安全等领域,要"零容忍",决不允许突破底线、触碰红线。要坚持"事前划底线、事中强监管、事后重惩戒",对新业态可能带来的风险隐患进行"精准识别、有效防范、及时处置",确保新业态发展始终在"安全轨道"上运行,决不允许"野蛮生长""无序扩张"。

要坚持鼓励创新,给予试错空间,激发创新活力。对新业态发展初期出现的一些"苗头性""倾向性"问题,要坚持"教育为主、惩戒为辅",审慎对待、区别对待,给予一定的容错纠错空间,帮助企业及时纠正偏差、规范发展,避免"一上来就管死""一棒子打死",扼杀创新热情。要探索建立"监管沙盒""创新试验区"等机制,为新业态创新发展提供"安全可控"的试验环境,允许企业"先行先试",探索"最佳监管模式",鼓励创新探索,宽容失败挫折,营造"敢于创新、宽容失败"的良好创新生态。

要坚持"柔性监管",注重引导服务,促进规范发展。要转变传统"重处罚、轻引导"的监管模式,更多运用"提醒告诫""行政指导""合规辅导"等柔性监管方式,帮助企业了解法律法规,提升合规意识,规范经营行为,实现"寓监管于服务之中""以服务促规范"。要主动对接新业态发展需求,提供政策咨询、标准解读、技术指导等精准服务,帮助企业少走弯路、健康发展。要加强与行业协会、专家学者、经营主体代表的沟通交流,听取各方意见建议,及时调整和完善监管政策,提升监管的科学性和有效性。

包容审慎监管,不是"一蹴而就"的静态模式,而是一种与时俱进的动态治理体系。它不是单向度的管制,而是政府、市场、社会协同发力的多元共治;它不是静止不变的"一劳永逸",而是与时俱进、动态调整的精细化治理;它不是被动应对风险的"亡羊补牢",而是主动预防、防患于未然的前瞻性监管。因此,包容审慎监管,必须着眼长远,系统谋划,精准施策,久久为功才能真正护航新经济扬帆远航,为高质量发展注入澎湃动力。

要实现包容审慎监管的有效性,还需在精细化上下功夫,提升监管的智慧化水平。要运用大数据、云计算、人工智能等现代信息技术,打破"信息孤岛",构建"数据驱动"的智慧监管平台,实现对新业态运行状态的实时监测、风险预警、趋势分析,提升监管的靶向性和预见性。要创新监管工具和手段,推行信用监管、分级分类监管等新型监管方式,对不同风险等级的新业态主体实施差异化监管措施,实现监管资源的优化配置和精准投放。要加强监管政策的宣传解读和辅导培训,提升经营主体对监管政策的理解度和配合度,构建良性互动的监管关系,让包容审慎监管真正成为新业态发展的"助推器"而不是"绊脚石"。

包容审慎监管是一项系统工程、长期任务,不可能一蹴而就,也不可能一劳永逸。要坚持"在发展中规范,在规范中发展"的理念,根据新业态发展的新情况、新问题,及时调整和完善监管政策,保持监管的弹性和韧性,确保监管始终与时代发展同频共振、与市场需求紧密契合。要加强监管队伍建设,提升监管人员的专业素养和监管能力,打造一支政治过硬、业务精湛、作风优良的监管队伍,为包容审慎监管提供坚强的人才保障和智力支撑。

三、优化政务服务:简化办事流程,提升服务温度

政务服务是优化营商环境的"先手棋",是激发市场活力的"动力源"。优化政务服务水平,提升经营主体办事便利度,不仅是政府自身职能的深刻变革,更是打造市场化、法治化、国际化一流营商环境的关键之举,是构筑高质量发展坚实支撑的必然要求。必须以更大力度、更实举措,推动政务服务迭代升级,让经营主体轻装上阵、活力竞相迸发。

(一)让政务服务"软实力"成为营商环境建设的"硬支撑"

营商环境是经营主体生存发展的"土壤",而政务服务则是滋养这片土壤的"活水"。政务服务效能,直接关系营商环境的优劣,影响经营主体投资兴业的信

心和预期。优质高效的政务服务,能够有效降低制度性交易成本,减轻企业负担,让经营主体心无旁骛抓发展,全神贯注搞创新,从而激发经营主体内生动力,提升区域经济整体竞争力。

优化政务服务,不仅是政府部门的"分内事",更是服务经济发展大局的"关键棋"。要深刻认识到,营商环境优无止境,政务服务提升永不停步。必须牢固树立"服务至上"的理念,将优化政务服务摆在更加突出、更加优先的位置,以改革的魄力、创新的精神、务实的作风,在提升政务服务水平上持续发力、纵深推进,为各类经营主体营造更加宽松、更加便利、更加高效的发展环境。

(二)深化"放管服"改革,提升政务服务效能

"放管服"改革是优化政务服务、提升营商环境的"关键之招""制胜之道"。近年来,"放管服"改革持续向纵深推进,"放"出了活力、"管"出了公平、"服"出了效率,有力激发了经营主体活力和社会创造力,为经济社会持续健康发展注入了强劲动力。

深化"放管服"改革,重在提升政务服务效能,核心是打造高效便捷的政务服务体系。要持续精简办事环节,再造审批流程,打破不必要的"隐性门槛"和"玻璃门",实现办事流程"瘦身健体",办理环节"精简优化"。要大力压缩办理时限,优化服务流程,推动更多政务服务事项"减环节、减材料、减时限、减跑动",让企业和群众办事"少跑腿、好办事、不添堵"。要以经营主体需求为导向,以企业和群众满意度为标尺,不断推动"放管服"改革向更深层次、更广领域拓展,以刀刃向内的自我革命精神,打造一流政务服务,塑造一流营商环境。

(三)推进政务服务标准化、规范化、便利化

政务服务标准化、规范化、便利化,是提升政务服务质效的"三驾马车",是构建优质政务服务体系的"基石工程"。标准化是统一服务标准,规范化是约束服务行为,便利化是提升服务体验,三者相辅相成、协同发力,共同构建起"公开透明、公平公正、高效便捷"的政务服务新格局。

要加快推进政务服务事项标准化建设,明晰办事流程,统一服务标准,推动同一事项在不同地区、不同部门无差别受理、同标准办理,打破地区壁垒和部门藩篱,实现政务服务"同城通办""跨省通办"。要加强政务服务规范化建设,完善服

务规范,细化服务标准,以制度化手段规范服务流程、约束服务行为,确保政务服务公开透明、公平公正、有章可循、有据可依。要持续提升政务服务便利化水平,创新服务方式,拓展服务渠道,推动政务服务向"网上办""掌上办""一次办"升级,让政务服务更贴心、更暖心、更顺心、更省心,切实提升经营主体和人民群众的获得感和满意度。

(四)大力发展"数字政府",提升政务服务数字化智能化水平

建设"数字政府"是推动政府治理体系和治理能力现代化的重要引擎,也是提升政务服务水平的战略性选择。以数字化转型为契机,以智能化应用为支撑,重塑政务服务流程,创新政务服务模式,提升政务服务效能,是新时代政务服务发展的必由之路,更是打造高效政府、廉洁政府、服务型政府的关键所在。

要深入推进政务服务"一网通办",加快建设一体化政务服务平台,推动更多政务服务事项"应上尽上、全程在线",实现政务服务从"线下跑"向"网上办""掌上办"转变,让数据多跑路,让群众少跑腿,打造"7×24小时不打烊"的"在线政府"。要充分运用大数据、人工智能、区块链等新兴技术,提升政务服务智能化、精准化、个性化水平,实现智能审批、精准推送、主动服务,让政务服务更加智慧、更加高效、更加便捷。要加强数据共享和业务协同,打破"信息孤岛",畅通数据壁垒,推动政务服务跨部门、跨层级、跨区域协同联动,构建整体联动、高效协同、精准服务的"数字政府"新格局,以数字赋能,让政务服务插上腾飞的翅膀,更好服务经济社会高质量发展。

第三节　强化司法保障:营造公平正义的法治环境

"法治是最好的营商环境"。公平正义的法治环境,是市场经济健康有序运行的基石,是激发经营主体活力、增强发展内生动力的根本保障,更是提升国家治理体系和治理能力现代化的重要标志。司法作为维护社会公平正义的最后一道防线,在优化营商环境中肩负着特殊而重要的使命。必须充分发挥司法的保障、促进和引领作用,以高质量司法服务保障高质量发展,用法治力量为各类经营主体营造更加公平、更加透明、更加可预期的营商环境。

一、以公正司法构筑营商环境"压舱石"

法治是营商环境的内核,而公正高效的司法则是法治营商环境的"灵魂"。司法公信力,是法治权威的集中体现,是社会公平正义的重要保障,也是法治化营商环境最核心、最关键的要素。没有公信力,法治权威就难以树立;没有公正高效的司法,法治化营商环境就无从谈起。因此,必须坚持以提升司法公信力为核心,持续深化司法体制改革,努力让人民群众在每一个司法案件中感受到公平正义,以公正高效司法构筑法治化营商环境的"压舱石",为经济高质量发展行稳致远提供强有力的法治保障。

(一)司法公信力是法治化营商环境的核心要素

营商环境的优劣,如同阳光、空气和水,直接影响着经营主体的生存发展。而司法公信力,正是法治化营商环境的"阳光雨露",是稳定市场预期、增强市场信心的"定海神针"。司法公信力强,则法治信仰坚定,经营主体信心倍增,投资兴业活力竞相迸发;司法公信力弱,则法治权威受损,市场预期不稳,营商环境势必受到影响。

司法公信力是维护社会公平正义的"最后一道防线",是保障各类经营主体合法权益的坚实后盾。公正高效的司法,能够有效矫正市场失灵,规范市场秩序,保障契约精神,维护公平竞争,为经营主体营造公平、公正、公开、透明的法治环境。当经营主体遇到权益受损、纠纷产生时,能够相信司法机关会秉公办案、公正裁决,能够通过法律途径得到及时有效的救济,这才是法治化营商环境最核心的竞争力所在。

提升司法公信力,非一日之功,需久久为功,更需驰而不息,常抓不懈。要坚持以公开促公正,以透明保廉洁,深化司法公开,让司法权力在阳光下运行,接受全社会监督。要加强法官队伍建设,提升法官职业素养和专业能力,打造一支政治过硬、业务精湛、作风优良、清正廉洁的法官队伍,以过硬的素质能力保障案件的公正裁判,以良好的职业道德赢得人民群众的信任。要深化司法体制综合配套改革,健全完善公正高效权威的司法制度体系,从制度机制层面保障司法公正、提升司法效率、强化司法监督,不断提升司法质量、效率和公信力,为法治化营商环境建设奠定坚实基础。

(二)充分发挥司法在优化营商环境中的职能作用

司法机关在优化营商环境中,承担着维护公平正义、规范市场秩序、保障创新发展等多重职能,发挥着保障、促进、引领的重要作用。充分发挥司法职能作用,是提升营商环境法治化水平的关键所在,也是以法治力量护航经济高质量发展的必然要求。

保障产权,是优化营商环境的基础工程,也是司法机关的重要职责。产权制度是社会主义市场经济的基石,保护产权就是保护企业家精神,就是稳定社会财富,就是激发创新活力。司法机关要依法平等保护各类经营主体的产权,特别是要依法保护民营企业和民营企业家的合法权益,防止利用公权力侵害私有产权,让企业家安心经营、放心投资、专心创业,让各类经营主体产权得到平等有效保护。

维护合同,是优化营商环境的重要保障,也是司法机关的应有之责。市场经济是契约经济,合同是经营主体之间开展交易合作的基本依据和重要保障。司法机关要依法维护合同的有效性和严肃性,保护契约自由,制裁违约行为,构建诚实守信的市场环境。要妥善审理各类合同纠纷案件,依法认定合同效力,合理分配违约责任,引导经营主体自觉遵守合同约定,共同维护公平有序的市场交易秩序。

规范市场秩序,是优化营商环境的内在要求,也是司法机关的法定职责。公平有序的市场秩序是市场经济健康运行的必要条件,有利于要素自由流动、资源高效配置、经营主体公平竞争。司法机关要依法惩处各类破坏市场经济秩序的违法犯罪行为,如侵犯知识产权、不正当竞争、合同诈骗、商业贿赂等,维护公平竞争的市场环境,保障各类经营主体在公平公正的环境下开展生产经营活动。

保护创新,是优化营商环境的战略任务,也是司法机关的时代使命。创新是引领发展的第一动力,强化创新驱动发展,关键在于营造良好的创新环境。司法机关要加强知识产权司法保护,依法制裁侵犯知识产权行为,激发全社会创新创造活力。要妥善审理新技术、新产业、新业态、新模式等案件,为新经济发展提供司法保障,支持和鼓励创新,营造鼓励创新、宽容失败的良好社会氛围。

(三)提升涉企案件审判质效,保障企业合法权益

涉企案件的审判质效,直接关系到企业家的切身利益,也直接影响着营商环

境的优劣。提升涉企案件审判质效,依法平等保护各类经营主体合法权益,是司法机关优化营商环境的重要着力点和关键环节。要坚持"公正、高效、便捷、廉洁"的司法理念,努力让涉企案件的审判既有力度又有温度,既依法公正又注重效率,真正让企业感受到司法的公平正义和温暖关怀。

要坚持依法平等保护原则,对各类经营主体一视同仁、平等对待。不因所有制性质不同而有所偏颇,不因企业规模大小而有所差异,不因企业强弱而有所侧重。要依法平等保护国有、民营、外资等各类所有制企业产权和合法权益,营造公平竞争的市场环境。要依法平等保护大中小微企业、内资外资企业、新老企业等各类经营主体,促进各类经营主体共同发展、公平竞争。

要坚持效率优先原则,加快涉企案件审判节奏,缩短办案周期。"迟到的正义非正义",对于经营主体而言,时间就是金钱、效率就是生命。要优化涉企案件审判流程,简化诉讼程序,推行繁简分流,提高审判效率。要加强诉讼服务中心建设,为企业提供便捷高效的诉讼服务,降低企业诉讼成本,提升企业诉讼体验。

要坚持精准施策原则,妥善处理涉企案件,避免对企业正常生产经营活动造成不必要的影响。要慎用强制措施,最大限度减少对企业正常生产经营活动的影响。要灵活运用调解、和解等方式,努力化解矛盾纠纷,实现案结事了、政通人和。要加强对企业合法权益的保护,避免因司法不公、司法不当等损害企业合法权益。

要坚持善意文明执行理念,努力实现法律效果与社会效果的统一。要依法保障胜诉企业及时实现权益,维护司法权威和公信力。要在执行过程中,充分考虑企业的实际情况和困难,审慎采取查封、冻结、扣押等强制执行措施。要积极探索"活封""活扣"等执行方式,最大限度减少对企业正常生产经营活动的影响。要加强执行救济,为确有困难的企业提供必要的救济措施,帮助企业渡过难关。

二、完善多元化纠纷解决机制,降低企业维权成本

长期以来,诉讼在解决商事纠纷中发挥着不可替代的重要作用,是维护社会公平正义、保障经营主体合法权益的"最终防线"。然而,任何一种纠纷解决方式都不可能是万能的,诉讼亦有其固有的局限性。对于日趋复杂多元的商事纠纷而言,过度依赖单一诉讼解决机制,不仅难以满足经营主体的多样化需求,也可能导致司法资源的过度消耗和纠纷解决效率的降低。构建诉讼与仲裁、调解、行政复

议等多种方式有机衔接、协调联动的多元化纠纷解决机制,已成为优化营商环境、降低企业维权成本、提升社会治理效能的必然选择和时代要求。

(一)单一诉讼解决机制的局限性

诉讼作为一种重要的纠纷解决方式,具有权威性、强制性、终局性等特点,在维护社会公平正义、保障法律正确实施方面发挥着关键作用。但是,在解决商事纠纷领域,单一诉讼解决机制也暴露出一些难以回避的局限性,例如成本较高,企业维权负担较重。诉讼需要缴纳诉讼费,聘请律师需要支付律师费,鉴定评估可能产生鉴定评估费,再加上耗费的人力、物力、时间成本,对于一些中小微企业而言,诉讼成本可能构成不小的负担。尤其是在一些标的额较小、案情相对简单的纠纷中,高昂的诉讼成本,可能使得企业望而却步,甚至放弃维权;周期较长,企业时间成本较高。诉讼程序较为烦琐,需要经历立案、举证、开庭、审理、判决、执行等多个环节,一个案件从立案到最终执行完毕,往往需要数月甚至数年时间。对于瞬息万变的市场竞争环境而言,时间就是金钱,效率就是生命。过长的诉讼周期,可能使得企业错失商机,甚至导致企业资金链断裂,影响企业的生存发展;对抗性较强,不利于修复商事关系。诉讼是一种对抗性较强的纠纷解决方式,双方当事人在法庭上往往针锋相对,剑拔弩张。即使最终诉讼胜诉,也可能导致合作关系破裂、商业信誉受损,不利于修复和维护商事合作关系。对于一些长期合作、关系紧密的商业伙伴而言,诉讼可能并非最优选择;专业性要求高,法官可能难以完全满足所有行业领域的专业需求。商事纠纷往往涉及复杂的商业运作模式、行业惯例和专业知识,法官虽然具备法律专业知识,但可能难以完全掌握所有行业领域的专业知识。在一些专业性较强的商事纠纷中,法官的专业能力可能受到一定限制,影响案件的审判质量。

(二)构建诉讼与仲裁、调解、行政复议等相衔接的多元化纠纷解决机制

为了克服单一诉讼解决机制的局限性,满足经营主体多样化的纠纷解决需求,必须积极构建诉讼与仲裁、调解、行政复议等多种方式有机衔接、协调联动的多元化纠纷解决机制。这不仅是完善社会主义法治体系、提升社会治理能力的重要内容,也是优化营商环境、降低企业维权成本、激发市场活力的有效途径。多元化纠纷解决机制犹如一座"立交桥",为经营主体提供了多条"通道",让不同类型

的纠纷在不同的"通道"上得到最适合、最有效的解决。

充分发挥仲裁在解决商事纠纷中的独特优势。仲裁与诉讼相比,具有程序灵活、专家断案、保密性强、快捷高效等优点,特别是在解决专业性较强、涉外性较强的商事纠纷中,更具优势。要积极引导商事主体在合同中约定仲裁条款,鼓励企业优先选择仲裁方式解决商事纠纷。要加强仲裁机构建设,提升仲裁公信力,提高仲裁员队伍专业化水平,确保仲裁裁决的公正性和权威性。要完善仲裁与诉讼的衔接机制,畅通仲裁裁决的司法审查和执行渠道,提高仲裁裁决的执行效率。

大力推行调解在化解矛盾纠纷中的积极作用。调解是一种成本低廉、程序简便、灵活高效、对抗性弱的纠纷解决方式,有利于修复商事关系、维护社会和谐稳定。要充分发挥人民调解、行政调解、行业调解、商事调解等多种调解方式的作用,构建多层次、广覆盖的调解网络。要加强调解员队伍建设,提高调解员的专业能力和调解技巧,提升调解成功率。要完善调解与诉讼的衔接机制,赋予调解协议一定的法律效力,提升调解协议的履行率。

有效发挥行政复议在化解行政争议中的重要功能。行政复议是公民、法人或者其他组织认为行政行为侵犯其合法权益,依法向行政机关申请复议,由行政机关对该行政行为进行审查并作出决定的行政监督制度。行政复议具有专业性强、程序简便、效率较高、成本较低等特点,是解决行政争议的重要途径。要畅通行政复议渠道,规范行政复议程序,提高行政复议质量和效率,公正高效化解行政争议,保护经营主体合法权益。要加强行政复议与诉讼的衔接,完善行政复议决定与司法判决的协调机制,形成化解行政争议的合力。

加强诉讼与仲裁、调解、行政复议等多种纠纷解决方式的衔接配合。多元化纠纷解决机制不是各种方式的简单叠加,而是要实现各种方式的有机衔接、优势互补、协同联动。要建立健全诉讼与仲裁、调解、行政复议的对接平台,畅通信息沟通渠道,实现纠纷解决资源的共享和有效利用。要探索建立诉讼与仲裁、调解的委派委托机制,引导当事人优先选择调解、仲裁等方式解决纠纷,减轻诉讼压力,缓解法院"案多人少"的矛盾,提升纠纷解决效率。要加强诉讼与调解、仲裁的程序衔接,探索建立诉前调解、诉中调解、委托仲裁等机制,实现纠纷解决的"无缝对接""一站式"服务。要完善多元化纠纷解决机制的保障措施,加强政策支持、经费保障、人才队伍建设,为多元化纠纷解决机制的有效运行提供有力支撑,构建起"分层递进、多元互补、高效便捷"的现代纠纷解决体系,为优化营商环境、构建和谐社会贡献力量。

(三)发挥商事仲裁在解决国际商事纠纷中的优势

经济全球化深入发展,国际商事交往日益频繁,跨境商事纠纷也随之增多。商事仲裁以其国际通用性、程序灵活性和专家裁决性等独特优势,成为解决国际商事纠纷的重要方式,也日益成为优化国际营商环境、提升国家制度性话语权的关键一环。要充分发挥中国商事仲裁的优势和潜力,积极参与国际商事纠纷解决,提升中国仲裁的国际公信力和影响力,打造国际商事争端解决的"优选地"和"首选地"。

要着力提升中国仲裁的国际化水平。借鉴国际先进仲裁规则和实践,完善中国仲裁法律制度,提升仲裁规则的国际竞争力。要加强与国际仲裁机构的交流合作,参与国际仲裁规则的制定和完善,发出中国仲裁的声音,贡献中国仲裁的智慧。要积极培养和引进国际化的仲裁人才,打造高素质、专业化的仲裁员队伍,提升仲裁服务的国际化水平。要加强仲裁机构的国际宣传推广,提高中国仲裁在国际商事界的知名度和美誉度,吸引更多国际商事主体选择中国仲裁解决纠纷。

要着力提升中国仲裁的公信力和权威性。坚持依法仲裁、公正仲裁、独立仲裁,确保仲裁程序的公正性和仲裁裁决的权威性。要完善仲裁监督机制,加强对仲裁程序的监督和仲裁员的诚信管理,防止权力滥用和腐败行为。要提升仲裁裁决的执行力,畅通仲裁裁决的司法承认与执行渠道,保障仲裁裁决的有效执行,维护当事人的合法权益。通过不断提升中国仲裁的国际公信力和影响力,为构建开放型世界经济、推动构建人类命运共同体贡献中国仲裁力量。

(四)鼓励行业协会、商会等社会组织参与纠纷调解

行业协会、商会等社会组织,扎根行业、贴近企业、联系广泛,在化解行业矛盾纠纷、促进社会和谐稳定方面具有独特优势和重要作用。鼓励和引导行业协会、商会等社会组织积极参与商事纠纷调解,充分发挥社会力量在多元化纠纷解决机制中的作用,是推进社会治理体系和治理能力现代化、优化营商环境、构建和谐劳动关系的重要举措。

要充分发挥行业协会、商会的专业优势。行业协会、商会对行业发展状况、行

业规则、专业知识等都非常熟悉,能够更准确地把握纠纷的焦点和实质,提出更具针对性和可行性的调解方案。要支持行业协会、商会建立行业性、专业性的调解组织,开展行业纠纷调解工作。要加强对行业调解组织的指导和支持,提升行业调解的规范化、专业化水平,确保调解工作的质量和效果。

要充分发挥行业协会、商会的桥梁纽带作用。行业协会、商会与企业联系紧密,能够更好地倾听企业的诉求,了解企业的困难,在企业与企业之间、企业与政府之间搭建沟通桥梁。要鼓励行业协会、商会积极参与基层社会治理,主动排查和化解行业矛盾纠纷,将矛盾化解在基层、化解在萌芽状态。要加强行业协会、商会与司法机关、行政机关的沟通协作,形成化解矛盾纠纷的合力,共同维护社会和谐稳定。

要积极探索行业调解的有效模式和方法。要鼓励行业协会、商会创新调解方式,运用更加灵活多样、便捷高效的调解方法,满足不同类型纠纷的调解需求。要探索建立行业调解协议的确认机制,提升行业调解协议的法律效力,增强调解协议的履行率。要总结推广行业调解的成功经验和典型案例,发挥示范引领作用,推动行业调解工作深入发展,为构建多元共治的社会治理格局贡献力量。

三、加强知识产权司法保护,激励创新驱动发展

创新是引领发展的第一动力,知识产权是创新的"护身符"和"加速器"。加强知识产权保护,就是保护创新,就是激励发展,就是提升国家核心竞争力。知识产权司法保护作为知识产权保护体系中的"最后一道防线",在激励创新驱动发展中发挥着至关重要的作用。必须坚持"严格保护、全面保护、依法保护"的原则,不断完善知识产权司法保护体系,提升知识产权司法保护水平,为建设创新型国家、实现高水平科技自立自强提供坚实的法治保障。

(一)知识产权保护是创新型经济发展的关键

创新是驱动经济高质量发展的核心引擎,而知识产权制度则是激励创新的基本保障。在创新型经济发展中,知识产权保护不再仅仅是单纯的权利救济,更关乎国家创新能力提升、产业转型升级和经济高质量发展全局,具有重要的战略意义。没有知识产权保护,创新就缺乏动力;没有高水平知识产权保护,创新质量就

难以提升。可以说,知识产权保护是创新型经济发展的"生命线",是提升国家竞争力的"战略支撑"。

保护知识产权激发创新活力。有效的知识产权保护,能够保障创新者的合法权益,使其创新成果得到充分的市场回报,从而激励创新者持续加大研发投入,积极开展创新活动。知识产权保护有助于促进技术转移和成果转化。通过知识产权制度,创新成果可以有效地进行商业化运用和传播,实现技术转移和成果转化,加速科技成果向现实生产力转化,推动产业升级和经济发展。加强知识产权保护有助于提升国家竞争力。在激烈的国际竞争中,知识产权已经成为国家竞争力的核心要素。加强知识产权保护,有利于提升国家创新能力、掌握关键核心技术,在国际竞争中赢得主动权。

必须深刻认识知识产权保护对创新型经济发展的极端重要性,切实加强知识产权保护工作。要从国家战略高度,统筹谋划知识产权保护工作,将知识产权保护摆在更加突出的位置。要坚持问题导向,聚焦知识产权保护领域的突出问题和薄弱环节,采取更加有力的措施,提升知识产权保护效能。要营造全社会尊重知识、保护知识产权的良好氛围,激发全社会创新创造热情,为建设创新型国家奠定坚实基础。

(二)完善知识产权司法保护体系,提升保护水平

完善的知识产权司法保护体系,是提升知识产权司法保护水平的制度保障。近年来,中国知识产权司法保护体系建设取得了显著成就,但也面临着新的形势和挑战,需要进一步完善和加强。要以完善知识产权司法保护体系为抓手,不断提升知识产权司法保护水平,为创新驱动发展提供更加有力的司法保障。

加强知识产权法院建设,提升知识产权审判专业化水平。知识产权法院是专门审理知识产权案件的法院,具有专业化、集中管辖等特点,是提升知识产权司法保护效能的重要载体。要持续加强知识产权法院建设,扩大知识产权法院的管辖范围,优化知识产权法院的机构设置,完善知识产权法院的运行机制。要加强知识产权法院法官队伍专业化建设,引进和培养高层次、复合型的知识产权审判人才,提升法官的专业素养和审判能力,确保知识产权案件的审判质量和效率。

健全知识产权诉讼制度,完善知识产权审判规则。要适应知识产权案件的特

点,完善知识产权诉讼程序,简化诉讼流程,提高诉讼效率。要加强证据制度研究,解决知识产权侵权案件中"取证难"的问题,降低权利人的维权成本。要完善技术调查官制度,充分发挥技术专家在知识产权审判中的作用,解决知识产权案件中"技术性强"的问题,提高技术事实认定的准确性和科学性。要加强案例指导,发布典型案例,统一裁判尺度,增强知识产权审判的规范性和可预见性。

创新知识产权司法保护机制,提升知识产权司法保护效能。要探索建立知识产权侵权预警机制,及时发现和制止知识产权侵权行为,防止侵权损害扩大。要探索建立知识产权纠纷多元化解机制,推动知识产权纠纷诉讼与调解、仲裁、行政裁决等多种方式有效衔接,为权利人提供更加便捷高效的纠纷解决途径。要加强知识产权跨区域司法协作,打破地域壁垒,建立跨区域知识产权司法保护联动机制,提升知识产权司法保护的协同性和整体性。

(三)加大知识产权侵权惩罚性赔偿力度

要实现最严格知识产权保护,必须加大知识产权侵权惩罚力度,显著提高侵权违法成本,形成强有力的法律震慑,让侵权者付出"不能承受之重",才能有效遏制知识产权侵权行为,营造不敢侵权、不能侵权的法治环境。惩罚性赔偿制度是加大知识产权侵权惩罚力度的"利器",是构建最严格知识产权保护体系的"关键一着儿"。

要完善知识产权侵权惩罚性赔偿制度,明确惩罚性赔偿的适用条件、计算方法和赔偿倍数。要降低惩罚性赔偿的适用门槛,扩大惩罚性赔偿的适用范围,对于故意侵权、情节严重的知识产权侵权行为,坚决适用惩罚性赔偿。要提高惩罚性赔偿的赔偿倍数,大幅提高侵权赔偿数额,让侵权者付出与其侵权行为相当的代价。要细化惩罚性赔偿的计算方法,明确侵权获利、权利人损失、侵权情节等因素在惩罚性赔偿计算中的考量权重,增强惩罚性赔偿的可操作性和可预期性。

要加大对知识产权侵权行为的刑事打击力度。对于情节严重、构成犯罪的知识产权侵权行为,要依法追究刑事责任,严厉打击侵犯知识产权犯罪。要加强知识产权刑事司法与行政执法的衔接配合,建立健全案件移送、信息共享、联合执法等机制,形成打击知识产权犯罪的合力。要加大对知识产权犯罪的刑罚力度,提高知识产权犯罪的量刑标准,让知识产权犯罪分子受到应有的惩罚。要加强知识产权刑事司法宣传,公开审理和宣判一批具有典型意义的知识产权犯罪案件,发挥刑罚的震慑和教育作用。

要加大知识产权行政执法力度,提升知识产权行政执法效能。知识产权行政执法具有程序简便、效率较高、成本较低等优点,在打击侵权假冒行为方面发挥着重要作用。要加大知识产权行政执法力度,严厉查处各种知识产权侵权假冒行为,维护公平竞争的市场秩序。要加强知识产权行政执法队伍建设,提升执法人员的专业素质和执法能力,提高知识产权行政执法的规范化和专业化水平。要创新知识产权行政执法方式,运用大数据、云计算、人工智能等现代信息技术,提升知识产权行政执法的精准性和有效性。

(四)畅通知识产权维权渠道,降低维权成本

维权难、维权贵、周期长,一直是困扰创新主体的"老大难"问题,也严重制约了知识产权保护效能的提升。要切实畅通知识产权维权渠道,大幅降低权利人维权成本,为创新主体提供更加便捷高效的知识产权维权服务,营造良好的创新生态。

要完善知识产权快速维权机制,提高维权效率。要发挥知识产权快速维权中心的作用,为权利主体提供便捷高效的知识产权维权服务。要建设知识产权在线纠纷解决平台,推动知识产权纠纷在线咨询、在线调解、在线诉讼,实现知识产权维权"一网通办""一站式"服务。要优化知识产权诉讼服务,推行网上立案、网上缴费、电子送达、在线庭审等,减少当事人诉累,提高诉讼效率。要建立知识产权纠纷快速处理通道,对于事实清楚、证据充分、争议不大的知识产权侵权案件,适用简易程序、小额诉讼程序等快速处理机制,缩短维权周期,及时制止侵权行为。

要大幅降低知识产权维权成本,减轻权利人经济负担。要完善知识产权诉讼费用减免制度,对于符合条件的权利人,依法减免诉讼费用,降低维权门槛。要探索建立知识产权维权援助制度,为经济困难或者弱势群体提供法律援助,保障其知识产权维权权利。要鼓励律师事务所、知识产权服务机构等社会力量参与知识产权维权服务,为权利人提供公益性或者低收费的法律服务和咨询服务。要加强知识产权保险制度建设,降低权利人维权风险,减轻权利人维权负担。

要加强知识产权维权宣传引导,提升全社会知识产权维权意识。要加大知识

产权法律法规和维权知识的普法宣传力度,提高创新主体和全社会知识产权保护意识和维权能力。要公开知识产权维权典型案例,以案释法,引导权利人依法维权、理性维权。要畅通知识产权维权信息沟通渠道,及时发布知识产权维权信息,为权利人提供维权指引和帮助。通过多措并举,切实畅通知识产权维权渠道,大幅降低维权成本,为创新主体安心创新创业营造更加良好的法治环境。

第四节　增强守法意识：营造诚实守信的法治氛围

法律制度的完善固然重要,但法律的生命力在于实施,法律的权威在于执行,法律的根基在于人心。再完备的法律制度,若得不到经营主体的自觉遵守和信仰,也难以发挥其应有的作用。

一、守法诚信是营商环境法治化的基石与灵魂

法治化是营商环境的核心特征,而守法诚信则是法治化营商环境的基石与灵魂。唯有将法治精神融入经营主体的血脉、将诚信理念铸入营商环境的核心,方能为经济社会持续健康发展提供坚实支撑。以下从强化法治信仰、厚植诚信文化两个层次展开论述。

（一）强化法治信仰,以法律权威引领营商环境建设

法治是现代市场经济的基石,是营商环境优化的根本保障。优化营商环境,不仅需要健全的法律体系、公正的司法保障等"硬环境",更需要经营主体普遍具备的法治意识和守法自觉这一"软实力"。要实现从"制度之治"到"信仰之治"的跃升,关键在于以法律权威为引领,将法治精神内化于心、外化于行,贯穿于经营主体行为的全过程、各方面。

经营主体作为营商环境的直接参与者和实践者,必须牢固树立社会主义法治理念,增强对法律的敬畏之心和信仰之力,自觉将法律作为规范行为的准绳,将守法经营作为企业发展的生命线。法律不仅是市场经济的"护航者",更是企业行稳致远的"压舱石"。唯有以法律为准绳,方能从根本上筑牢营商环境的法治根基。

然而,现实中不容忽视的是,一些企业法治意识淡薄,视法律为可有可无的"装饰品",甚至将其作为可以规避的"障碍物"。近年来,因漠视法律法规而触碰法律红线的案例屡见不鲜。例如,部分企业为追逐短期利益,偷税漏税、制假售假、污染环境、侵犯知识产权,最终不仅自身陷入破产倒闭的困境,还对营商环境的整体形象造成严重损害。这些教训深刻警示我们,法治意识的缺失不仅是企业发展的"致命伤",更是营商环境优化的"拦路虎"。与之形成鲜明对比的是,那些始终坚守法治底线、注重合规经营的企业,不仅在市场竞争中行稳致远,还赢得了社会尊重与市场信赖,成为优化营商环境的"助推器"。

因此,要将法治教育作为优化营商环境的基础性工程,采取多措并举的方式提升经营主体的法治素养。可以通过开展专题培训、举办法律讲座、组织案例剖析、提供法律咨询等多种形式,多渠道、多层次、多角度地增强经营主体的法治意识;更要注重普法的精准性与实效性,针对不同行业、不同规模企业的特点,量身定制普法内容,真正做到入脑入心。要引导经营主体从"被动守法"向"主动守法"、从"要我守法"向"我要守法"转变,推动守法诚信融入企业文化,成为企业的核心价值理念和自觉行动。只有当法治信仰在经营主体中落地生根,营商环境的法治化才能真正从"表层"走向"深层",为经济社会高质量发展提供不竭动力。

(二)厚植诚信文化,以契约精神构筑营商环境道德高地

诚信,是中华民族的传统美德,是社会主义核心价值观的重要内容,更是市场经济有效运行的基石和命脉。如果说法治是营商环境的"硬约束",那么诚信则是营商环境的"软支撑"。契约精神作为市场交易行为的内在规范和伦理准则,是维系市场秩序、降低交易成本、提升交易效率的重要保障。营商环境的优劣,很大程度上取决于经营主体的诚信水平和契约精神的践行程度。

市场经济本质上是契约经济,契约精神是市场经济的灵魂。试想,若一个市场环境中契约精神缺失、诚信严重不足,交易双方将陷入无休止的猜忌与博弈,交易成本将急剧上升,经营主体将面临巨大的不确定性和风险,创新活力也将被严重抑制,最终损害整个经济的健康发展。反之,在一个崇尚契约精神、重视商业道德的市场环境中,交易将更加顺畅高效,市场秩序将更加规范有序,创新活力也将更加蓬勃迸发。正如古人所言,"人无信不立,业无信不兴"。诚信不仅是个人立

身之本,更是企业发展之基、社会和谐之源。

然而,现实中失信行为仍时有发生。个别经营主体为谋取不当利益,背信弃义、欺诈违约,甚至将失信行为视为"经营之道",不仅破坏了公平竞争的市场秩序,也侵蚀了营商环境的道德根基。更有甚者,个别企业将失信行为"合理化",认为"法不责众"或"成本可控",这种短视行为最终不仅害己,更损害了整个市场生态。对此,必须在全社会特别是经营主体中大力弘扬契约精神,倡导诚实守信,坚决反对背信弃义、欺诈违约等不道德、不合法行为,牢固树立"诚信为本,操守为重"的价值观念,营造"守信光荣,失信可耻"的社会风尚。

与此同时,优化营商环境还需从更高层面构建亲清政商关系。新型政商关系是营商环境的重要组成部分,也是诚信文化的重要体现。要推动构建"亲而有度、清而有为"的政商关系。一方面,政府要主动服务企业,积极回应企业诉求,为企业排忧解难,做到"亲";另一方面,政商交往要清清爽爽,政府官员要廉洁自律、秉公用权,坚决杜绝权钱交易、利益输送等腐败行为,做到"清"。只有通过构建亲清政商关系,才能营造公平公正、透明高效的政务环境,为经营主体诚信经营提供有力保障。

更为重要的是,要从制度层面为诚信文化提供支撑。应加快建立健全社会信用体系,完善信用信息共享机制,加大对失信行为的惩戒力度,让守信者处处受益、失信者寸步难行。同时,要注重发挥典型案例的警示作用,通过曝光失信行为、表彰诚信典范,强化经营主体的诚信意识。只有当诚信文化成为营商环境的主流价值,契约精神成为经营主体的自觉遵循,营商环境才能真正实现从"量变"到"质变"的飞跃。

二、营造尊法学法守法用法的浓厚社会氛围

普法宣传教育,是提升全民法治意识和法治素养的根本性、基础性工程,也是营造良好营商环境的重要先导和有力支撑。要充分认识到普法宣传教育在法治化营商环境建设中的战略性地位和全局性作用,将普法工作置于优先发展的战略地位,持续加大普法力度,不断创新普法形式,提升普法实效,推动全民法治素养的整体提升,为构建法治化营商环境奠定坚实的社会基础和文化土壤。回顾我国改革开放以来的法治建设历程,普法工作始终是其中的重要组成部分,发挥了不

可替代的历史作用。从"一五"普法到"八五"普法,一代又一代的普法工作者辛勤耕耘、无私奉献,才使得法治观念逐步深入人心,法治精神日益彰显。正是长期不懈的普法努力,才为我国经济社会的快速发展和长治久安,提供了重要的思想基础和法治保障。面向未来,普法工作依然任重道远,仍需持续发力、久久为功,以更加坚定的决心、更加创新的思路、更加务实的举措,将普法工作推向深入,使其在法治化营商环境建设中发挥更加重要的作用。

(一)创新普法形式,增强普法实效性

信息技术日新月异,传播格局深刻变革,传统的"单向灌输式""大水漫灌式"普法模式,已难以适应新时代社会的需求和特点。普法工作要紧跟时代步伐,积极拥抱新技术,充分利用新媒体平台,创新普法形式,拓展普法渠道,提升普法效能。要充分运用微信、微博、短视频、直播平台等新媒体传播矩阵,打造"指尖上的普法阵地",生产和传播更多大众喜闻乐见的普法产品。例如,制作生动形象的普法短视频、推出互动性强的普法小游戏、开展形式多样的线上法律咨询等,增强普法的吸引力和感染力。要注重案例普法,精选典型案例,以案释法,现身说法,让法律原理更加具体和生动易懂,增强普法的说服力。要针对不同行业、不同领域、不同群体的经营主体,开展分类普法、精准普法、订单式普法,根据其法律需求和特点,量身定制普法内容和形式,提高普法的针对性和有效性,真正做到"靶向施策,精准滴灌",使普法工作更加贴近实际、贴近生活、贴近群众,实现普法效果最大化。例如,针对中小微企业融资难问题,可以开展"民法典担保制度解读""中小企业融资法律风险防范"等专题普法;针对平台经济发展中的新业态新模式,可以开展"平台经济领域反垄断合规指引""数据合规与个人信息保护"等前沿法律问题普法;针对涉外企业,可以提供多语种的国际贸易法律风险提示和合规指南等。通过精准普法、分类普法,将法律知识送到最需要的人手中,让普法工作真正发挥实效,为优化营商环境注入强劲动力。

(二)加强对企业经营管理人员的法治培训

企业经营管理人员,是企业的"掌舵者"和"领航人",其法治意识和合规管理水平,直接决定着企业的经营方向和发展质量,也深刻影响着营商环境的整体水平。加强对企业经营管理人员的法治培训,是提升企业合规经营能力,防范法律风险,促进企业健康发展,优化营商环境的关键环节和重要抓手。要将企业经营管理人员法治培训纳入普法工作的重点内容,制定系统完善的培训计划,整合优质法律培训资源,创新培训方式方法。例如,可开展"高级管理人员法治研讨会""企业合规官培训班""法务总监能力提升课程"等,邀请知名法律学者、资深律师、监管部门专家、优秀企业家等担任讲师,系统讲解企业经营管理中涉及的主要法律法规,如《中华人民共和国公司法》《中华人民共和国劳动法》《中华人民共和国商标法》《中华人民共和国专利法》《中华人民共和国民法典》《中华人民共和国反垄断法》《中华人民共和国环境保护法》《中华人民共和国安全生产法》《中华人民共和国数据安全法》等,重点解读新颁布的法律法规和政策文件,剖析典型法律纠纷案例,帮助企业经营管理人员准确把握法律精神和监管要求,提升依法决策、依法经营、合规管理能力,树立合规经营理念,构建企业合规管理体系,将合规风险防范融入企业经营管理的全过程,打造一批合规经营的"头雁企业",发挥示范引领作用,带动全行业和全社会营商环境法治化水平的提升。

(三)法律靠前服务,经营行稳致远

为了使法律服务真正惠及企业,需要构建一张覆盖广泛、触手可及的法律服务网络。要积极探索设立企业法律服务站、法律服务中心等多种形式的服务平台,将法律服务窗口前移至企业"家门口",实现法律服务"零距离"。鼓励律师事务所、公证处、司法鉴定机构等法律服务机构深入园区,靠前服务,主动对接企业需求,提供"一站式""套餐式"法律服务,让企业足不出户就能享受到便捷的法律服务。要通过政府购买服务、设立法律服务专项基金等方式,加大对企业法律援助的扶持力度,特别是要加大对中小微企业、民营企业等群体的法律援助,降低企业获取法律服务的成本负担,切实解决企业"请不起律师""用不起法律服务"的难题。要充分发挥律师、公证员、仲裁员、调解员等法律专业人士的作用,组建专业化的法律服务团队,为企业提供涵盖合同审查、风险评估、知识产权保护、劳动争议处理、税务筹划、合规审查等全方位的法律服务,助力企业防范化解法律风险,提升依法经营能力,轻装上阵,更好发展。同时,要加强法律服务的质量监管,建立健全法律服务评价机制,提升法律服务的规范化、专业化水平,确保企业获得高质量、高效率的法律服务,真正感受到法治营商环境的温度和力度。

三、构建社会信用体系,营造诚实守信的市场环境

社会信用体系是营商环境的重要组成部分,强调信用在市场经济中的基础性作用。信用是市场经济的基石,也是营商环境的"硬通货"。良好的社会信用体系,能够有效降低市场交易成本,提升资源配置效率,营造公平竞争的市场秩序,激发经营主体活力,是优化营商环境不可或缺的重要支撑。市场经济本质上是信用经济,经营主体的信用状况,直接关系到交易安全和经济运行效率。缺乏信用,市场交易风险增高,交易成本上升,市场活力受到抑制,营商环境自然难以优化。构建完善的社会信用体系,就是要让守信者畅行天下,失信者寸步难行,形成褒扬诚信、惩戒失信的鲜明导向,营造诚实守信、公平竞争的市场环境,为各类经营主体在法治轨道上健康发展保驾护航。因此,必须充分认识到社会信用体系建设对于优化营商环境的战略意义,将其摆在突出位置,系统谋划,统筹推进,夯实营商环境的信用基石。

(一)健全以信用为基础的新型监管机制

传统监管模式往往存在监管成本高、监管效能低等问题,而以信用为基础的新型监管机制,能够有效提升监管的精准性和有效性,实现"无事不扰、无处不在"的监管目标。要充分运用大数据、云计算等现代信息技术,构建统一的信用信息平台,归集整合经营主体的各类信用信息,实现信用信息的互联互通和共享共用。在此基础上,要建立健全守信联合激励和失信联合惩戒机制,对信用良好的经营主体,在市场准入、行政审批、融资信贷、项目招投标、政府采购、荣誉评选等方面,给予激励和便利;对失信的经营主体,依法依规实施联合惩戒,使其"一处失信、处处受限",付出失信代价。要不断完善失信惩戒机制,细化惩戒措施,确保惩戒措施与失信行为的性质、情节和社会危害程度相适应,既要让失信者付出代价,也要保障其合法权益,实现惩戒的法律效果和社会效果的统一。通过构建以信用为基础的新型监管机制,有效提升监管效能,规范市场秩序,倒逼经营主体诚实守信,为优化营商环境注入新的活力。

(二)完善企业信用信息公开公示制度

阳光是最好的"防腐剂",公开是最好的"监督器"。完善企业信用信息公开

公示制度,是提高市场透明度、强化社会监督、倒逼企业诚信经营的重要举措。要依法依规扩大企业信用信息公开范围,将涉及企业经营活动的行政许可、行政处罚、资质资格、荣誉表彰、司法判决等信息,通过统一的信用信息平台向社会公开,让企业信用状况一览无余。要规范企业信用信息公开公示的方式和渠道,确保信息公开及时、准确、完整、便捷,方便社会公众查询和监督。要建立健全企业信用信息异议处理和修复机制,保障企业的知情权、参与权和申辩权,允许企业对自身信用信息提出异议并进行申诉,对错误信息及时更正,对符合条件的失信信息进行修复,鼓励企业重塑信用。通过完善企业信用信息公开公示制度,构建阳光透明的市场环境,让信用成为市场竞争的重要因素,促进企业自觉加强信用建设,提升诚信经营水平。

(三)依法保护经营主体信用信息权益

在加强社会信用体系建设的同时,必须高度重视经营主体信用信息权益保护。要坚持依法依规采集信用信息,严格限定信用信息采集范围,不得超范围、超权限采集信用信息,不得非法采集涉及国家秘密、商业秘密、个人隐私的信用信息。要规范信用信息的使用,明确信用信息的用途和使用边界,不得将信用信息用于与营商环境无关的领域,不得滥用信用信息进行歧视性、惩罚性监管。要加强信用信息安全保护,建立健全信用信息安全管理制度,强化技术防护措施,防止信用信息泄露、篡改、毁损。要严格落实信用信息安全责任,对泄露、滥用信用信息的行为,依法依规严肃追究责任,维护经营主体信用信息安全,守住信用信息安全的底线。只有在依法保护经营主体信用信息权益的前提下,才能确保社会信用体系健康发展,真正发挥优化营商环境的作用。

四、强化合规管理,提升企业风险防范能力

合规是企业的生命线,合规管理是企业基业长青的压舱石。在日益复杂和规范的营商环境中,合规管理不再是企业的"选择题",而是关乎生存发展的"必答题"。有效的合规管理体系,能够帮助企业识别和防范各类法律风险、监管风险和道德风险,避免因违规行为受到处罚、声誉受损、市场受限等不利后果,保障企业稳健经营,实现可持续发展。尤其是在当前国际国内形势深刻复杂变化的背景

下,企业面临的合规风险更加突出,强化合规管理,提升合规水平,不仅是企业自身发展的内在需求,也是维护国家经济安全和社会稳定的重要保障。企业必须牢固树立"合规创造价值"的理念,将合规管理融入企业经营管理的各个环节,构建与企业发展战略、经营模式、风险状况相适应的合规管理体系,筑牢企业合规经营的"防火墙"。

(一)引导企业建立健全合规管理体系

构建有效的合规管理体系,需要企业从顶层设计入手,系统规划,协同推进。首先,要制定清晰明确的合规政策,明确合规管理的范围、目标、原则和基本要求,为合规管理提供制度框架。其次,要完善合规组织架构,明确合规管理职责,设立独立的合规部门或合规岗位,配备专业的合规管理人员,构建职责清晰、运行高效的合规管理组织体系。再次,要定期开展合规风险评估,全面梳理企业面临的各类合规风险,识别和评估潜在的法律风险、监管风险和道德风险,明确高风险领域和关键环节,并采取有针对性的预防措施。最后,要加强合规培训,提高全体员工的合规意识和合规能力,使合规理念深入人心,合规文化蔚然成风。此外,企业还应建立健全合规举报、调查、问责机制,确保合规管理体系有效运行,及时发现和纠正违规行为,形成合规管理的闭环。政府部门应加强对企业合规管理体系建设的引导和指导,提供政策支持和技术援助,推动企业合规管理水平整体提升。

(二)加强重点领域合规监管

合规监管是推动企业合规管理的重要外部动力。要针对反垄断、反不正当竞争、知识产权保护、环境保护、安全生产、数据安全、劳动用工、税务管理等关系市场经济秩序和人民群众切身利益的重点领域,强化合规监管,加大监管力度,提高监管效能。要创新监管方式,推行"事前合规指导、事中合规检查、事后合规评估"的全链条合规监管模式,将合规要求贯穿监管全过程。要建立健全跨部门、跨地区的合规监管协同机制,加强信息共享和执法联动,形成监管合力,避免监管盲区和监管真空。要加大对违法违规行为的惩处力度,提高违法违规成本,形成强有力的震慑效应,倒逼企业强化合规管理,守法合规经营。通过强化重点领域合规监管,织密织牢合规监管之网,为优化营商环境提供坚实的法治保障。

(三)鼓励行业协会、商会等开展合规指导

行业协会、商会等社会组织,在联系政府和企业、促进行业自律方面具有独特优势。要充分发挥行业协会、商会等社会组织的作用,鼓励其开展行业合规指导,制定行业合规指南,发布行业合规倡议,组织行业合规培训,引导行业企业加强合规管理,提升合规水平。行业协会、商会可以根据行业特点和行业风险,制定有针对性的行业合规指引,帮助企业明确合规要求,识别合规风险,建立合规体系。行业协会、商会可以组织行业企业开展合规交流,分享合规经验,推广合规最佳实践,共同提升行业合规水平。行业协会、商会还可以建立行业合规自律机制,对行业企业合规情况进行监督和评价,对违规行为进行行业内部约束,促进行业规范发展。通过发挥行业协会、商会在合规指导方面的积极作用,形成政府监管、行业自律、企业自觉的合规共治格局,共同推动营商环境法治化水平提升。

后　记

在当前全球经济格局深刻变革的背景下,优化营商环境已成为推动高质量发展的重要引擎。《营商环境法治化的理论与实践》正是基于这一时代背景,由我与石树洋共同策划并完成的学术成果。

回顾本书的写作历程,我们深感学术研究的深度和广度,需要专注和毅力,更需要通力合作。正是基于各自在法学理论研究与实务经验方面的积累,通过频繁的学术讨论与思想碰撞,才逐步形成了对营商环境法治化问题的系统性认识。在写作过程中,我们共同构建理论框架,共同收集案例素材,共同撰写全书内容。书中的每一章节、每一段落乃至每一个字都凝聚着我们的共同智慧与努力。

本书从法治理念、制度设计、实践探索等多维度展开论述,既有理论高度,又有实践深度。作为共同作者,我们在学术贡献上均分功劳,彼此尊重、相互支持,形成了良好的学术合作关系。这种平等协作的模式使本书兼具理论严谨性与实践指导性。

期待本书能为优化我国营商环境法治化建设提供有益参考,为相关领域的研究者与实践者提供思想启迪。同时,也衷心感谢在写作过程中给予我们帮助与支持的专家学者(樊天雪、李梦珂)、实务工作者以及出版机构的辛勤付出。

最后,感谢读者的关注与支持。我们将继续在营商环境法治化研究领域深耕细作,为推动法治中国建设贡献绵薄之力。

李浩东

二〇二五年六月